Anmerkung des Autors

In der Zeit, als ich noch Priester in der Episkopalkirche war, begab ich mich auf eine außergewöhnliche Suche, auf diese archetypische ›Reise‹, die zum Maßstab für das Leben wird und die dann alles bestimmt. Ich hatte eine Vision, die mir zeigte, was möglich ist, folgte ihr und lebte sie im Rahmen meiner Fähigkeiten und Möglichkeiten. Während ich dieser Vision folgte, kam ich an den Punkt, an dem ich die bestehenden Denkmuster unserer Zeit infrage stellte: die Muster, die die Vertreter unserer religiösen und wissenschaftlichen Gruppierungen so vehement verteidigen, die aktuell gültige Realität in der Welt, die Realität nämlich, auf die wir uns geeinigt haben. Und schließlich fand ich nach Zeiten großer Anstrengungen und heftiger Bemühungen die Wahrheit, die befreit.

Jesus sagte über die Wunder, die er vollbrachte:
»Wer an mich glaubt, der wird die Werke auch tun, die ich tue,
Und er wird noch größere als diese tun.«[1]

Ich widme dieses Buch
Astrid Ganz,
meiner Partnerin auf Erden und meiner Zwillingsflamme.

Ganz egal wie viele Menschen du mit deiner Freude, deinem Lachen und deinen heilenden Händen berührst, niemand wird je tiefer berührt werden als ich.

Keins der Wunder in meinem Leben ist vergleichbar mit dem, dass du aus meiner Traumzeit heraus- und in mein waches Leben hineintratst, um mich zu lieben und mich wieder ganz werden zu lassen.

INHALTSVERZEICHNIS

EINLEITUNG XIII

KAPITEL 1: *Reisen in die heilige Wildnis* 1

- Feuer in der Wüste 3
- Im Schatten der Tetons 13
- Am Fluss ohne Wiederkehr 20
- Die Warnung des Windes 30
- Dem Berg entkommen 38

KAPITEL 2: *Tiermagie* 47

- Das Zeichen der Hirschkuh 48
- Schneeadler 53
- Bärenmedizin 58
- Waldbienen und Honigbienen 66
- Die kleine Taube 69
- Auf den Knien 74
- Die Warnung der Rehe 78
- Der Schrei des Pumas 81

KAPITEL 3: *Die Göttin* 89

- Der Glanz und die Lichtfäden der Welt 89
- Eine Zeit des Ausprobierens 98
- Das Versprechen der Göttin 102
- Visionen der Zukunft 107

KAPITEL 4: *Die unsichtbare Welt* 111

- Der heilige Garten 112
- Pflanzengeist 118
- Partnerschaft zwischen den Welten 122
- Der Elfenprinz 128

KAPITEL 5: *Die Elemente beherrschen*................131
- Schutz der Feuergeister..134
- Eine feurige Lektion..140
- Die Mächte des Windes und des Sturmes..................145
- Die Glocke über Highlands.....................................152
- Sonnenzeremonien..158
- Rolling Thunder...163

KAPITEL 6 : *Spirituelle Intervention*...................169
- Die Verletzung des Grüngürtels..............................171
- Die Rettung des Berges...175
- Heilige Quelle...181
- Ein Blitz buchstäblich aus heiterem Himmel...........186
- Der Kreis schließt sich..190
- Spirituelles Eingreifen...198

KAPITEL 7: *Der Weg zurück*.................................203
- Eine Rückkehr in den Garten Eden..........................203
- Ein Auftrag für die Menschheit...............................209

KAPITEL 8: *Transformationen*...............................215
- Gebet für eine zukünftige Liebe.............................216
- Zu viel Protest...218
- Das Vermächtnis des Jägers....................................225
- Eine schlechte Art, den Tag zu beginnen..................229
- Sei vorsichtig, worum du bittest.............................233

KAPITEL 9: Der Weg des Schamanen in den Tod......237
- Flüstern im Wind..237
- Sequoyahs letzter Streich.......................................246

KAPITEL 10: *Die dunkle Seite des Geistes*.............257
- Die Kojotenfrau...259
- Der Schutz der Töpferin..266
- Eindringling...270

KAPITEL 11: *Vom Rand des Abgrunds zur Schwelle der Unendlichkeit*..275
- Der verwundete Heiler...277
- Ein Flugzeug stürzt ab..286
- Eine zweimal verlorene Liebe................................299
- Wiedergeburt und Erneuerung...............................304
- Zwillingsflamme..314

EPILOG: *Auf dem Weg zu einer bewussten und ekstatischen Vereinigung mit all dem, was ist*................325

PRAKTISCHE ANLEITUNGEN

Anhang A: Richtlinien für die Durchführung heiliger Zeremonien zur Heilung und zum Schutz der Erde..........334

Anhang B: Stufen der Ausführung einer heiligen Zeremonie für die Erde..339

Weitere wichtige Komponenten zur Durchführung einer heiligen Zeremonie.......................345

Danksagungen...347

Fußnoten..351

Über den Autor...357

EINLEITUNG

Dieses Buch ist eine Sammlung von Geschichten, die von mehr als drei Jahrzehnten meiner persönlichen Reise vom Leben als Priester bis zu dem eines modernen Schamanen erzählen. Diese Geschichten geben die wechselnden Stimmungen, Anstrengungen und Bemühungen, Überraschungen, Herausforderungen und zahlreichen Lektionen wieder, die Teil meiner Reise waren. Sie zeigen, wie ich das aus meiner Kultur übernommene Glaubenssystem aufgab und wie sich eine 180-Grad-Kehrtwende meiner Sicht auf die Welt um mich herum vollzogen hat.

Ich bin einer dieser vielen Menschen der heutigen Zeit, die in einer weltlichen Kultur aufwuchsen, die jahrhundertelang bewusst alle Aufzeichnungen und Überlieferungen alten Wissens und zeitloser Weisheit zerstört hat. Wie so viele andere moderne Menschen stellte auch ich fest, dass die Angebote der heutigen Gesellschaft nicht das tiefere Verlangen meines Geistes befriedigten.

Ebenso wie viele andere Suchende musste auch ich dieses unbezahlbare Wissen, dessen Besitz eigentlich zu meinen Geburtsrechten gehören sollte, selbst wiederentdecken. Man begegnete meinem Streben und Suchen oft mit gerunzelter Stirn,

Spott, Ablehnung und sogar Feindseligkeit – wie bereits so vielen vor mir. Während der über Jahrhunderte stattfindenden Prozesse wegen Ketzerei, Hexenverbrennungen und der Inquisition töteten wir all die Männer und Frauen, die in der damaligen Gesellschaft das Wissen besaßen. Diese Menschen waren die Weisen, die Schamanen ihrer Zeit, die Dorfhebammen und Heiler, die Kräuterkundigen und Alchemisten, Mitglieder der Linie derer, die dieses Wissen und die Weisheit seit Menschengedenken weitergegeben hatten.

Dieser Übergriff auf das Wissen war jedoch nicht auf Menschen beschränkt. Unschätzbare Aufzeichnungen wurden zerstört durch das Niederbrennen und Plündern der Orte, an denen sie aufbewahrt wurden, beispielsweise der Brand der großen Bibliothek von Alexandria (Ägypten) und die Zerstörung der Popol Vuh-Tafeln der alten Mayas durch die Jesuiten. Derlei Gräueltaten kamen einem intellektuellen und spirituellen Völkermord gleich. Der Preis, den wir als Zivilisation dafür bezahlt haben, ist so enorm, dass er wahrscheinlich nie ermessen werden kann.

Ich musste die Kirche zu gegebener Zeit verlassen, um herauszufinden, was sie verloren hatte. Die meisten Menschen wenden sich von ihrer Berufung aus Ernüchterung oder einem Gefühl des Versagens ab, aber ich war in dem Leben als Gottesdiener, das ich gewählt hatte, äußerst glücklich und ging auf den Gipfel meiner Karriere zu, als ich beschloss, das Priestertum aufzugeben.

Als ich schließlich entdeckte, was uns verloren gegangen war, wurde mir klar, dass zwar keine der Religionen (einschließlich meiner eigenen) wirklich falsch war, aber dass sie alle unvollständig waren. Sie sollten niemals abgeschlossene Einheiten sein, sondern vielmehr wichtige Trittsteine, die in einen größeren Ozean führten, der unbegrenzt und nicht eingeschränkt durch Glaubenssysteme und Traditionen ist. Ich erkannte, dass es ganz gleich ist, welchen Weg wir einschlagen, und dass jeder von uns letztendlich über jede Religion und jedes Glaubenssystem hinausgehen muss. Ich glaube nicht, dass irgendeine Religion oder irgendein Wissenssystem einem anderen überlegen ist, und ich denke nicht, dass der Schamanismus besser als das Christentum ist. In ihrer reinen und ungetrübten Form sind die Lehren Christi höchster Ausdruck der Wahrheit, einzigartig in der Welt. Aber seine Lehren wurden schon sehr früh verfälscht von den Politikern der römischen Kirche, die die Kirchenversammlungen manipulierten.[2] Die Aufzeichnungen vom Leben und von den Lehren Christi wurden immer wieder von den Machthabenden bearbeitet, damit sie deren eigene spezielle Vorstellungen widerspiegelten.

Mein Gelöbnis als Priester, die Lehren der Kirche zu hüten, wurde abgelöst von der Mission meiner Seele, die Wahrheit zu suchen. Bei dieser Suche entdeckte ich einen alten Wissensbereich und heilige Wahrheiten; diese erfordern nicht die Billigung eines besonderen Glaubenssystems – sie sind beweisbar, durchführbar und finden sich im Leben jedes Menschen – wie es in diesem Buch beschrieben wird.

Vor etwas mehr als drei Jahrzehnten erlebte ich ein spontanes Erwachen spiritueller oder paranormaler Fähigkeiten. Ich war immer der Meinung gewesen, dass diese Fähigkeiten, sollten sie wirklich existieren, ausschließlich Schamanen oder östlichen Mystikern vorbehalten seien.

Als Gemeindepfarrer in der Episkopalkirche war ich überhaupt nicht auf das vorbereitet, was mir widerfuhr. Diese eigenartigen und sonderbaren Veränderungen beunruhigten und verunsicherten mich tatsächlich sehr und ich fragte mich, ob ich allmählich den Bezug zur Realität verlor. Wenn Menschen zu mir kamen, um mich um Rat zu fragen, wusste ich bereits im Voraus, was ihre Probleme waren. Ich konnte sogar besondere Dinge über das

Leben der mir vollkommen Fremden wahrnehmen. Ich begann, die Aussagen der Menschen vorherzusehen und erkannte bald, dass ich Gedanken lesen konnte. All diese Veränderungen in mir waren lediglich die Spitze des Eisbergs. In den folgenden Jahren entdeckte ich, dass ich die Gedanken von Tieren und Pflanzengeistern verstehen konnte und sogar in der Lage war, mit den Elementarkräften selbst zu kommunizieren und sie zu beeinflussen.

In der Anfangszeit meines Erwachens hatte ich eine Reihe von Visionen, die mir etwas über die mögliche Zukunft der Erde und der menschlichen Rasse sagten. Ich erkannte, dass, falls diese Visionen genaue Prophezeiungen waren, die meisten Menschen, einschließlich ich selbst als Priester, sich mit den falschen Fragen beschäftigten. Ich erhielt die Botschaft, dass wir als Spezies armselige Hüter der Erde seien und dass, falls dieser Missbrauch und diese Vernachlässigung weitergingen, wir bald bittere Folgen ernten würden. Die logische Schlussfolgerung daraus lautete, dass unsere Zeit schnell ablief.

Das oben beschriebene Erwachen in Verbindung mit diesen beunruhigenden Visionen brachte mich dazu, widerstrebend und zögerlich die Entscheidung zu treffen, das Amt als Geistlicher in der Kirche zu einem Zeitpunkt niederzulegen, als ich mich auf den Gipfel meiner Karriere zubewegte, und eine persönliche Suche zu beginnen, die bis heute fortdauert. *Seelenfeuer* erzählt von wirklichen Erfahrungen, die diese Suche widerspiegeln. Ich habe die Geschichten in diesem Buch ausgewählt, weil sie spezielle Lektionen enthalten, die zum jeweiligen Zeitpunkt wichtig für mich waren, und weil diese Lektionen zudem allgemeingültig sind.

Während meiner Suche erkannte ich allmählich, dass etwas mit mir geschah, das noch tiefgreifender war als das Erwachen verborgener Kräfte oder das Erlernen der wertvollen Lektionen des Lebens. Ohne es zu wissen, war ich immer auf dem Weg gewesen zu einer bewussten und ekstatischen Vereinigung mit allem, was ist. Ich habe erfahren, dass genau dies der Weg ist, den wir als Spezies verloren haben und wiederentdecken müssen, wenn unser Überleben gesichert sein soll.

Dieser Weg, diese Transformationsreise, ist das ultimative Abenteuer. Es ist genau diese außergewöhnliche Suche, die das gesamte Leben bestimmt. Sie übersteigt alle fiktiven Darstellungen, die jemals erdacht werden könnten, an Reichtum, Tiefe, Vielfalt und Dramatik. Die Reise ist ein Sprung ins Unbekannte, ein wenig beschrittener Weg – sie ist zur gleichen Zeit Narrenposse und Heldentat. Man ist in den Augen der Welt ein Narr, wenn man alles daransetzt, um einer Vision zu folgen. Und man ist ein Held, wenn man seine Reise fortsetzt trotz archetypischer Gegenkräfte, die die eigene Existenz bedrohen.

Wie auf den folgenden Seiten deutlich wird, kann diese Reise anrührend wie schmerzlich, humorvoll und doch tiefernst sein. Mit Verwirrung und Angst als ständigen Begleitern kann sie eine große Herausforderung darstellen. Es gibt bizarre Momente, unmögliche Szenarios und absolut groteske Situationen, in denen Lachen die beste Medizin ist. Die Fähigkeit, über sich selbst zu lachen und seine Menschlichkeit zu akzeptieren, ist eine Eigenschaft, die man haben sollte. Es gibt Zeiten der Entdeckungen und Durchbrüche; Zeiten, wenn sich nach vielen Kämpfen Türen öffnen, von deren Existenz man nicht einmal wusste. Dann erlebt man Momente der Erleuchtung, sogenannte ›Satoris‹, oder durchschreitet Pforten, die einem einen kurzen Einblick in die größere Welt jenseits der unsrigen geben.

Die Reise bringt Offenbarungen mit sich, die uns sprachlos vor Ehrfurcht werden lassen und nach denen wir nie wieder dieselben sind wie vorher. Wie in einigen der Geschichten in diesem Buch beschrieben, gibt es Zeiten großer Gefahr, lebensbedrohlicher

Situationen, in denen wir herausgefordert und zutiefst geprüft werden. Die Transformationsreise ist nichts für Feiglinge oder Kleinmütige. Aber zumindest ist sie nicht langweilig. Seit ich mich auf meine Reise gemacht habe, kann ich mich wirklich an keinen einzigen Tag, vielleicht sogar keine einzige Stunde erinnern, in der ich mich gelangweilt habe.

Manchmal im Leben werden wir allein von dem Ausmaß der Herausforderungen, denen wir uns stellen müssen, einfach überwältigt und können nur mutig weitergehen im Vertrauen auf ein inneres Radarsystem, das uns durch den Nebel führt. Den Weg der spirituellen Initiation zu gehen heißt, auf dem Hochseil zu balancieren. Das Schwert des Damokles schwebt immer über uns an einem dünnen Faden. Wir können uns nicht mit einem vollen Rucksack auf die Reise machen. Wenn unser Rucksack voller Erwartungen, Pläne oder Selbstherrlichkeit ist, findet Neues darin keinen Platz. Es ist am besten, so wenig Gepäck wie möglich mit auf die Reise zu nehmen.

Vor Jahren verließ ich eines Abends meinen Körper ohne mein Zutun und es wurde mir ein Buch gezeigt, das ich eines Tages schreiben würde. Ich hörte entzückt und aufmerksam zu, während eine Stimme von Erlebnissen und Erfahrungen berichtete, die noch nicht gemacht worden waren, von denen einige damals unglaublich schienen. Das Buch handelte von den Abenteuern, Offenbarungen und Herausforderungen auf meiner spirituellen Reise. Es war darin die Rede von gewissen Initiationsriten, die ich eines Tages erleben würde. Das Buch sollte offensichtlich als Inspiration und Anleitung für Menschen dienen, die sich auf ihre spirituelle Reise machen wollten, und auch für diejenigen, die diese Reise bereits begonnen hatten. Erstaunlicherweise enthielten einige Seiten sogar Zeichnungen und Fotografien sowie

Bildunterschriften, die meine Reise darstellten. Es wurde mir gezeigt, dass ich in diesem Leben keinen Lehrer an sich haben würde, sondern dass es stattdessen meine Aufgabe sein würde, mich an all das zu erinnern, was ich in vorherigen Inkarnationen gewesen war. Als westlicher Lehrer sollte ich zeigen, dass viele der Siddhi oder spirituellen Kräfte in allen Menschen schlummern.

In den darauffolgenden Jahren versuchte ich in dem Wissen, dass ich eines Tages über meine Reise schreiben würde, Tagebuch zu führen. Zuerst scheute ich vor dieser Übung zurück, da ich weder die Disziplin zum Schreiben aufbrachte noch journalistische Neigungen hatte. Andererseits schien ich ein fast fotografisches Gedächtnis für die Geschehnisse zu haben, die sich auf meiner Reise ereigneten, worauf mich andere aufmerksam machten. Ich kann mich genau an Unterhaltungen erinnern sowie an Einzelheiten verschiedener Landschaften.

Ich wusste deshalb von Anfang an, dass das Buch eine Sammlung von Erfahrungen und Offenbarungen werden würde, von denen jede einzelne ihre eigenen speziellen Lektionen oder Enthüllungen enthält. Die Grundzüge und -fähigkeiten des Geschichtenerzählers tauchten allmählich aus dem kollektiven Unbewussten auf und mir wurde klar, dass mir damit das kraftvollste Mittel an die Hand gegeben wurde, um die auf den folgenden Seiten niedergeschriebenen Erlebnisse und Erfahrungen zu vermitteln.

Aber es gab noch einen weiteren Grund, weswegen ich das Gefühl hatte, dass das Buch eine Sammlung von Erzählungen sein sollte. Dieses Gefühl basierte auf etwas, das mir einmal vor vielen Jahren gesagt worden war, während ich noch am Priesterseminar *Virginia Theological Seminary* in Alexandria (Viriginia) studierte. Ich saß mit ein paar Mitstudenten an einem Esstisch zusammen mit einem alten japanischen Priester, der Gastdozent bei uns war. Irgendwann wandte er sich mir zu und sagte: »Der Grund dafür, dass es für euch Westler so schwierig ist, uns im Osten das

Evangelium nahezubringen, liegt darin, dass ihr die Kunst des Geschichtenerzählens nicht mehr beherrscht.« Ich kann mich noch an die Wirkung der Worte auf mich erinnern. Es war, als ob der alte Priester gefühlt hatte, was eines Tages meine Aufgabe sein würde. Ich vergaß diese Worte nie. Heute wie auch zu anderen Zeiten ist und bleibt das Geschichtenerzählen die kraftvollste und wirkungsvollste Möglichkeit, die ewigen Wahrheiten zu vermitteln.

ooo

Da die folgenden Geschichten meine spirituelle Reise widerspiegeln, könnte es logisch erscheinen, sie chronologisch anzuordnen. Da sich jedoch das Bewusstsein ebenso wie das Quantenuniversum selbst in alle Richtungen nach außen hin ausdehnt, hätte es für mich eine Einschränkung bedeutet, ein zeitlich linear aufgebautes Buch zu schreiben.

Stattdessen sind die Geschichten in *Seelenfeuer* sowohl thematisch als auch energetisch gegliedert. Erlebnisse und Erfahrungen können energetisch über Zeit und Raum hinweg miteinander verknüpft sein. So kann beispielsweise eine Erfahrung, die ich im Jahr 1982 in den Teton Mountains in Wyoming machte, energetisch mit einer Erfahrung verknüpft werden, die ich zehn Jahre später weit entfernt in den Great Smoky Mountains in Tennessee machte.

Seelenfeuer spiegelt ein breites Spektrum von Erlebnissen und Erfahrungen wider, die ich über mehrere Jahre hinweg und an verschiedenen Orten machte. Viele davon ereigneten sich in einigen der am meisten Ehrfurcht einflößenden Landschaften unseres Kontinents, während andere in dicht besiedelten, sehr belebten städtischen Gegenden stattfanden. Die Geschichten in diesem ersten von zwei Bänden umfassen mehr als drei Jahrzehnte meines Lebens, einschließlich zweier Partnerschaften, meine Tochter und Stiefkinder aus zwei verschiedenen Beziehungen

KAPITEL 1

REISEN IN DIE HEILIGE WILDNIS

Über die Jahre hinweg habe ich zahlreiche Reisen in die Wildnis unternommen, zum Teil alleine und zum Teil habe ich auch Gruppen von Erwachsenen und jungen Menschen auf Visionssuchen und anderen Reisen in die heilige Wildnis begleitet.

Eine Visionssuche ist ein alter Initiationsritus, der seinen Ausdruck in vielen Kulturen in der ganzen Welt findet. Visionssuchen werden von den Eingeborenenvölkern Amerikas seit Tausenden von Jahren praktiziert und auch die Suchenden der heutigen Zeit aus verschiedenen spirituellen Traditionen bedienen sich dieses Mittels.

Eine Visionssuche ist für einen Menschen eine Zeit, in der er nach einer Führung in seinem Leben sucht und sich aus der Routine und dem Druck des modernen Lebens in die Einsamkeit und Stille der Wildnis zurückzieht. Es ist auch eine symbolische Reise in die Wildnis des Verstandes und des

Geistes. Die Richtungsweisung erfolgt gewöhnlich in Form von Visionen, kraftvollen Synchronizitäten, klaren Träumen, spontanen Enthüllungen und/oder magischen Erfahrungen mit der Welt der Natur.

Ich habe Hunderte von Suchenden auf Visionssuchen und anderen Reisen in die heilige Wildnis geführt. Meiner Meinung nach ist dies die einzige und stärkste Transformationserfahrung, die jemand machen kann. Ich habe miterlebt, dass zahlreiche Leben, einschließlich meines eigenen, sich in der Folge verändert haben. Im Gegensatz zu Hochgefühlen in oder nach Workshops, die sich allzu oft mit der Zeit wieder verflüchtigen, scheint eine Visionssuche immer dauerhafte Veränderungen im Leben eines Menschen herbeizuführen.

FEUER IN DER WÜSTE

Canyonlands Base Camp, Utah:
Ende April und Anfang September
(15 Jahre nach meiner Abschiedspredigt)

Auf meinem Weg durch die Rockies von Boulder in den Bundesstaat Utah erwachten meine Lebensgeister durch den Kontrast zwischen warmem Sonnenschein und frisch gefallenem Schnee zu neuem Leben. Ich fuhr von der Interstate 70 auf die Utah State Road 191 ab und blickte auf die Ehrfurcht gebietenden roten Steinformationen, für die die Nationalparks Arches und Canyonland bekannt sind. Ich wusste, ich war wieder nach Hause gekommen.

Für mich waren diese Canyons ein einzigartiger und besonderer Ort auf diesem Planeten. Die riesigen Felsformationen schienen lebendig, ihre Präsenz war in der Landschaft spürbar. Es kam mir vor, also ob jeder, der einmal mitten in dieser Region gewesen war, gar nicht anders konnte, als auf eine tiefe Art verändert zu werden.

Wir legten kurz darauf die letzte Etappe der Reise zu unserem Basislager zurück. Die letzten sieben Meilen führten uns hinunter auf einer holprigen Straße, die den Forstarbeitern diente; zu dieser Etappe gehörte auch die Überquerung eines Flüsschens, die sogar für unser Fahrzeug mit Allradantrieb eine Herausforderung darstellte, weil die Ufer wegen der Schneeschmelze überflutet waren.

Schließlich waren wir am Ziel, die Reise hatte sich gelohnt. Die beiden Seiten des Flusses, der durch einen breiten Canyon mit hoch aufragenden Felswänden floss, waren von zahlreichen alten Pappeln bewachsen. Als wir alles ausgeladen und das Lager errichtet hatten, waren wir erschöpft und die späte Aprilsonne begann bereits über dem westlichen Rand des Canyons unterzugehen.

An diesem Abend setzten wir uns mit unseren von der Reise müden Teilnehmern um ein Versammlungsfeuer zusammen, um ihnen einführende Informationen und eine Orientierung zu geben. Die meisten Teilnehmer waren bereits seit einem Jahr oder länger bei meiner früheren Partnerin Marilynn und mir in der Ausbildung. Sie nahmen alle an diesem langfristigen Programm teil und ich hatte viele von ihnen bereits richtig ins Herz geschlossen.

Nachdem sich alle zum Schlafen zurückgezogen hatten, blieb ich noch einige Zeit im hellen Mondlicht wach. Die Nacht ist ein ganz eigener Ratgeber in diesen Canyons. Der fragende Ruf der Eule wurde schon bald von den eindringlichen Sopranstimmen eines Kojotenrudels beantwortet.

Vor dem Einschlafen wanderten meine Gedanken zu den vielen Erlebnissen und Erfahrungen, die wir mit unseren Gruppen in der Wildnis geteilt hatten. Wie Elia und Mose, Jesus Christus, Johannes der Täufer und der heilige Franziskus waren wir in die unberührte Wildnis gereist. Das, was bei unseren Reisen in die Wildnis geschah, war kein Bildungsprogramm, denn spirituelles Wissen kann nicht unterrichtet werden. Es muss erfahren werden. Stattdessen war es ein Tanz, der erlesen, heilend, förderlich und selbstbestätigend gleichzeitig war.

Für einige war es eine unbegreifliche, aber transformierende Begegnung mit dem Unbekannten. Jeder von uns brachte seine eigene, ganz spezielle Energie in die Gruppe ein, die durch die Verbindung mit den Energien der anderen größere Möglichkeiten für persönliche Veränderung eröffnete als unsere individuellen Fähigkeiten allein. Jeder von uns hatte auf seine eigene Weise danach gesucht, das große Geheimnis zu verstehen.

Die meisten von uns kamen aus verschiedenen Städten im ganzen Land und hatten bis vor Kurzem kaum Erfahrung mit der Wildnis. Wie anders das alles hier draußen war, inmitten solch einer Weite, Abgeschiedenheit und tiefen Stille, an diesem Ort, der von den steilen Sandsteinwänden des breiten rotfelsigen Canyons eingeschlossen wurde, der über uns wie ein riesiges Bollwerk ragte.

Als Menschen in dieser modernen Welt stecken wir fest in den verworrenen Netzen von Selbstbefangenheit, Trivialität, Zerstreuung und Ablenkung. Aber hier draußen war es anders. Niemand schien mit persönlichen Dingen beschäftigt zu sein. Es herrschte das Bewusstsein vor, Teil von etwas zu sein, das größer ist als wir selbst, sogar größer als die Summe dessen, was wir alle zusammengenommen waren. Unser Geist brauchte das genauso, wie unser Körper Essen und Trinken benötigte. Wir brauchten Aufgaben, die uns aus uns selbst herausholten und jenseits des Wandels und der Wechselhaftigkeit unseres Alltagslebens brächten.

Großmutter Mond hatte ihre nächtliche Reise über den Himmel fast beendet, als ich in einen traumlosen Schlaf glitt. Am nächsten Morgen nach einer Meditation zum Sonnenaufgang begannen wir, den Bereich für ein Schwitzhüttenritual vorzubereiten, das an diesem Abend stattfinden sollte. Bei dieser traditionellen Reinigungszeremonie der Indianer geht es nicht nur um die Ausscheidung von Körpergiften, sondern auch um die Befreiung von der mentalen und emotionalen Vergiftung, die das Alltagsleben in der modernen Welt als unvermeidliche Spuren in uns hinterlässt. Durch diese Zeremonie würden wir offener und empfänglicher für die höheren spirituellen Energien werden, die wir in dem Wildnisretreat suchten. Darüber hinaus hatte jeder von uns seine eigenen Methoden der individuellen Vorbereitung.

Für unser Feuer gruben wir eine flache Mulde in den sandigen Wüstenboden und legten sorgfältig einige Stöcke in der Art einer Pyramide hinein - in Übereinstimmung mit den vier heiligen Himmelsrichtungen. Wie es bei all unseren Zeremonien üblich ist, verwendeten wir kein Papier und keine Chemikalien. Ich fühlte die beruhigende Wirkung, die diese Vorbereitung auf uns hatte. Dies war die spirituelle Grundlage für unsere heilige Zeremonie, die am Abend folgen würde. Diese innere Stille war ein wichtiger Auftakt für die kommenden Ereignisse.

In meinen wildesten Fantasien hätte ich mir nicht die Folge von Ereignissen, die jetzt eintraten, vorstellen können. Ich erinnere mich, dass mein Blick auf einen bestimmten Punkt an der Pyramide aus Stöcken gezogen wurde, die von unseren Feuerverantwortlichen, Mark und Lynn, absolut perfekt auf die vier Himmelsrichtungen ausgerichtet worden waren. Ich hörte das durchdringende Pfeifen eines Rotschwanzfalkens, der irgendwo über dem westlichen Rand des Canyons kreiste. Vielleicht warnte mich mein Verbündeter davor, was gleich geschehen sollte. Es gab keine andere Warnung! Abgesehen von dem Schrei des Falken gab es keine Zeichen, Synchronizitäten oder Vorwarnungen für uns. In einem Moment befanden wir uns in dieser normalen Zeit und am gewohnten Ort. Im nächsten Moment waren wir in dieser magischen Zeit, in der die normalen Gesetze unserer dreidimensionalen Zeit nicht länger gelten.

Plötzlich, sogar ohne die geringste Spur von Rauch als Warnung, standen die Stöcke, die wir gerade für das Feuer gelegt hatten, mysteriöserweise in Flammen. Wir schauten ungläubig zu. Ich erkannte in diesem Moment, dass ich seit der Ankunft im Basislager darauf gewartet hatte, dass etwas passieren würde, aber das hätte ich mir niemals ausmalen können. Vor uns war die

Realität gestreckt, gebogen und zusammengefaltet worden, um eine unbegreifliche, spontane Entzündung auszulösen. Das großartige Mysterium ließ uns alle stumm werden. Die Zeit stand still.

Eine Stille ergriff uns alle, als wir uns vor dem Feuer zusammenfanden. Der Himmel war pink und gold geworden und die späte Morgensonne ließ die oberen Canyonwände in Pastellfarben erstrahlen. Der unbeschreibliche Glanz des vor der Wüstenlandschaft hell brennenden Feuers versetzte mich in einen höheren Bewusstseinszustand.

Dann sagte die innere Stimme, die oft meine Visionen begleitete: »In jedem Feuer lebt eine spirituelle Kraft; diese wird als die elementare Kraft des Feuers bezeichnet. Als Gruppe seid ihr unbeabsichtigterweise in einen Zustand magischen Bewusstseins eingetreten und in der Kraft dieses Bewusstseins habt ihr das Element Feuer selbst hervorgebracht.« Für einen kurzen Moment in der Wüste hatten wir die Struktur der Realität verändert. Es war wirklich ein heiliger Moment.

Ich hatte erfahren, dass dieses heilige Feuer in jedem von uns brennt. Es ist genau dasselbe Feuer, das auch in den Sternen zu finden ist. Wenn dieses Feuer im Innern aktiviert ist, dann brennen wir selbst wie Miniatursupernovas. In den Schriften wird das Feuer oft mit der Manifestation einer Gottheit in Verbindung gebracht. Mose hörte die Stimme Gottes in dem brennenden Busch und die Kinder Israels folgten einer ›Wolke am Tag‹ und einem ›Feuer in der Nacht‹[3] bei ihren Wanderungen durch die Wüste. Elia wurde in einem feurigen Wagen in den Himmel gehoben. Der Heilige Geist kam über die Schüler, die sich an Pfingsten am gleichen Ort versammelt hatten, mit einem Brausen vom Himmel her und in ›Feuerzungen‹[4].

In ähnlicher Weise wird das Feuer in der christlichen Mystik als eine Erscheinungsform Gottes beschrieben. In seinem Memorial schrieb Blaise Pascal, der sagt, Gott sei eine Erfahrung wie Feuer, ekstatisch ausrufend: »Feuer! Gott Abrahams, Gott Isaaks, Gott Jakobs, nicht der Philosophen und Gelehrten. Gewissheit, Gewissheit, Empfinden: Freude, Friede ... Freude, Freude, Freude und Tränen der Freude!«[5]

Die innere Führung, die ich erhielt, diente jedoch lediglich dazu, das Geheimnis zu vertiefen, denn was wir gerade in der Wüste erlebt hatten, konnte weder in Worte gefasst werden noch gab es dafür eine plausible Erklärung. Aus althergebrachter religiöser Sicht war das, was uns widerfahren war, ein Wunder. Aber Wunder sind kein Eingriff in die göttliche Ordnung, sondern ein Einblick in ein Spiel der Gesetze, die jenseits unseres gegenwärtigen Verständnisses sind. Es heißt, dass die Wunder von heute die Wissenschaft von morgen sind. Ein Automobil, ein Fernseher, ja sogar das Anzünden eines Streichholzes wäre für diejenigen, die zu Jesu Zeiten lebten, ein Wunder gewesen.

Die Geschichte von unserem Erlebnis mit dem heiligen Feuer war jedoch noch nicht zu Ende. Wäre dies der Fall gewesen, hätte man es vielleicht als eine Anomalie der Natur abtun können oder sogar als eines dieser Zufallsereignisse in einem Universum der unendlichen Möglichkeiten, über die Quantentheoretiker so gerne Axiome formulieren. Aber im Frühherbst - drei Jahre waren seither vergangen - waren wir mit einer neuen Gruppe am selben Ort.

Am zweiten Tag unseres Zusammenseins wurde mir, während ich unterrichtete, urplötzlich klar, dass ich das Feuer noch einmal ganz bewusst und absichtlich erzeugen könnte. Ich erzählte die Geschichte unseres Erlebnisses von vor drei Jahren. Die Feuerstelle für die indianische Schwitzhüttenzeremonie hatten wir bereits auf dem sandigen Wüstenboden vorbereitet, das Feuer musste am nächsten Tag nur noch angezündet werden - ich verkündete meine Absicht.

Am nächsten Nachmittag, als unsere große Gruppe von Visionssuchern darauf wartete, dass der Hüter das Feuer anzündete, geschah es wieder. Plötzlich und mysteriöserweise entzündeten sich die Stöcke! Dieses Mal hatte ich im Gegensatz zu der Episode vor drei Jahren meine Absicht in Anwesenheit der Visionssucher deutlich geäußert. Ich hatte die Kühnheit gehabt, meine Lehrer aus den spirituellen Reichen zu bitten, uns die Ehre eines weiteren spontanen Entzündens zu erweisen. Die wundersamen Elementargewalten des Feuers hatten nicht nur auf meine Anrufung geantwortet, sondern uns gleichzeitig auch die Ehre mit einer zweiten und dritten spontanen Entzündung in zwei anderen Holzstapeln, die sechs Meter entfernt lagen, erwiesen. Erstaunlicherweise hatte uns nicht die geringste Spur von Rauch darauf vorbereitet - es geschah ganz unerwartet, aus dem Nichts ... *Feuer!*

Niemand sprach ein Wort. Wir starrten einfach ehrfürchtig auf die drei schnell wachsenden Flammen. Ich konnte die steigende Hochstimmung in den Herzen derjenigen um mich herum fühlen. Es war ein ekstatischer Moment! Es war eine weitere *Manifestation*!

ooo

Vor Jahren, als ich noch Priester in der Episkopalkirche gewesen war, hatte ich die allgemeine Meinung geteilt, dass das Zeitalter der Wunder vorbei sei. Jetzt kann ich das nicht mehr sagen. Ich hatte zu viele unerklärliche Dinge miterlebt. Jesus sagte über die Wunder, die er vollbrachte: »Wer an mich glaubt, der wird die Werke auch tun, die ich tue, und er wird noch größere als diese tun.«[6] Das ist eine enorme Aussage! Ich frage mich, warum wir dieses Versprechen seit 2.000 Jahren nicht in Anspruch nehmen. Es war äußerst kühn und verwegen von mir, diese Worte Christi ernst zu nehmen und es zu wagen, einen Anspruch auf dieses Versprechen zu erheben!

Im Gegensatz dazu warnen uns seit jeher die Bibelgelehrten und Theologen, dass solche Ansprüche Blasphemie seien. Leider sind diese Menschen nichts weiter als moderne ›Pharisäer‹.

Ebenso wie unsere religiösen Sprecher die Position der Blasphemie vertreten, haben die Wissenschaftler uns entmachtet, indem sie behaupten, dass diese Dinge wissenschaftlich unmöglich seien. Es ist Zeit, dass wir diese negativen und begrenzenden Vorstellungen infrage stellen. Wir müssen erkennen, wie viel wir von unserer Macht aufgegeben haben an diese geschätzten und populären Glaubenssysteme und Institutionen.

Auf meiner Reise in die weiten Bereiche des kulturübergreifenden Schamanismus fühlte ich mich allmählich wie ein Bluthund, der eine starke Witterung aufgenommen hat. Ich fühlte, dass ich auf einer heißen Spur war zu etwas von enormer Dimension. Ich erkannte, dass diese Spur mich nicht nur zu den erstaunlichen Antworten auf meine Fragen führte, sondern in eine ganz neue Welt, von der ich bislang nur zu träumen gewagt hatte. Meine Fragen und meine Suche waren ein und dasselbe geworden. Ich entdeckte, dass viele dieser Fähigkeiten, von denen Christus gesagt hatte, dass sie in jedem von uns vorhanden seien, immer in Geschichten und Mythen gewürdigt und von den heiligen Männern und Frauen verschiedener Stammestraditionen gezeigt wurden.

Leider wurden die meisten Beiträge unserer europäischen Traditionen mit den Beschreibungen dieser Fähigkeiten aus unseren Aufzeichnungen und dem kollektiven Gedächtnis getilgt; begonnen hatte dies mit den politisch motivierten Kirchenräten und hatte sich weiter durch die langen Jahrhunderte von Verfolgungen, Inquisition und Ketzereiprozessen hindurchgezogen. Ich denke, wir dürfen auf diese Enthüllungen zu Recht mit einer enormen gerechten Empörung und gleichzeitig einem brennenden Verlangen, diese Fehler der Vergangenheit wieder zu korrigieren, reagieren. Ich habe festgestellt, dass dieses ›verlorene‹ Wissen von jedem wiederentdeckt werden kann, der bereit ist zu suchen.

Die organisierte Religion hat Anhänger hervorgebracht, die zwar oft viel Eifer zeigen, aber spirituell in den Kinderschuhen stecken bleiben, weil sie einem künstlichen Glaubenssystem

Glauben schenken. Es ist an der Zeit, dass wir endlich die geläufige Weltanschauung, die die organisierte Religion und die empirische Naturwissenschaft mit solcher Inbrunst verteidigt haben, infrage stellen. Ein derartiges Infragestellen ist der Schlüssel zur Befreiung und Stärkung unseres Geistes.

Ich musste die Kirche verlassen, um zu entdecken, was die Kirche verloren hat. Ich war betrübt, dass ein solch unbezahlbarer Schatz durch die Arroganz und Ignoranz der Menschen verloren gegangen war. Das Christentum birgt einen wertvollen Schatz, der jedoch vollständig begraben wurde von den Fallen, rituellen Bräuchen und dem starren Glauben an Dogmen und Definitionen. Ich wollte meinen Schwestern und Brüdern in den Kirchen und anderen Formen der organisierten institutionalisierten Religion sagen, dass es auch heutzutage noch Wunder gibt. Was verloren gegangen ist, kann wieder wiedererlangt werden. Denn all das, was ich miterlebt habe, all das, was ich erfahren habe, seit ich meinen Glaubenssprung gemacht habe, zeugt nur von den eigentlichen Wahrheiten hinter den Wundern, die in den heiligen Schriften aller Religionen aufgezeichnet wurden.

Als ich in die Flammen des Feuers schaute, das sich auf wundersame Weise entzündet hatte, dachte ich an einen Vers aus der Schrift der Hindus, *Sh'vet Upanishad, II, 17:*

Dem Gott, der im Feuer und in den Wassern ist;
Dem Gott, der sich durch die ganze Welt hindurch
ergossen hat;
Dem Gott, der in den Sommerpflanzen und in den
Herren der Wälder lebt;
Dem Gott sei Ehre, Ehre.

Diese Episoden und viele andere mehr haben mich dazu gebracht, daran zu glauben, dass wir in einer sehr magischen Welt leben und dass die Menschen von Natur aus magische Wesen sind.

Selbst als diese Erkenntnis wuchs, wurde ich von einigen Fragen verfolgt: Falls das wahr wäre, was war mit unserer magischen Veranlagung geschehen? Wohin war sie entschwunden? Und falls diese magische Veranlagung etwas ist, das ein wesentlicher Teil von jedem von uns ist, warum finden so wenige Menschen dazu Zugang?

Diese Fragen wurden die zentralen Punkte bei meiner spirituellen Suche. Tatsächlich waren die Antworten auf die schwer zu fassenden Phänomene des magischen Bewusstseins zum Heiligen Gral geworden, nach dem ich suchte. Ich wusste in meinem Herzen, dass meine Suche erst dann zu Ende sein würde, wenn ich ihn gefunden hatte.

IM SCHATTEN DES TETONS

Retreat in der Wildnis, Gros Ventre-Basislager,
West-Wyoming: Mitte Juli

An einem Spätnachmittag näherte ich mich mit meiner früheren Partnerin Marilynn dem Osteingang des Nationalparks Grand Teton, in dem die am häufigsten fotografierten Berge der Welt zu finden sind. Bevor die majestätischen Berge in Sicht kamen, fühlte ich, dass etwas nicht stimmte. Es war, als ob der natürliche Rhythmus und Fluss des Landes unterbrochen worden waren.

Es war nicht das erste Mal, dass ich solch eine Erfahrung machte. Wann immer ich eine spirituelle Verbindung zu einem Ort entwickelte, war ich nicht nur in der Lage gewesen, mit den Energien des Ortes zu arbeiten, sondern ich konnte auch immer fühlen, wenn etwas nicht in Ordnung war. Ich hatte gelernt, mit der Essenz der Berge zu verschmelzen. Ich kannte den Geist ihrer luftigen Gipfel, ihre sich ändernden Stimmungen und Gesichter, ihre felsigen Canyons und grünen Täler.

Einmal, als ich mit dem Medizinmann der Shoshonen, Rolling Thunder, alleine war, sagte er zu mir: »Du musst immer die Geister eines Ortes kennen.« In den darauffolgenden Jahren erkannte ich, wie wertvoll der Ratschlag des alten Schamanen war.

Erst als wir den niedrigen Pass überquert hatten und in das Tal hinunterstiegen, das als Jackson Hole bekannt ist und sich über 15 Kilometer weit bis zum Fuß der Bergkette erstreckt, ahnten wir den Grund.

Das Land war ausgedörrt und staubig; die Temperatur unnatürlich hoch, sogar für den Hochsommer. Die für gewöhnlich üppig grüne Vegetation in der Zeit um Mitte Juli herum war bereits so braun, wie man es im Frühherbst erwarten würde. Auffällig war, dass die endlosen Felder der scharlachroten Kastillea, Lupinen, Akeleien, des Staudenfeuerkrauts, der Geranien und der Wildrosen fehlten.

Im Besucherzentrum des Parks erfuhren Marilynn und ich, dass West-Wyoming heftig unter einer Dürreperiode litt, die bereits seit Beginn des Frühjahrs andauerte. Seit April hatte nur ein einziges Gewitter das Gebiet beehrt. Im vergangenen Monat war die Trockenheit mit einer schweren Hitzewelle mit Temperaturen, die teilweise über 32 Grad Celsius lagen, einhergegangen. Ich wünschte, ich hätte einfach mit einem Zauberstab wedeln können, um die Gegend zu heilen. Ich wusste nicht, dass es genau das war, was bald von uns verlangt werden würde.

Wir erledigten unsere Geschäfte in der Stadt so schnell wie möglich und fuhren dann in eine abgeschiedene Gegend in der Nähe des Gros Ventre River; diese Gegend war in den vergangenen Sommern unser Basislager gewesen. Dieses Basislager ist besonders: Es ist nur den örtlichen Bewohnern bekannt und es kommen keine Touristen dorthin. Unser Lager war nahe am Fluss, in der Nähe eines von einer Quelle gespeisten Teiches, der frisches Trinkwasser lieferte und einen wundervollen Ort zum Schwimmen und Baden bot.

Sobald wir unser Camp eingerichtet hatten, wurden wir von allen bekannten Arten stechender und beißender Insekten angegriffen - Ameisen, Moskitos, Hirschlausfliegen, Pferdebremsen und Kreaturen, die wir nicht annähernd identifizieren konnten. Ich spürte, dass die extreme Trockenheit und die unnatürliche Hitzewelle ein atypisches Aggressionsverhalten bei diesen kleinen Lebewesen erzeugt hatten. Wir wussten nicht was zu tun sei, sofern überhaupt etwas zu tun sei. Wir fühlten uns ziemlich schlecht, denn sogar handelsübliche Insektenschutzmittel schienen die Plagegeister eher anzuregen als sie abzuwehren. Es würden zwei lange Wochen werden, wenn sich nichts änderte.

Die nächsten zweieinhalb Tage gingen die Angriffe ohne Unterlass weiter. Dann, am Nachmittag des dritten Tages, am letzten Tag, bevor unsere Seminarteilnehmer ankommen sollten, erhielten wir unerwartet eine Weisung. Wir wurden vom Geist des Landes gebeten, zu einem besonderen Kraftplatz zu gehen und in der Tradition der alten Schamanen eine Zeremonie für Regen und kühleres Wetter durchzuführen. Wir wurden angewiesen, die Zeremonie am späten Nachmittag auszuführen, was in der Kultur der Schamanen die Zeit des Westens, die heilige Richtung für den heilenden Regen ist. Wir hatten noch nie zuvor solch eine Zeremonie versucht. Ich persönlich hatte meine Zweifel. Dennoch hatte ich über die Jahre hinweg gelernt, keine Anweisung infrage zu stellen, die aus der geistigen Welt kam.

Solche Praktiken waren schon immer Teil der schamanischen Tradition quer durch alle Kulturen gewesen. Unsere moderne Kultur jedoch hatte kein Beispiel für das, was wir versuchen wollten. Dennoch fühlten wir uns beide dazu beauftragt, solch eine Zeremonie durchzuführen.

Das Wetter spiegelt die Stimmung des Erdgeistes wider. Gewitter laden das elektromagnetische Feld wieder auf, bereinigen die Landschaft von der fast unmerklich vorhandenen Negativität. Der Grund, warum sich Menschen nach einem Sturm so gut fühlen, ist, dass die Erde gereinigt, regeneriert und die natürlichen Rhythmen und Zyklen wiederhergestellt wurden.

Mehrere Stunden lang bereiteten wir die Zeremonie vor. Wir sammelten Salbei und duftendes Mariengras zur Reinigung und

Verbrennung als Opfergabe. Unser Ziel lag eineinhalb Stunden entfernt und der letzte Kilometer der Wanderung ging einen ausgewaschenen Trampelpfad entlang.

Wir folgten dem Pfad immer weiter und wie üblich begann ich zu fühlen, wie sich der Verstand beruhigte und wie sich gleichzeitig feine Veränderungen in meinem Bewusstsein vollzogen. Das hier verlangte keine speziellen Techniken oder außerordentliche Bemühungen. Die Haltung, wenn man sich für eine heilige Zeremonie vorbereitet, ist genauso wichtig wie die Zeremonie selbst. Die Vorbereitung schafft die Voraussetzungen, zieht einen in einen Zustand höheren Bewusstseins, in dem man gleichzeitig sowohl in der normalen als auch in einer anderen Realität existiert. Wenn dies geschieht, ist da oft ein Gefühl, an zwei Welten teilzuhaben, die getrennt sind und sich doch gegenseitig durchdringen.

Schweigend legten wir den letzten Kilometer des sich dahinschlängelnden Pfades durch den Kiefernwald zurück, gingen an einer kleinen Herde von Maultierhirschen vorbei, die eher neugierig als ängstlich zu sein schienen bei unserem Anblick. Eine Unterhaltung in einer solchen Situation ist stets ablenkend und zehrend.

Schließlich erreichten wir eine kleine Wiese am Fuß eines Wasserlaufs, der aus dem Grand Teton abfloss. Ich konnte den natürlichen Magnetismus des Ortes fühlen und wusste, dass es ein idealer Ort für unsere Zeremonie sei.

Als wir im Schatten des Grand Teton selbst standen, ging die Sonne gerade hinter seinem Gipfel unter. Der Berg ragte über uns auf und erhob sich mehr als 4000 Meter über dem Waldboden. Trotz der gegenwärtigen Hitzewelle waren noch vereinzelt Schneereste in den immer schattigen Mulden in der Nähe des Gipfels zu sehen. Weiter oben erschien der Wasserlauf als ein schmaler Silberfaden, der den östlichen Berghang, der uns gegenüberlag, in zwei Teile teilte. Er erzeugte beim Herabfließen von der alpinen Landschaft weit oben ein leicht donnerndes Geräusch. Ich konnte ein gewaltiges Zusammenfließen der Kraft vom Gipfel bis zum Boden des Tales fühlen. Eineinhalb Kilometer weiter nördlich lag ein malerischer Gletschersee. Knapp hundert Meter hinter uns befand sich ein Elchteich. Südlich und östlich von uns floss der wilde, landschaftlich reizvolle Snake River, der seinen Weg in Serpentinen durch das breite Tal schnitt. Vor uns, im Westen, lagen die Grand Tetons selber.

Es war die Zeit des Westens, die heilige Richtung für die großen Sturmdevas, die Sturmgötter, die ›Donnerwesen‹ der Tradition der amerikanischen Ureinwohner. Ich konnte eine elektrische Spannung im Äther fühlen, als ob irgendeine Kraft bereit war, zu entstehen. Der Moment war gekommen, uns mit diesen Kräften der Engelwesen zu verbinden, die mit den Naturkönigreichen zusammenarbeiten, und um ihre Unterstützung zu bitten.

Wir standen im Schatten des Berges und blickten nach Westen, verbrannten Salbei und duftendes Mariengras und boten den Sturmdevas, dem Geist des Berges und dem einen Großen Geist Tabak und Maismehl als Opfergaben an. Mit lauten Stimmen trugen wir unsere Absicht vor, während wir uns wieder der Heilung der Mutter Erde und dem größeren Werk der Schöpfung anvertrauten. Wir riefen die Mächte an, die verantwortlich sind für den feinen Ausgleich zwischen Erde und Himmel und drückten unsere Besorgnis über das derzeitige Leiden der Pflanzen- und Tierwelt sowie der Menschen aus.

Zuletzt blieben wir ein paar Minuten ganz still. Gerade als wir diesen heiligen Ort verlassen wollten, erlebten wir eine derartig bemerkenswerte Veränderung in der Atmosphäre, dass wir unvermittelt stehen blieben. Eine kühle Brise hatte begonnen, vom Berg herabzuwehen. Innerhalb weniger Minuten war die Temperatur um etwa zehn Grad gesunken. Mit einem tiefen Gefühl der Dankbarkeit verließen wir den Ort und erreichten Minuten später unseren Jeep am Ausgangspunkt.

Am nächsten Morgen wachten wir bei beträchtlich kühlerem Wetter auf und zogen unsere Wollpullover an, als wir aus unseren Schlafsäcken krochen. Zumindest war die Hitzewelle vorbei.

Später am gleichen Nachmittag, nachdem die meisten Seminarteilnehmer angekommen waren, zog das erste Gewitter mit lautem Grollen über die westlichen Berggipfel heran. Wir konnten die Kraft des Sturmes fühlen, der offensichtlich aus dem Nichts gekommen war, da die Meteorologen keinen Regen vorhergesagt hatten. Es war keine Frage für uns, dass der Regen noch länger fallen würde. An den folgenden neun Tagen kamen für gewöhnlich nachmittags Stürme auf. Am zehnten und elften Tag ging ein leichter, sanfter Regen auf die Erde nieder. Unsere unverwüstliche Mutter Erde hatte sich selbst geheilt.

Eine Zugabe in Idaho

Nach Beendigung unseres zehntägigen Retreats in der Wildnis verbrachten Marilynn und ich zwei Tage und zwei Nächte in unserem Zelt, während die Regenfälle weiter anhielten. Bevor wir abfuhren, führten wir ein Abschiedsritual durch. Wir hatten gehofft, dass wir an diesen beiden Tagen wandern könnten, aber wie heißt es so schön: »Man kann nicht auf zwei Hochzeiten tanzen.« Schließlich packten wir und brachen zur sechsstündigen Autofahrt nach Sun Valley, Idaho, auf, wo wir Seminare und Beratungen durchführen sollten.

Wir erfuhren, dass Idaho immer noch unter einer Trockenperiode litt und nichts von dem Regen abbekommen hatte, der in West-Wyoming in jener Woche gefallen war. Dieses Mal mussten wir nicht lange überlegen. Wir wussten, dass wir eine weitere Regenzeremonie durchführen mussten.

Wir baten Mark, einen unserer fortgeschrittenen Ausbildungsteilnehmer in der Stadt, uns bei der Zeremonie zu begleiten. Wir baten ihn auch, noch eine weitere Person mitzubringen, damit wir für jede der vier Himmelsrichtungen einen Vertreter hatten. Mark bat einen Freund, der Yoga unterrichtete, mit uns zu kommen; er hatte das Gefühl, dass dieser Lehrer ›auf der richtigen Wellenlänge‹ sein würde für das, was wir tun wollten.

Als wir uns am nächsten Morgen trafen, führte uns Mark in eine abgeschiedene Gegend im naheliegenden Nationalwald, wo wir versuchten, die Wetterbedingungen auf spirituelle Weise zu beeinflussen. Wieder schien es, als führten wir eine Anweisung aus der unsichtbaren Welt aus.

Wir erwachten am folgenden Morgen bei einem Regen, den die Navahos einen ›weichen, weiblichen Regen‹ nennen und der den ganzen Tag und die folgende Nacht anhielt. Wir erfuhren später zu unserer Belustigung, dass der Yogalehrer sich über das regnerische Wetter beklagt hatte, weil er einen Ausflug mit einigen Freunden geplant hatte.

Als wir den Yogalehrer an jenem Nachmittag trafen, erinnerten wir ihn daran, worum wir alle in der Zeremonie gebeten hatten. Zunächst schien er geschockt. Hatte er wirklich nicht daran geglaubt, dass der Regen kommen würde, oder hatte er einfach die Zeremonie vergessen, an der er am Tag zuvor teilgenommen hatte? Er begann zu lächeln und fiel dann schnell in unser Gelächter ein.

AM FLUSS OHNE WIEDERKEHR

Visionssuche am Salmon River-Basislager, Idaho: Frühjahr

In der vergangenen Stunde war ich auf einer schmalen Straße für die Forstbediensteten gefahren; diese folgte dem als North Fork bekannten Bereich des Salmon River. Der North Fork und Middle Fork sind international bekannt für ihr Landschaftsbild und für Wildwasserrafting. Die Abgelegenheit des wilden Canyons in Verbindung mit dem warmen Sonnenschein und der üppigen frischen Vegetation des Frühjahrs lenkte mich von meinen Alltagssorgen ab.

Dies war die erste Reise für Marilynn und mich an die nördliche Spitze von Idaho, wo sich eine der größten Wildnisflächen befindet. Der gängige Name des Salmon River lautet ›Fluss ohne Wiederkehr‹. Er wird so genannt, weil es, wenn man erst einmal den Flussarm erreicht hat, keinen anderen Weg heraus gibt außer eine gefährliche Reise durch das wilde Gewässer des Canyons. Ein bekannter Film aus den 50er Jahren, der nach dem Fluss benannt wurde, wurde ebenfalls dort gedreht. Der landschaftlich schöne Fluss fließt durch steile Canyonschluchten, weist zahlreiche Schleifen auf und wogt gelegentlich durch verborgene Nebencanyons.

Da wir bis zum nächsten Tag, an dem eine Gruppe für ihre erste Visionssuche ankommen sollte, keinerlei zeitlichem Druck unterworfen waren, war die Fahrt auf der Forstwirtschaftsstraße ein großartiges ›Nichtstun‹. An einem Punkt, an dem einer der Nebencanyons mit dem Hauptcanyon zusammentrifft, entdeckten wir eine Familie von Dickhornschafen, die sich optisch so an die Felswände des Canyons anglichen, dass wir sie leicht hätten übersehen können. Die Dickhornschafe standen dort wie erstarrte Skulpturen und beäugten uns wachsam. Ich wusste, dass selbst das geringste Zeichen einer Bedrohung dazu führen würde, dass sie wieder den unmöglich steilen und schmalen Pfad hinauf zum Rand des Canyons hochstieben würden.

Ohne zu sprechen, parkten wir ungefähr 30 Meter entfernt und stiegen langsam aus dem Auto, wobei wir uns vorsahen, keine plötzlichen Bewegungen zu machen. Ich spürte einen Adrenalinstoß, weil wir ihnen so nahe waren, wusste ich doch, dass diese wachsamen Kreaturen den Ruf haben, man könne nicht an sie herankommen.

Es war eine halbe Stunde vor der Abenddämmerung. Man hatte uns gesagt, dass wir uns selber an einem Seil in einem alten Bergwerkskarren über den Fluss ziehen müssten, um zu dem Gehöft zu gelangen, das uns eine Woche lang als Basislager dienen sollte. Und ich hatte ganz sicher keine Lust dazu, dies im Dunkeln zu tun. Aber jetzt hatten die Schafe Vorrang. Auf einer geheimnisvollen Urebene fühlte ich eine mächtige Verbindung mit diesen schönen Kreaturen.

Als wir den Jeep verlassen hatten, gingen wir wie in stillschweigender Übereinkunft in den Vierfüßlerstand. Auf allen vieren begannen wir, die grasenden Tiere nachzuahmen, und brachten das Geplapper in unseren Köpfen zum Schweigen in der Hoffnung, näher an die Schafe heranzukommen.

Aufgrund früherer Erlebnisse und Erfahrungen in der Wildnis hatte ich darauf geschlossen, dass unser Denken zu der instinktiven Furcht beiträgt, die wilde Tiere vor uns haben. Vielleicht sehen sie störende Formen in den uns umgebenden Lichtfeldern oder fühlen eine Verzerrung unserer Schwingungen oder vielleicht verändert sich auch unser Geruch, wenn unser ›Denkapparat‹ aktiv ist. Ich wusste, dass der sicherste Weg, ein wildes Tier zu erschrecken, ist, rasende Gedanken zu haben.

Was danach geschah, war wie in einem Traum. Unbeabsichtigterweise waren wir in die Schuhe der alten Schamanen geschlüpft, die angeblich in der Lage gewesen waren, erstaunliche Erkenntnisse zu erlangen, die sich aus ihrer innigen Verbindung mit der gesamten Kreation entwickelten. Wir näherten uns der Herde langsam und schräg von der Seite, wobei wir sorgfältig darauf achteten, keines der Tiere direkt anzusehen. Mein Atem war flach und mein Herz schien einen Schlag lang auszusetzen, als wir näher herankamen.

Ich blieb in einem Zustand ruhiger Distanziertheit und gestattete meinem Bewusstsein, sich nach außen zu erweitern, wobei ich ein Teil aller Dinge um mich herum wurde. Dann, fast ohne es zu bemerken, waren wir mitten in der Herde angekommen.

Erst später gestattete ich mir den Luxus, mich zu fragen, ob es je jemandem gelungen war, derartig wachsamen und scheuen Tieren nahezukommen, und zwar so nahe, dass man sie berühren oder mit ihnen sprechen konnte. Ich widerstand der Versuchung, meine Hand auszustrecken und sie zu berühren, denn sie zeigten, dass sie uns trauten, und das wollte ich nicht zerstören.

Die Aufnahme in die Familie der wilden Schafe verlieh derartige Kräfte, dass ich mich fragte, ob wir sie einladen könnten, uns in unserem Basislager ein paar Meilen die Forstwirtschaftsstraße hoch zu besuchen. Der Gedanke war nicht so weit hergeholt, wie er schien, weil Tiere große telepathische Fähigkeiten haben, und wir hatten mit dieser Art von Kommunikation bereits Erfolg gehabt.

Mit besänftigender Stimme lud ich sie ein, unser Camp zu besuchen. Als ob diese Tiere die menschliche Sprache verstünden, erklärte ihnen meine Partnerin, dass wir diese Begegnung mit der Herde der wilden Schafe als Zeichen betrachteten, dass sie die designierten Verbündeten für unsere Gruppe seien. Ein Verbündeter ist ein Vertreter aus dem Königreich der Natur, zum Beispiel ein Mammut oder ein Vogel, zu dem man eine natürliche Affinität und eine energetische Verbindung verspürt. Ein Verbündeter ist für uns ein Lehrer, der uns widerspiegelt, was wir in ihm sehen, und er kann uns sogar eine besondere Stärke vermitteln.

Diese Dickhornschafe, zu deren Fähigkeiten eine große Trittsicherheit und Zielgerichtetheit beim Aufstieg zu den Berggipfeln zählen, würden die passenden Symbole für diejenigen von uns sein, die spirituelle Höhen erreichen wollten. Ihre Fähigkeit, schwierige Wegstrecken zu überwinden und enge, sich windende Pfade zu gehen, steht für Qualitäten, die bei einer spirituellen Reise so wesentlich sind.

Ich war erstaunt, dass unsere menschlichen Stimmen keine Furcht in den Tieren auslösten. Da jedoch die Dunkelheit nur noch Minuten entfernt war, zogen wir uns widerstrebend zum Jeep zurück, wobei unsere Herzen schnell schlugen. Erstaunlicherweise hatte das ganze Unternehmen nicht mehr als 20 Minuten gedauert. Dennoch war die Begegnung vollkommen zeitlos gewesen. Auf seltsame Weise fühlte es sich wie der natürlichste Vorgang der Welt an. Es war so, als ob die Erfahrung, in die Herde der Dickhornschafe aufgenommen zu werden, und unsere Kommunikation mit ihnen einen wesentlichen Teil dessen darstellten, was ich war.

Am folgenden Tag kamen die Visionssucher an: eine bunte Mischung aus neugierigen Individuen, zu denen eine Börsenmaklerin, ein Investmentberater, ein Direktor eines Hospizes, eine Kellnerin, ein Olympiateilnehmer im Skifahren, eine Dame der Gesellschaft, die eine Nobelboutique in einem Urlaubsort besaß, ein Physiotherapeut, ein Manager eines Einzelhandelsgeschäftes in einer kleinen Stadt und natürlich inkognito - ein Drogenhändler aus Florida (der sich als die Person mit den meisten natürlichen Fähigkeiten in dieser Gruppe herausstellte) gehörten. Mein Bauchgefühl war, dass es sich hierbei um eine interessante Gruppe handelte.

Ich konnte mir nicht vorstellen, dass genau diese Individuen bei irgendeinem anderen Vorhaben zusammenkommen würden, um solche intensiven persönlichen Erfahrungen zu machen. Es ist üblich, dass wir Teilnehmer aus verschiedenen Klassen, mit unterschiedlichstem Hintergrund und vielen Berufen für unsere Retreats in der Wildnis zusammenbringen. Diese Art von spirituellem Engagement lässt sich nicht mit den künstlichen Teilungen, die unsere Gesellschaft erzeugt, vereinbaren.

Als alle Teilnehmer unserer Gruppe den Fluss in dem alten Bergwerkskarren überquert hatten, konnte niemand in der Gruppe mehr alleine wegfahren. Wenn jemand ohne einen Helfer gehen würde, wäre der Karren für alle übrigen auf der falschen Seite des Flusses. Wir waren jetzt alle aufeinander angewiesen und niemand konnte ausscheren, ohne alle anderen im Stich zu lassen. Der Fluss selbst war noch eisig durch die Schneeschmelze und zu reißend und kalt, als dass man ihn hätte durchschwimmen können. Es war sicher, dass dieses unwiderrufliche Überqueren des Wassers und die Endgültigkeit dieses Schrittes uns dabei helfen würden, ein Gefühl der Solidarität für die Tage, die vor uns lagen, entstehen zu lassen.

Obwohl die Visionssuche selbst die Sache jedes Einzelnen ist, verbringen wir drei Tage damit, uns auf diese Erfahrung vorzubereiten. Die Gruppe entwickelt einen Zusammenhalt durch all das, was man zusammen teilt, fühlt und erfährt, und ein mächtiger Gruppengeist entwickelt sich. Das macht es jedem Einzelnen möglich, seinen Aufenthalt alleine durchzustehen und sich doch im Bewusstsein des Ganzen verbunden zu fühlen, dadurch von allen anderen Stärke und Trost zu erfahren. In jener Nacht versammelten wir uns, nachdem das Basislager vorbereitet worden war, um ein Feuer an einem sandigen Strand am Fluss. Das Wasser an diesem Ort murmelte leise, sprach zu uns in gedämpftem Ton, der sich mit den gelegentlichen Geräuschen der Nacht vermischte. Die Mondsichel, die noch niedrig am Himmel hing, erleuchtete Teile der im Schatten liegenden Felsen des Canyons und spiegelte sich im Fluss wider.

Die Umgebung wirkte sich beruhigend auf die vielen Ängste und Unsicherheiten aus, die jeder mitgebracht hatte. Unsere natürliche Müdigkeit wurde durch eine darunterliegende Aufregung überwunden. Ich hatte das Gefühl, dass diese positive Reaktion Gutes versprach für die vor uns liegende Woche.

Wir eröffneten die Visionssuche mit den üblichen Ankündigungen zu den Abläufen und den einführenden Bemerkungen zu Art und Zweck der Suche. Jeder hatte die Gelegenheit, etwas über sich zu sagen.

Als ich an der Reihe war, ließ ich die anderen teilhaben an unserer außergewöhnlichen Erfahrung, als wir uns unter die Dickhornschafe gemischt hatten. Einige lachten, als ich davon sprach, dass wir die wilden Tiere eingeladen hatten, zu unserer Gruppe hier auf unserem Gelände zu kommen. Obwohl die meisten in der Gruppe glaubten, dass ich einen Witz machte, nahm diese magische Begegnung mit den Schafen die Vorstellungskraft aller gefangen, verstärkte unsere Aufregung und Erwartungen.

Die Müdigkeit nahm jedoch von der Gruppe der erschöpften Reisenden Besitz. Wir beendeten die Beratung am Feuer, sodass sich jeder in sein Zelt, das sich irgendwo auf der Wiese zwischen dem Fluss und dem steilen Abhang der Berge befand, zurückziehen konnte.

Ich erwachte beim ersten Licht des Tages. Durch die sanfte Morgendämmerung konnte ich den frühmorgendlichen Nebel sehen, der aus dem Fluss stieg und langsam über die Wiese trieb, auf der wir zelteten. Die klagenden Rufe der Trauertauben, die sich im Gras und Salbei versteckten, verbanden sich bald mit den Geräuschen lärmender Raben und Buschhäher. Ein einsamer Kojote rief nach seinem Gefährten irgendwo in der Gegend den Fluss hinauf. Bald würde die Sonne auf die oberen Wände des Canyons treffen und sie in leuchtende Gold- und Bernsteintöne tauchen. Durch die Öffnung des Zeltes beobachtete ich ein Adlerpaar, das in der Thermik über dem Canyon schwebte.

Meine Träumereien wurden unterbrochen, als ich hörte, wie einer der Seminarteilnehmer auf unser Zelt zukam. Ich erkannte die Stimme von Gail, der Börsenmaklerin aus New York, die uns zuflüsterte, dass die wilden Schafe den Fluss überquert hatten und auf unseren Lagerplatz zukamen. Sie grasten unter den Pappeln am Fluss und ließen sich nicht durch unsere Anwesenheit stören.

»Ich habe irgendwo gelesen«, fuhr sie fort, »dass diese Schafe derart scheue Tiere sind, dass nur wenige Menschen sie je zu Gesicht bekommen, insbesondere nicht von nahe. Was um Himmels willen habt ihr gemacht? Ich möchte wissen, wie euch das gelungen ist!«

Gail stellte fest, dass die Herde aus 13 Schafen bestand, was ganz genau der Gesamtzahl von Teilnehmern und Ausbildern in unserer Gruppe entsprach. Es war so, als ob sie als symbolische Lehrer und Totemtiere für unsere Suche gekommen waren, um uns die Ehre zu erweisen und uns alles Gute zu wünschen. Die Tiere blieben den ganzen Tag bei uns, grasten und schliefen abwechselnd unter den Bäumen und ließen sich von unseren Bewegungen nicht stören. Wir gingen unserer Wege und respektierten ihren Raum. Ich spürte, dass sie sich unserer Gegenwart genauso bewusst waren wie wir uns der ihren, und ich fühlte eine kraftvolle Verwandtschaft.

Der nächste Sonnenaufgang enthüllte eine etwas andere Landschaft: Unsere Besucher vom Tag zuvor waren zu anderen Weideplätzen weitergezogen. Ich ahnte, dass sie, nachdem sie unserer Bitte nachgekommen waren, nicht mehr zurückkehren würden.

Epilog

Als unsere gemeinsame Woche vorbei war und alle wieder abgereist waren, setzten Marilynn und ich widerstrebend mit dem Bergewerkskarren über den Fluss und fuhren dann mit dem Auto davon. Als wir schließlich ans Ende der Forstwirtschaftsstraße kamen, ab dem unser Weg nicht mehr dem Flusslauf folgte, hielten wir an und stiegen aus dem Wagen aus. An dieser Stelle standen zwei große Pappeln, die für einen angenehm schattigen Platz sorgten. Der flache Fluss, der mehr als zehn Meter unter uns lag, floss mit einem Rauschen über den schwarzen Basalt, der durch das Wasser über Äonen hinweg glatt geworden war. Gegenüber von uns lag ein Obstgarten eines der Gehöfte, die punktuell an dieser langen schmalen Straße, die dem North Fork River folgt, auftauchen.

Diese schmalen Parzellen, die nach und nach zu einem Teil des nationalen Wildschutzgebietes werden, waren winzige Inseln in einem weiten Gebiet, das allein durch die Rauheit des umliegenden Geländes geschützt wird. Ein Geruch von unbekannten Früchten zog über das Wasser; ich wusste, es konnten keine Apfel- oder Kirschbäume sein, da es zu früh in der Saison war - selbst in der gemäßigteren Zone der nördlichen Rockies.

Der Fluss sah einladend aus, aber ich erinnerte mich, dass er wegen der Schneeschmelze eiskalt war und immer noch zu schnell dahinfloss, um in ihm schwimmen gehen zu können. Der ›richtige‹ Wildwasserfluss, der Middle Fork, floss erst zwei bis drei Kilometer oberhalb des Gebietes, in dem wir gezeltet hatten, zu.

Es war Zeit, unser Abschiedsritual für den Geist des Landes, mit dem wir uns verbunden hatten, durchzuführen. Ein rituelles

Abschiednehmen findet man in vielen alten Traditionen. Es ist wichtig, die energetische Verbindung mit Orten, an denen kraftvolle Erinnerungen hängen, zu lösen, damit wir später aus dem gegenwärtigen Moment nicht immer wieder in die Vergangenheit gezogen werden. Dies steht im Zusammenhang mit dem Anspruch, frei von allen Bindungen zu sein.

Marilynn zündete ein Bündel geflochtenes Mariengras an und nahm schweigend von dem Geist des Flusses und der weiten Wildnis um ihn herum Abschied. Ich wiederholte einige Verse aus einem meiner Lieblingsgedichte von T.S. Eliot:

> Lehr uns zagen und nicht zagen,
> Sitzend in der Stille
> Noch zwischen diesen Riffen
> Unser Friede sein Wille ...
> Schwester, Mutter,
> Und Geist der Ströme, Geist der Seen,
> Lass mich nicht von dir getrennt sein
> Und vernimm mein Flehn.[7]

Ich wusste, dass ich nicht mehr die gleiche Person war, die vor einer Woche in diese Wildnis gezogen war. Die magischen Erfahrungen der Suche waren unermesslich. In der Tradition der Visionssuche hatte ich eine Transformation und Neugeburt durchlebt. Ich betete, dass die Gaben, die ich durch diesen Ort erhalten hatte, nicht verloren gehen und die Samen der neuen Einsichten und Erfahrungen, die wir gewonnen hatten, nicht auf Brachland fallen würden. Ich wusste nicht, ob ich je an diesen Platz zurückkehren würde, und es spielte auch keine Rolle. Diese Erlebnisse und Erfahrungen würden unauslöschlich für den Rest meines Lebens in meinem Herzen eingegraben sein.

Dies war einer meiner ersten Versuche, mit Tieren in der Wildnis zu kommunizieren. Wie bei so vielen darauffolgenden

Erlebnissen fühlte ich eine ekstatische Freude bei dem Gefühl des Einsseins mit der Welt um mich herum. Ich ahnte, dass sowohl meine Partnerin als auch ich eine Ebene des Einsseins mit der Schöpfung erreicht hatten. Die Erfahrung insgesamt kam mir so vor, als wenn ich mich an etwas erinnerte, das ich vor langer Zeit einmal gewusst und seitdem wieder vergessen hatte. Wie immer war ein Teil von mir der ›ungläubige Thomas‹, der verwestlichte Mensch - überrascht von der Erfahrung und suchte nach einer logischen Erklärung. Aber ein anderer, älterer, reiferer Teil von mir hatte dies erwartet und die Bedeutung erkannt.

Ich spreche nicht den egobasierten, jüngeren Teil von uns an, der immer meint, seine Position hinter einem Bollwerk von Logik und einem Netzwerk von Glaubenssystemen verteidigen zu müssen. Es ist der ältere, weisere Teil, der in jedem von uns zu finden ist, dem ich dies darlege.

Obwohl es sich um eine magische Erfahrung handelte, wurde ich von der Frage verfolgt, »Was haben wir als Volk verloren? Ist es nicht dieser wilde, ursprüngliche Teil von uns, der von den ›zivilisierenden‹ Einflüssen des modernen Zeitalters in den Hintergrund gedrängt wurde?«

DIE WARNUNG DES WINDES

In der Nähe des Canyonlands Nationalparks, Utah:
Spätes Frühjahr

Ab dem Moment, in dem ich in den Canyon hineinfuhr, wusste ich, dass diese Visionssuche anders sein würde. Ich war bereits bei zahlreichen Suchen dabei gewesen und jede einzelne hatte ihre ganz eigene Energie gehabt. Die Erfahrungen waren so verschiedenartig wie das Leben selbst, die Lektionen so einzigartig wie jeder einzelne Mensch.

Ich hatte keine ungute Vorahnung und hätte mir sicherlich nicht träumen lassen, dass ich in eine lebensbedrohliche Situation hineingeraten könnte. Falls ich irgendeine derartige Vorahnung gehabt hätte, hätte ich meine Reise ohne zu zögern verschoben. Später erkannte ich, dass ich eben weil ich keinerlei Vorwarnung erhalten hatte, auf diese Suche hatte gehen und mich der Herausforderung, die mich erwartete, hatte stellen müssen. Diese Reise sollte sich als wichtiger Schritt für meinen Wachstumsprozess erweisen.

Das, was man zu einer Visionssuche mitbringt, ist mitbestimmend für deren Verlauf und Charakter. Obwohl aktuelle ungelöste Fragen und Themen, gemachte Erfahrungen und Sehnsüchte an erster Stelle stehen, gibt es nicht vorhersehbare Faktoren, die mit einfließen und es so unmöglich ist vorauszuahnen, was bei der Suche vor einem liegt. Es ist deshalb am besten, sich ohne Erwartungen auf eine Visionssuche zu begeben.

Ich hatte unser früheres Basislager außerhalb des Canyonlands Nationalparks als Ort für meine Visionssuche, auf die ich alleine ging, ausgesucht. Dieser heilige Ort ist das Zentrum eines kraftvollen Energiewirbels. Außerdem war während der Jahre, in denen wir Gruppen dorthin gebracht hatten, dort so viel spirituelle Arbeit geleistet worden, dass das Land gesegnet und mit kraftvollen positiven Energien aufgeladen worden war. Dies allein reicht aus, einen Platz heilig und gesegnet werden zu lassen, weil das Land die spirituelle Energie wie ein riesiger Magnet hält.

Der genaue Ort, den ich für die Suche aussuchte, war fast ganz von Blattwerk umgeben, das die Sicht auf das prächtige Panorama des Canyons versperrte. Diese Wahl war beabsichtigt. Im Gegensatz zu der allgemeinen Vorstellung ist der beste Platz für eine Visionssuche nicht etwa eine luftige Bergspitze, von der aus man über eine weite Landschaft blicken kann. Es gibt dort zu viel zu sehen, zu viel Ablenkung. Stattdessen eignet sich ein abgeschlossener Platz, an dem sich der Verstand schnell langweilt, am besten für eine Suche, da er es dem Verstand ermöglicht, leer zu werden von allen ablenkenden Gedanken und Gefühlen.

Mein Bett war unter einer riesigen alten Pappel, die sich um fast 45 Grad neigte. Ich wusste nichts davon, dass der gemütliche Ort, den ich ausgesucht hatte, solch eine wichtige Rolle bei den kommenden unerwarteten Ereignissen spielen sollte.

Es war Mittagszeit an meinem vierten Tag der Visionssuche. Bis jetzt war alles glatt verlaufen … zu glatt. Diese Suche verlief viel zu einfach. Für gewöhnlich gibt es bei einer Visionssuche einen anfänglichen inneren Kampf mit ungelösten Problemen und der schwierigen Anpassung daran, dass man über einen längeren Zeitraum hinweg allein ist. Eine Visionssuche ist eine Zeit, in der man sich seinen persönlichen Dämonen stellt. Die Konfrontation mit persönlichen Verirrungen und den Unstimmigkeiten und Unvereinbarkeiten des eigenen Lebens macht spirituelle Durchbrüche möglich.

Meine Dämonen müssen in Urlaub gewesen sein, weil nichts auftauchte. Es war seltsam ruhig in mir, aber nicht im Sinne einer heiligen Stille. Stattdessen war es mehr wie die sprichwörtliche Ruhe vor dem Sturm. Es war so, als ob ich darauf wartete, dass etwas geschehen würde und mich nicht ganz entspannen könnte, bis es passieren würde.

Der Tag war ziemlich still; es gab nicht einmal den kleinsten Hinweis auf eine Brise und die Temperatur der trockenen Wüstenluft blieb erträglich. Dann um die Mittagszeit herum spürte ich eine kurze, fast unmerkliche Luftbewegung. Eine sanfte Brise war aufgekommen und wirbelte eine kleine Staubwolke auf. Ich konnte sehen, wie das umgebende Blattwerk und das Gras sich für einen Moment im Wind bewegten, als ob die unsichtbare Hand eines Riesen quer über die Landschaft gestrichen hätte. Die Grashalme hörten auf sich zu bewegen und alles war wie zuvor mit einer Ausnahme: Die Wüstenvögel waren unerklärlich still geworden. Es war so, als ob sie von etwas, das auf dem Wind ritt, gestört worden waren.

Auch ich fühlte etwas. Im Wind war eine leise Stimme zu hören gewesen, die tief in meinem Inneren Alarmsignale ausgelöst hatte. Ich war mir nicht sicher, ob ich die Botschaft tatsächlich gehört oder sie gefühlt hatte, aber ihr Inhalt war unmissverständlich. Es war eine Warnung: In dieser Nacht würde es Stürme geben und der Ort, an dem ich schlief, würde nicht sicher sein. Ich musste mit meinem Schlafsack in einen offenen Bereich umziehen.

Möglicherweise hätte ich früher in meinem Leben die Warnung nicht beachtet, hätte sie als Produkt meiner Einbildung, als etwas, das aus meinen verborgenen Ängsten hochkam, abgetan. Schließlich ist das Hochkommen verborgener Ängste etwas, das oft in der Einsamkeit einer Visionssuche geschieht; deshalb kann sie so kraftvoll sein. Wenn man mitten in einer Visionssuche den Platz wechselt, ist das extrem Unruhe stiftend, da man sich bereits an dem Ort akklimatisiert und sich auf die feinen Rhythmen eingestimmt hat. An diesem Tag gab es jedoch kein Zaudern. Ich spürte, dass ich keine Wahl hatte und dem zarten Hinweis aus der unsichtbaren Welt folgen musste.

Der Wind ist mein Verbündeter und es war nicht das erste Mal, dass er mir Hinweise auf zukünftige Ereignisse gegeben hatte. Ich traute ihm inzwischen wie einem guten Freund und Mentor. Ich packte meine wenigen Habseligkeiten und ging in Richtung offener Canyon, in dem ich vor den Auswirkungen des Sturmes sicher sein konnte. Dabei fragte ich mich, ob ich jetzt den spirituellen Impuls der Suche verlieren würde, und befürchtete das Schlimmste.

Spät in der Nacht begann der Wind mit plötzlicher Gewalt zu blasen wie vorhergesagt; er pfiff und wirbelte auf seinem Weg große Wolken von Staub auf. Es gab keine Steigerung der Intensität. Die orkanartigen Winde kamen plötzlich ohne Vorwarnung auf. Und auch der erwartete Blitz, Donner oder Regen blieb aus. Stattdessen war es ein heißer, trockener Wind, der aus den südlichen Wüstengegenden kam - die Art, die Tiere ruhelos und Menschen nervös werden lässt. Und selbst draußen im offenen Gelände hatte ich Angst. Es war unmöglich zu schlafen.

Die Winde wüteten bis spät in der Nacht. Normalerweise liebe ich Stürme - je wilder, desto besser. Draußen zu sein mitten in einem Sturm ist ein ultimatives, verrücktes, ekstatisches Gefühl, aber dieser Sturm war ganz anders. Ich fühlte mich verletzlich und war verängstigt, obwohl mein gesunder Menschenverstand mir sagte, dass ich in Sicherheit war. Dieser Wind war eine ›schlechte Medizin‹, die eine Art von Urangst in mir geweckt hatte. Ich wollte, dass er aufhörte.

Kurz vor der Morgendämmerung legte sich der Wind schließlich und das Land war wieder ruhig. Ich schlief erschöpft ein und wachte erst wieder auf, als die Sonne hoch am Himmel stand. Als ich aufwachte, dachte ich nur an Eines: sofort an den Ort meiner Visionssuche zurückzukehren und mit meiner Meditation und den spirituellen Praktiken fortzufahren. Ich war nicht mehr in Harmonie und hatte gehofft, ich könnte wieder die richtige Einstellung finden. Als ich mich auf den Weg zurück zum Ort meiner Visionssuche machte, fragte ich mich, was ich dort vorfinden würde. Hatte ich nur meinen unbewussten Ängsten nachgegeben? Die Botschaft, die ich am Tag zuvor erhalten hatte, schien mir noch unwirklicher als zuvor. Und dennoch, der starke Wind war gekommen.

Als ich das Wäldchen mit den hohen Pappeln betrat, war ich erschrocken von dem ungewöhnlichen Anblick: Der Canyonboden war vollständig bedeckt mit herabgefallenen Blättern und Ästen. Ich fand jedoch nichts, was darauf hindeutete, dass der Wind große Äste abgebrochen hatte. Dennoch atmete ich auf vor Erleichterung, dass ich die Nacht nicht dort verbracht hatte.

Allerdings bot sich mir am eigentlichen Ort meiner Visionssuche ein ganz anderes Bild. Ein riesiger Ast mit einem Durchmesser von der Größe meines Körpers war mit dem Stumpf genau auf die Stelle gefallen, an der ich zuvor geschlafen hatte. Ein Schauer durchlief mich, als ich die Szenerie ungläubig betrachtete. Ich stand dort, zitternd und mit weichen Knien. Ich wusste, dass vor mir die Szene meines Todes zu sehen war, und zwar auf dem Weg, den ich nicht genommen hatte. Ich erkannte, dass mir nur 24 Stunden zuvor die Gelegenheit gegeben worden war, meine Zukunft zu verändern, und dass ich diese Gelegenheit mit Leichtigkeit hätte falsch bewerten können.

Auf seltsame Art war ich nicht überrascht. Vielleicht wusste ich tief im Innern, dass ich etwas Derartiges vorfinden würde. Ich tat das Einzige, was ich tun konnte. Ich dankte und opferte den Windgeistern, die über die Jahre hinweg so wundervolle Lehrer gewesen waren und mich dieses Mal vor dem sicheren Tod gerettet hatten. Vor allem dankte ich dem Einen Großen Geist. Trotz meiner nahen Begegnung mit dem Tod - oder vielleicht deshalb - war ich nicht in der Lage, zur Glückseligkeit meiner ersten drei Tage bei der Visionssuche zurückzukehren. Der spirituelle Impuls war verloren gegangen. Sogar der Ort selber schien seine Kraft verloren zu haben. Ich fühlte mich ruhelos und deprimiert und war ärgerlich mit mir, dass ich so schwach und undiszipliniert war und über diese Gefühle nicht hinwegkommen konnte.

Erst als ich die Bemühungen aufgab, erkannte ich mehrere erstaunliche Dinge. Bei der spirituellen Suche geht es nicht darum, sich gut zu fühlen, sondern es geht darum zu wachsen, was manchmal durch negative Katalysatoren geschehen kann. Nicht meine Suche wurde unterbrochen, die Unterbrechung selbst war die Erfahrung meiner Suche. Meine große Lektion und Leistung war die, auf die subtile Warnung zu hören, die auf den Flügeln des Windes daherkam, und dieser Botschaft zu folgen.

Warum ist es so, fragte ich mich selbst, dass ich mich, wenn ich in größter Gefahr bin, nie bedroht oder ängstlich fühle? Stattdessen zeigt sich zu diesen Zeiten die Gefahr so flüchtig, so subtil, dass sie fast unbemerkt wieder geht. Das einzige Anzeichen von Gefahr kann ein Zwischenton oder ein Traum sein, eine unsichtbare Wand auf einem Gebirgskamm oder ein Wispern, das in der sanften Bewegung des Windes zu hören ist. Glücklicherweise habe ich mich bis jetzt nach diesen Alarmzeichen gerichtet und entsprechend gehandelt. Aber selbst als ich handelte, hatte ich kein instinktives Gefühl dafür, dass ich es gerade abwendete, in den Abgrund zu stürzen. Wie zerbrechlich und kostbar unser Leben doch in Wirklichkeit ist.

Es heißt, dass dies der Weg der Initiation ist. Es ist der Weg auf des Messers Schneide. Unter dem Schwert des Damokles hängt das Leben an einem Faden. Und eben dieser Wind, der mein Wohltäter war und mir gerade das Leben gerettet hatte, hat auch ein anderes Gesicht. Er hat eine dunklere Seite - die äußerst gefährlich und der mein Wohlergehen gleichgültig ist. Das war meine letzte Lektion im Canyon und ich wusste, dass es Zeit war abzureisen. Tatsächlich hatte ich jetzt das Gefühl, länger geblieben zu sein, als ich willkommen war. Der Ort, den ich so sehr geliebt hatte, fühlte sich jetzt übelwollend an, so als ob ich weggestoßen würde. Die ›schlechte Medizin‹ des Windes hatte schlechte Medizin an diesem Platz zurückgelassen.

Ich brach schnell mein Lager ab und verließ den Ort mit größter Eile. Ein paar Meilen weiter die Straße hinunter schritt ich über eine unsichtbare Grenze und alles war wieder so friedlich und ausgeglichen wie die Canyonlands Gegend, die ich kannte. All das war keine Überraschung. Ich begriff, dass die Welt so ist.

OOO

Wenn ich nur das sanfte Wispern des Windes an diesem glücklichen Tag in den rotfelsigen Canyons des amerikanischen Südwestens gehört hätte, hätte ich das Gehörte als meine Einbildung ausgeben können. Da war jedoch ein konkretes Gefühl der Angst, das zurückblieb, als der Wind nachließ, und das mysteriöse Schweigen der Vögel. Der Grat zwischen der inneren und der äußeren Welt kann sehr schmal sein, wenn Zeichen gegeben werden. Wenn eine Nachricht von einem Gefühl begleitet wird, muss sie nicht auf unterschiedliche Weise bewertet werden, wie zum Beispiel »Kann ich mir das eingebildet haben?« oder »Erhalte ich wirklich ein Zeichen?« In der Geschichte *Die Warnung des Windes* und auch in *Ein Flugzeug stürzt ab* war Angst das vorherrschende Gefühl, das die Zeichen, die ich erhielt, begleitete - und zu Recht, denn ohne Intervention wäre ich in jedem Fall in den sicheren Tod gegangen. Auf ähnliche Weise wussten wir nicht, dass unser Leben in Gefahr war, als ich von einer unsichtbaren Macht an einem Bergkamm davon abgehalten wurde, einen Wanderweg mit einer Gruppe von Seminarteilnehmern weiterzugehen (siehe die nächste Geschichte *Dem Berg entkommen*), aber die Botschaft der Angst, die wir fühlten, war unmissverständlich.

Die Erfahrung, Zeichen zu interpretieren, war nichts Neues für mich; die Schriften sind voller Zeichen. Aber während meiner gesamten Ausbildung als Priester wurde nichts über die Zeichen der heutigen Zeit gesagt, die wir von der Schöpfung erhalten, und wie man sie erkennt und interpretiert.

DEM BERG ENTKOMMEN

Wildnisreise, Nantahala Forest,
North Carolina: Juli

Es war ein einfacher Aufstieg gewesen zum langen Bergkamm des Selu Mountain hinauf, wo wir am Beginn des Wanderweges geparkt hatten. Der Duft der Azaleen, des Berglorbeers und der Rhododendren durchdrang die Sommerluft. Die beiden letztgenannten Pflanzen standen in voller Blüte, während die früher blühenden Azaleen in den noch schattigen Bereichen als strahlende Büsche aus Orange und Feuerrot zu finden waren.

Unsere kleine Gruppe von zehn Erwachsenen war gebannt vom Anblick der zahlreichen Bergkämme im Westen mit den Kreidefelsen und steilen Granitwänden. Im Osten zog sich ein weicher Nebel den Horizont entlang soweit man sehen konnte.

Mein indianischer Freund Ken hat mir einmal gesagt, dass *Selu* in der Sprache der Cherokee ›Großmutter‹ bedeutet. Ich fühlte die Kraft des Berges unter mir und erkannte, dass die Indianer recht hatten: Dies war wirklich die Großmutter - die Weisheit, die sanfte Kraft des alten Landes.

Wir wanderten auf einem fast eben verlaufenden, drei Kilometer langen Berggrat entlang und hatten keine Eile. Denn wenn man all das vor sich liegen hat, wohin sollte man gehen?

Ab und zu gingen wir an steinigen Bergwänden am östlichen Hang entlang, von wo aus wir unterschiedliche Ausblicke auf zahlreiche, in Nebel gehüllte Gebirgszüge hatten. Ich hatte nicht immer so viel Glück gehabt! Bei meinen verschiedenen letzten Wanderungen den Berg hinauf war der Bergkamm dauernd in Nebel eingehüllt gewesen. Obwohl der Gebirgszug rechts von uns steil den westlichen Hang hinunterging, stießen wir aus heiterem Himmel auf eine Ansammlung von Rhododendron- und Berglorbeerpflanzen sowie ein Buschwerk aus Eichen und Zirbelkiefern.

Erst später wurde mir klar, dass wir hier vor die Wahl gestellt wurden. Als wir unseren meditativen Spaziergang auf dem Bergkamm fortsetzten, änderte sich die Windrichtung geringfügig und es hing eine schwache Ahnung von Feuchtigkeit in der Luft, die diese Änderung begleitete. Niemand dachte darüber nach, warum die lärmenden Vireos und gelbkehligen Rohrsänger oder die geschwätzigen grauen Eichhörnchen plötzlich still geworden waren. Wären wir aufmerksamer gewesen, hätte jemand ohne Zweifel in der Ferne ein Donnergrollen wahrnehmen können, das gewiss den heranziehenden Sturm begleitet haben musste.

Wie das Schicksal es wollte, sollten wir eine andere Seite des Selu Mountain kennenlernen. Nicht die sanfte Schönheit fesselte uns, sondern das wilde und primitive Temperament. Wir hatten sehr wohl wahrgenommen, dass entlang der verhangenen Seite des Bergrückens einige vom Blitz getroffene Bäume standen.

Sowohl in der keltischen als auch in der indianischen Tradition glaubt man, dass solche Bäume in sich die Macht des Donners und des Blitzes verschlossen halten, die ihr Ableben verursachten. Da scheint es so etwas wie ein Tauschgeschäft zu geben - der Sturm nimmt das Leben des Baumes, aber im Austausch dafür hinterlässt er in dem Überbleibsel einen kleinen Teil seines eigenen Lebens - die Kraft des Sturms. Daher wird von einigen vom Blitz getroffenes Holz sehr begehrt, besonders wenn es an Kraftplätzen gefunden wird. Auf Drängen mehrerer Gruppenmitglieder hielten wir an, um einigen Zeit zu geben, ein paar ausgewählte Stücke dieses Holzes für zeremonielle Zwecke abzuschneiden.

Ich nahm diese Bäume wahr, ohne sie als Omen anzusehen. Ein Zeichen aus der Welt der Natur kann für jemanden ein außerordentliches oder ein gewöhnliches Phänomen sein, das irgendwie aus einem unerfindlichen Grund dessen Aufmerksamkeit erregt.

Warum war unsere Gruppe bei all der natürlichen Schönheit, bei so viel Leben um sich herum plötzlich so besessen von etwas, das einmal so gewaltsam zerstört worden war? Ich ahnte, dass es da eine tiefere Bedeutung gab, aber sie erschloss sich mir nicht.

Schließlich rief ich die Gruppe zusammen, zog sie von den toten Bäumen weg, die sie gerade untersuchten. Ich wollte einen besonderen Kraftplatz erreichen, an dem wir meditieren konnten.

Später erkannte ich die Ironie meines Planes. Es gibt Zeiten, in denen wir uns so angestrengt bemühen, das Flüstern der Wahrheit zu hören, dass wir nicht erkennen, dass der Himmel sie ausposaunt. Genau das war gerade der Fall.

Als wir uns den Berg hinaufkämpften, wurde ich plötzlich abrupt auf dem schmalen Pfad angehalten, der uns zwang, hintereinander zu gehen. Ich war in eine unsichtbare Schranke gelaufen, die sich so unüberwindlich anfühlte, als ob sie aus Beton sei. »Was läuft gerade so fürchterlich schief?«, fragte ich mich.

Im Nachhinein sah ich Furcht auf den Gesichtern einiger Gruppenmitglieder. Ich erkannte, dass dies die Sensiblen waren. Die unsichtbare Schranke hatte etwas von einer bangen Vorahnung. Sie fühlte sich nicht übelwollend an. Soviel wusste ich. Ich erkannte, dass es sich hier nicht um schlechte Energie handelte, aber sie war psychisch undurchdringbar. Ich wollte unsere Wanderung fortsetzen, konnte dies aber nicht tun. Wir waren wie eine Schar von Arbeitspferden, die plötzlich und mysteriöserweise an Ort und Stelle erstarrten und sich nicht weiter nach vorne bewegen konnten.

In alten Häusern und Gebäuden sowie in der Welt der Natur sind mir viele Male Situationen begegnet, in denen das Wohnhaus belastet war oder die Landschaft durch tragische Vorkommnisse oder gewalttätige Handlungen der Menschen Narben trug. Gewöhnlicherweise habe ich an diesen Orten dann eine inhärente Traurigkeit, Ärger oder Furcht gespürt. Solche Plätze werden dann zu Magneten für gestörte oder negative Geister.

Manchmal, oft mithilfe anderer, ist es mir gelungen, das Gleichgewicht an solchen Orten wieder herzustellen und sie zu heilen. Aber es gab auch Gelegenheiten, bei denen die Negativität so überwältigend war, dass es sich bei deren Beseitigung so anfühlte, als müsse man den Ozean zurückhalten. Was immer durch das Heilen und die Befreiung erreicht werden würde, es würde bald durch die Flut der Gezeiten der Negativität, die unaufhaltsam zurückkam, wieder verloren sein.

Es gab andere Gelegenheiten, bei denen das Land mich zurückgewiesen hatte, weil meine menschlichen Vibrationen nicht mit den Energien des Landes zusammenpassten. Es gab auch Gelegenheiten, bei denen das Land selbst mich abgewiesen hatte nicht weil es negativ war, sondern zu meinem eigenen Schutz. Ein solches Szenario fanden die Gruppe der Seminarteilnehmern und ich an diesem Sommernachmittag am Selu Mountain vor.

Ich wusste, wir sollten zurückgehen, aber ich zögerte noch. Normalerweise reagiere ich nicht so, wenn ich mit einem derartig kraftvollen Omen konfrontiert werde. Ich fühlte, dass mir etwas äußerst Wichtiges in der unsichtbaren Landschaft um uns herum fehlte … Ich wollte so sehr, dass die Gruppe den heiligen Ort, der vor uns lag, erlebte. Ich schlug eine kurze Heilungszeremonie vor, um die Energie zu klären. Wir opferten Maismehl. Als letzten Versuch, die natürlichen Elemente zu besänftigen, wurde eine Flötenmelodie gespielt. Es änderte sich immer noch nichts. Mein Verstand war verwirrt und unsicher, wie diese ausweglose Situation zu lösen sei.

Mein Körper hatte jedoch genau gewusst, was zu tun war seit dem Moment, als wir auf die Schranke stießen, nämlich um jeden Preis aus dieser Gegend zu verschwinden. Genau dieses Gefühl von Gefahr, das mein Verstand nicht wahrhaben wollte, akzeptierte mein Körper voll und ganz. Diese Art von Spaltung zwischen Körper und Geist ist nicht gut, weil der Körper nicht täuschen kann. Als ich meine Entscheidung zur Umkehr bekannt gab, ging eine fast sichtbare Welle der Erleichterung durch die Gruppe.

Der erste Donnerschlag erwischte uns alle ganz überraschend. Wir waren gerade ein paar Schritte zurückgelaufen auf dem Weg, auf dem wir gekommen waren, als es geschah. Wir hatten zuvor fast 20 Minuten bei unserer Pause mit dem Versuch vertan, die schwere Energie zu klären; das war genau die Zeit, die wir gebraucht hätten, um diesen Berggrat zu verlassen, wenn wir schnell gegangen wären. Innerhalb von Sekunden schien der Himmel, der bisher klar gewesen war, plötzlich dunkel und bedrohlich zu werden. Die Gewitterwolken zogen von Westen her auf und wurden von dem starken Wind, der plötzlich aufgekommen war, vorangetrieben.

Der zweite Blitz erfolgte gleichzeitig mit einem lauten Donnerschlag und traf einen Baum, der weniger als hundert Meter von uns entfernt war. Als wir um die nächste Biegung auf dem Weg kamen und diesen ersten verkohlten, rauchenden Baum sahen, war da kein Mysterium mehr, sondern nur noch Furcht.

Innerhalb von Minuten kamen wir an einem zweiten brennenden Baum vorbei, dann an noch einem, und die Blitze schlugen weiterhin um uns herum ein. Wir befanden uns mitten in einem wilden Bombardement der Naturartillerie und wir konnten von Glück sagen, wenn wir unversehrt wieder herauskommen würden.

Der Wind blies in der Zwischenzeit wütend und als der starke Regen einsetzte, machte es niemandem etwas aus, durchnässt zu werden. Wir wollten einfach nicht so versengt werden wie diese Bäume.

Später, als ich versuchte zu zählen, konnte ich mich daran erinnern, vier Bäume gesehen zu haben, die gerade vom Blitz getroffen worden waren. Wie viele mehr gab es, die wir nicht gesehen hatten?

Jetzt wusste ich, warum wir so viele vom Blitz getroffene Bäume auf dem Hinweg gesehen hatten. Dieser Bergkamm war ein Gebiet für Blitze. Ich hatte zwar schon von solchen Orten gehört, war mir aber nicht sicher gewesen, ob es sie wirklich gab. Aber hier waren wir mitten in einer magnetischen Anomalie, einem Blitzableiter der Natur, wenn man nach dem augenblicklichen Bombardement und der Hinterlassenschaft früherer Stürme ging.

Demnach mussten wir so schnell wie möglich vom Berg herunterkommen. Anders zu laufen und den östlichen Abhang hinunterzugehen, hätte uns zu tückischen steinigen Bergwänden geführt, die schlüpfrig und steil gewesen wären, und wir wären weiterhin den Blitzen ausgesetzt gewesen. Der westliche Hang war durch fast undurchdringliche Rhododendronstauden blockiert. Wir hatten keine andere Wahl als den Weg zurückzugehen, den wir gekommen waren.

Den Rückzug vom Berg erlebten wir wie im Traum. Wir verdoppelten unsere Schrittgeschwindigkeit, angetrieben von dem krachenden Donner und der schnellen Abfolge von Blitzen. Mehrere Male schien die Atmosphäre einfach in einem Durcheinander von ohrenbetäubenden Geräuschen und blendenden Blitzen zu explodieren. Der Himmel war sehr dunkel geworden und der dicht fallende Regen hatte die Sichtweite stark beeinträchtigt. Die Bäume und Büsche sahen im Sturm wie Geister aus. Der Weg war extrem rutschig geworden. Ich hielt Ausschau nach der Stelle, an der der Pfad von einer Quelle ausgewaschen worden war. Als wir diesen Ort schließlich erreichten, war dort solch ein Sturzbach entstanden, dass wir uns an den Händen halten mussten, um hindurchzukommen.

Ich hatte das Gefühl, die Gruppe dadurch enttäuscht zu haben, dass ich die Zeichen nicht richtig gelesen hatte. Es ist eine Sache, sein eigenes Leben aus Unvernunft aufs Spiel zu setzen, aber eine ganz andere, das Leben von neun anderen Menschen in Gefahr zu bringen.

Inzwischen geschah alles in überaus beschleunigter Art und Weise: der Sturm, unsere Flucht und die sich verändernden Bewusstseinsebenen. Es war so, als ob in unserem Bewusstsein sowohl ein Wechselspiel als auch ein Kampf um die Vorherrschaft der Elemente des Sturms stattfand: Wind, Wasser, Blitz und Donner. Unser innerer Sturm spiegelte dieses natürliche Phänomen wider, das derartig plötzlich aufgetaucht war.

Und dann ... war alles vorbei. Die gegensätzlichen Kräfte im Innern waren plötzlich ausbalanciert und harmonisch. Ich floh nicht länger vor dem Sturm, sondern war eins mit ihm geworden. Als ich die Gruppe ansah, bemerkte ich, dass die verängstigten, von Panik gezeichneten Gesichter jetzt einen glückseligen Ausdruck trugen.

Da wusste ich, dass wir alle die Situation bewältigt hatten. Die enorme Gewalt des Sturms und die Bedrohung durch den Tod bedingten ein gesteigertes Gruppenbewusstsein. Ich verstand auch, dass die Veränderung bei uns allen gleichzeitig stattgefunden hatte. Es glich dem Fischschwarm, den ich einmal in dem See in der Nähe meines Zuhauses gesehen hatte, der sich drehte, an die Oberfläche schwamm oder abtauchte wie ein einziger Organismus. Als wir eins wurden im Geist, als wir die Insel unserer Egos gezwungenermaßen verließen, war der Sturm in uns beruhigt und auf eine unerklärliche Weise hatten wir das Gefühl, dass uns kein Unglück geschehen würde.

Ich sah nicht die Gabelung, nach der ich gesucht hatte, und obwohl der Blitz noch erschreckend nahe war, war nichts mehr wichtig. Wir hatten eine uralte Einheit mit den Elementarkräften in einem ihres gewaltsamsten und gleichzeitig kraftvollen Ausdrucks erreicht. In dem Augenblick, als sich der Geist jedes Einzelnen mit dem der anderen verband, fand auch eine Verschmelzung mit dem Sturm selbst statt. Wir fühlten uns nicht abgeschirmt und geschützt vor den rasenden Naturkräften, sondern wir waren eins geworden mit ihnen.

Nach weiteren 15 Minuten waren wir aus dem Bereich des Sturmes entkommen und unsere durchnässten Kleidungsstücke trockneten schnell unter der prallen Julisonne. Bald war es so, als ob dieses Erleben nie stattgefunden hatte. Vielleicht war es zu weit entfernt von unserem normalen Leben, um real zu erscheinen. Unsere Kleidung war im Nu trocken und - kaum zu glauben - die Gespräche waren wieder alltäglich.

Wie unvorhersagbar wir Menschen doch sein können. War unsere Begegnung mit dem Sturm so fremdartig für uns gewesen oder hatten wir nur einen notwendigen Abwehrmechanismus des Verstandes erlebt? Sicher kann niemand so lange ohne Pause in einer derartigen Intensität des Erlebens bleiben. Schließlich sahen wir unsere Autos am Beginn des Wanderweges, wo wir sie zurückgelassen hatten.

Unsere Stimmung war sehr gut aufgrund der sicheren Durchquerung des Sturms und des Adrenalinstoßes, den wir alle erhalten hatten. Es schien, als ob alle es fast bedauerten, dass das Abenteuer so schnell vorbei war. Ich brauche ja nicht zu sagen, dass unsere Gefühle ziemlich anders gewesen wären, wenn wir nicht so erfolgreich dem Berg entkommen wären.

Was uns erst als der Zorn des Gottes Zeus erschien, schien nun ein normaler Sommersturm gewesen zu sein. Wie schmal ist manchmal der Grat zwischen Aufregung und Furcht, Abenteuer und Gefahr, Leben und Tod. Wie schnell und drastisch kann sich unser Blickwinkel verändern.

Als Gruppe erlebten wir eine Mischung von widerstreitenden Gefühlen. Wir fühlten ganz stark die Verletzlichkeit, die Zerbrechlichkeit und die Unbeständigkeit unseres Lebens. Andererseits gab die Erfahrung uns allen Kraft. Sie hatte uns einen tieferen Sinn des Geheimnisses unserer Verbindung mit den Urgewalten der Natur vermittelt.

Für mich persönlich ging es dieses Mal nicht um die Offenheit für die unverfälschte Schönheit oder die meditative Stille des Berggipfels. Es ging um die unsichtbare Wegsperre und diese verkohlten Bäume, das Vermächtnis der vergessenen Stürme.

Ich zögerte, als ich nicht hätte zögern sollen. Wenn man auf irgendeinem Weg durchs Leben blockiert ist, hat man nicht immer den Luxus, sich Zeit zu lassen und sich die Gründe dafür zu überlegen. Manchmal müssen wir einfach die Zeichen und Omen als solche annehmen und uns, ohne zu zögern, mit ruhiger Überlegung in die Richtung bewegen, in die sie zeigen. Dann, wenn wir Glück haben, folgt später das Verständnis für die Vorgänge.

Dennoch steht noch eine Frage im Raum: War unser Leben in einer solch großen Gefahr, wie es auf dem Bergkamm des Selu Mountain ausgesehen hatte, oder war es doch nur ein weiterer gewöhnlicher Sommersturm gewesen?

KAPITEL 2

TIERMAGIE

Als ich entdeckte, dass es möglich ist, direkt mit fast jeder Tierart zu kommunizieren, öffnete sich eine ganz neue Welt für mich. Ich entdeckte, dass Tiere in der Wildnis unsere Absicht kennen und den Grad, bis zu dem wir mit unserer Umgebung in Harmonie sind. Wenn unser Verstand still ist und wir im Frieden mit uns sind, erlauben uns wilde Tiere oftmals, uns ihnen zu nähern. Manchmal kommen sie sogar zu uns.

Unsere Haustiere wissen nahezu alles über uns. Sie lesen nicht nur unsere Gedanken, sondern verstehen sie auch. Einige Haustiere können komplexe Gedankengänge verstehen. Tiere versuchen, in Form von Bildern und Gefühlen mit uns zu kommunizieren. Ich fühle die tiefe Frustration unserer Freunde im Tierreich darüber, dass wir sie nicht verstehen oder nicht auf ihre Mitteilungen antworten. Als ich all das verstand, war ich geschockt.

DAS ZEICHEN DER HIRSCHKUH

Northern Rockies: Herbstbeginn

Fast eine Stunde lang waren mein Freund Robert und ich einen Pfad entlanggewandert, der sich durch einen Wald mit Tannen- und Laubholz schlängelte. Links von uns konnten wir hin und wieder einen großen See erblicken, dessen spiegelglatte Oberfläche die steilen Berge, die sich schroff dahinter erhoben, widerspiegelte.

Ich genoss immer die Gesellschaft meines Freundes an solchen Orten, weil er nicht zu sinnlosem Geschwätz neigte. Er verstand die Bedeutung des Schweigens, wenn man sich im Tempel der Schöpfung aufhält. An einer Stelle, als der Weg auf eine kleine Wiese führte, erblickten wir eine grasende Hirschkuh mit ihrem Kalb.

Szenen wie diese haben mich von jeher tief berührt, wenn ich in der Wildnis bin. Die Schönheit und Unschuld solcher Kreaturen bringt mich dem Geist näher, der allem Leben innewohnt. Die Szene ergriff meine Fantasie und ich wurde inspiriert, etwas zu versuchen, was ich seit Jahren nicht mehr getan hatte. Ich flüsterte Robert zu: »Das ist jetzt die Zeit zu handeln, ohne zu denken. Warum werden wir nicht selbst wie Hirsche und schließen uns ihnen an?«

Ich hatte ihm einmal von der Gelegenheit erzählt, als meine Partnerin und ich im Norden von Idaho von einer Herde von Dickhornschafen angenommen worden waren. Diese Geschichte hatte ihn neugierig gemacht, er hatte aber Schwierigkeiten damit zu verstehen, wie das jetzt hier an Ort und Stelle für uns möglich sein sollte. Ich erklärte ihm, dass wir tief in unsere innere Stille gehen müssten, um diesen wunderschönen Kreaturen nahezukommen. Darüber hinaus würde es eine Hilfe sein, wenn wir grasende Tiere nachahmten und uns auf allen vieren näherten. Ich drängte ihn auch, die Vorstellung von Getrenntsein loszulassen.

»Wenn wir wirklich alle Dinge sind, dann müssen wir sicherlich auch Teil von dieser Hirschkuh und ihrem Kalb sein«, sagte ich. Robert, der ein ehemaliger Schüler von mir war, sagte, »Ich kann so was garantiert nicht!« Ich versicherte ihm, dass er das könne.

Dies schien ihn zufriedenzustellen, denn bald bewegten wir uns auf allen vieren über die winzige Lichtung auf die Hirsche zu.

Inzwischen hatte ich mich mit dem Rhythmus und dem Fluss des Waldes verbunden. Es ist ein gutes Gefühl, ein vertrautes, und nirgendwo in der Welt der Menschen fühle ich mich so lebendig. Das Licht der Umgebung am späten Nachmittag ließ die Hirschkuh und ihr Kalb fast unsichtbar erscheinen.

Während wir uns den Hirschen näherten, warnte ich: »Sieh ihnen nicht in die Augen. Wenn du das tust, sind sie blitzschnell weg. Konzentriere dich auf einen Bereich weiter hinten am Körper und versuche, kein Gefühl in dir aufkommen zu lassen.«

Wir traten auf die kleine Lichtung hinaus und ich bemerkte, dass die Mutter und ihr Kind nicht einmal die kleinste Reaktion zeigten. Ich war tief beeindruckt, dass sie uns offensichtlich annahmen.

All das tauchte in mir auf, nicht in Form von Gedanken, sondern einfach als Wahrnehmung, denn mein Verstand war noch leer. Ich fühlte das Wesentliche, das ›Hirschsein‹ dieser Kreaturen, und ich wusste, dass die gleiche Wesensart auch in uns beiden vorhanden war. Sonst könnte das nicht geschehen.

Als ich mit der Schulter an der Mutter entlang strich, tat sie nur einen Schritt zur Seite. Während dieser Zeit stellte sie sich zwischen uns und ihr Kalb. Sie war vorsichtig, hatte aber keine Angst.

Ich bat Robert, die Hirschkuh zu berühren. Als er das tat, sprang die Hirschkuh beiseite, als ob sie uns zum ersten Mal wahrnehmen würde. Die Tatsache, dass sie dennoch da blieb, sagte mir, dass sie uns als einen nicht bedrohlichen Teil ihrer Umwelt akzeptierte. Wie bei meinem Erlebnis mit den Dickhornschafen war ich tief berührt davon, was uns gelungen war. Ich wusste, dass diese Erfahrung nie in ihrer Intensität nachlassen würde. Robert war sprachlos. Ich sah Tränen in seinen Augen und plötzlich waren auch meine Augen voller Wasser, weil ich die Magie der Begegnung mit diesen Kreaturen spürte.

Während wir neben der Hirschkuh und ihrem Kalb waren, lud ich sie ein, uns in unserem Lager zu besuchen, genauso wie ich es mit den Dickhornschafen am North Fork River in Nord-Idaho getan hatte. Ich wollte wissen, ob dieses Phänomen wiederholt werden konnte. Sicher, ich hatte es nie als Zufallsereignis angesehen, aber war es möglich, die gleiche Art der Begegnung mit anderen Tiergattungen, an einem anderen Ort und mit anderen Menschen zu wiederholen? Falls ja, würde es sicher die Möglichkeit einer weitaus tieferen und komplexeren Art der Beziehung mit unseren wilden Verwandten nahelegen, als die meisten von uns es sich je hätten träumen lassen.

Da wir ein paar Meilen weiter auf einem einfachen Campingplatz unsere Zelte aufgeschlagen hatten, den wir mit ungefähr 40 anderen Gruppen teilten, hatte ich das Gefühl, dass es eher unwahrscheinlich sein würde, dass die Tiere in die Nähe so vieler Menschen kämen.

Wir wachten am nächsten Morgen beim ersten Licht auf. Niemand war bisher aufgestanden. Als meine Gedanken zu dem

Erlebnis des Vortages zurückkehrten, war ich mir sicher, eine Bewegung vor dem Zelteingang ausgemacht zu haben, irgendwo draußen in dem diffusen Licht des frühen Morgens. Mein Herz setzte für einen Moment aus. Ich sah eine Hirschkuh, die sich verstohlen durch die Bäume bewegte. Ich fühlte, es war das Tier vom Vortag. Ich war mir sicher. Robert, der gleichzeitig aufwachte, sah sie auch. Wir wagten kaum zu atmen. Das Kalb folgte seiner Mutter. Er flüsterte mir zu, dass die Fellzeichnung die gleiche war. Wir beobachteten sie ganz hingerissen.

Wie um uns daran zu erinnern, dass sie meine Einladung angenommen hatten, blieben sie ungefähr fünf Minuten in der Nähe unseres Zeltes und grasten, bevor sie weiterzogen.

Diese Begegnung mit einer Hirschkuh und ihrem Kalb, die ähnlich wie meine Erfahrung mit den Dickhornschafen vor fünf Jahren war, erhellte mir die unbekannten Möglichkeiten, die wir Menschen haben, um mit den Kreaturen der Wildnis zu kommunizieren. Tiere besitzen eine tiefe Intelligenz, die die meisten von uns noch nicht erkannt haben, weil wir ihre telepathischen Fähigkeiten nicht wahrnehmen. Es gibt ganz reale Möglichkeiten für uns, Tieren in der Wildnis nahezukommen, ohne dass sie darauf mit Angst reagieren, in ihre Herde oder Tierfamilie aufgenommen zu werden und eine Begegnung zu einem späteren Zeitpunkt und an einem anderen Ort zu verabreden. Obwohl dies für die meisten Menschen unbegreifliche Dinge sind, kann jeder diese ›Heldentaten‹ durch eine Veränderung im Bewusstsein vollbringen.

Der Mythos über die Erschaffung des Gartens Eden ist tatsächlich die Geschichte über einen Bewusstseinszustand, den wir einmal hatten und dann verloren haben, wahrscheinlich einhergehend mit der Entwicklung des logischen Verstandes. Der Verlust des ›paradiesischen‹ Bewusstseins ist es, der für die Einsamkeit und das Gefühl des Getrenntseins vom Leben um uns herum verantwortlich ist. Wir werden nie und an keinem geografischen Ort je ein verlorenes Paradies finden, aber es existiert in den Wurzeln des Bewusstseins in jedem von uns. Wenn wir als Spezies diese ursprüngliche Harmonie mit dem Leben entdecken, wird das unser Leben transformieren. Das ›feurige Schwert‹, das unsere Rückkehr in den Garten Eden versperrt, wird im Nu verschwinden und unsere Verbindung mit der Schöpfung wird wiederhergestellt.

Vielleicht werden eines Tages zukünftige Generationen über unsere derzeitige Trennung von allem Leben auf diesem Planeten lesen und die heutigen Zeiten genauso unverständlich finden, wie wir die Vorstellung vom mythischen Garten Eden finden, in dem wir in vollständiger Harmonie mit dem Leben um uns herum gelebt haben.

SCHNEEADLER

Sangre de Christo Mountains, New Mexico:
Spätes Frühjahr

Die Stunde vor der Morgendämmerung ist der Zeitraum, in dem am häufigsten das luzide Träumen stattfindet; in dieser Stunde träumte ich den folgenden Traum.

Ich gehe durch den Carson National Forest in den Bergen bei Taos, wo wir leben, als ich zu einer kleinen Lichtung komme, durch die ein Bächlein fließt. Der Boden ist mit einer dünnen Schneeschicht bedeckt. Ich bemerke, wie seltsam es ist, dass dort Mitte Juli Schnee zu finden ist. Dann sehe ich einen großen weißen Adler, der aus einem Wasserlauf trinkt, der sich durch die Lichtung hindurchzieht. Eine Stimme sagt: »Dein Name ist ‚Schneeadler'.«

Ich erwachte mit dem Gefühl, dass sich gerade in meiner Traumzeit etwas Wichtiges ereignet hatte. Als ich Marilynn den Traum erzählte, meinte sie, dass mir mein Seelenname bekannt gegeben worden sei. Die esoterische Vorstellung, dass jeder von uns einen Seelennamen hat, dessen Entdeckung als eine große Segnung angesehen wird, war mir bekannt. Ich benötigte jedoch eine weitergehende Klärung.

Mehrere Tage später erkundeten wir einen Teil des Nationalwaldes oberhalb der Blockhütte, die ein Jahr lang unser Zuhause sein würde. Ich fühlte mich voller Energie durch die mittsommerliche Wärme dieser Berge. Wir kamen schließlich zu einer kleinen Lichtung im Tannenwald. Obwohl ich wusste, dass ich nie zuvor dort gewesen war, schien mir der Anblick seltsam vertraut zu sein. Dann sahen wir beide gleichzeitig etwas. Auf dem Boden vor uns trank ein Steinadler aus einem winzigen Bachlauf. Das Sonnenlicht reflektierte sich im Wasserlauf und der Adler schien durch diese Reflexion auf den ersten Blick ganz weiß zu sein. Sofort erinnerten wir uns beide an meinen Schneeadlertraum. Als der Adler unsere Gegenwart bemerkte, flog er nicht weg, sondern flatterte nur kurz auf und landete auf einem nahegelegenen Ast, nur ungefähr drei Meter von uns entfernt.

Von seinem Aussichtspunkt aus beobachtete er uns mit diesen durchdringenden Augen, die für diese Vogelgattung charakteristisch sind. Sofort hatte ich das Gefühl, dass eine uralte Verbindung wieder hergestellt worden war, und ich wusste, dass ich ein Bruder aller Adler war.

Ich erkannte, dass dies eine Bestätigung meines Traumes aus der Natur war. Es war auch mein erstes Erleben eines mysteriösen Phänomens, bei dem ich luzide Träume hatte, die sich auf der physischen Ebene wiederholten, und zwar genauso wie ich sie geträumt hatte.

Ich war nicht nur einem Verbündeten begegnet, sondern es war mir auch mein Seelenname offenbart und bestätigt worden. Ich fühlte mich zweifach gesegnet. Da ich die Bedeutung dieser Erfahrung nicht ganz verstand, beschloss ich, mehr darüber zu erfahren.

In den folgenden Jahren hatte ich häufig Begegnungen mit Adlern, nicht nur in den westlichen, sondern auch in den östlichen Bereichen der Vereinigten Staaten, wo sie weniger häufig vorkommen. Die Adler kreisten für gewöhnlich über meinem Kopf, aber manchmal hockten sie oben auf einer großen Kiefer oder sogar auf dem Boden. Bezeichnenderweise hatte ich bis zu meiner

Begegnung in den Sangre de Cristo Mountains nie zuvor einen Adler in der Wildnis gesehen. Die glücklichsten Momente für mich waren, wenn sie bei unseren Retreats in der Wildnis auftauchten. Zuerst dachte ich, das sei ein zufälliges Zusammentreffen, aber dann wurde mir allmählich klar, dass eine starke Synchronizität im Spiel war. Jedes Mal zum Beispiel, wenn wir einen Kurs oder eine Zeremonie in einem unserer wunderschönen Unterrichtsräume im Freien begannen, kreiste bald ein Adler oder ein Adlerpaar über unseren Köpfen. Wir machten einen Wettbewerb daraus, wer erraten konnte, wann ein Adler auftauchen würde und aus welcher Richtung.

Für einen in seiner Tradition aufgewachsenen Indianer wäre eine solche Erfahrung keine Überraschung. Tatsächlich wurde erwartet, dass die Totemtiere eines indianischen Schamanen auftauchen sollten, wenn er oder sie überhaupt besondere Kräfte oder Macht hatte.

Mit der Zeit vertiefte sich meine Verbindung mit den Adlern. Eines Nachmittags, als wir über ein großes Feld in der Nähe meines Wohnhauses gingen, entwickelte ich das seltsame Gefühl, zu fliegen. Ich empfing ein visuelles Bild der Erde, wie sie von oben betrachtet aussieht. Gleichzeitig bemerkte ich das gegenteilige Gefühl, von der Erde unter mir getragen zu werden. Instinktiv schaute ich nach oben und sah, dass direkt über mir ein Adler seine Kreise zog. Ich hatte das seltsame Gefühl, gleichzeitig an zwei Orten zu sein. Der Adler blieb in der Nähe meines Wohnhauses und tauchte nach diesem Erlebnis regelmäßig wieder auf.

In den darauffolgenden Monaten fühlte ich oft schon die Gegenwart des Adlers, bevor ich ihn dann tatsächlich sah. Für mich bedeutete das eine sich vertiefende Verbindung mit meinem Verbündeten. Von all den Begegnungen, die ich über die Jahre hinweg mit Adlern hatte, trug sich die bemerkenswerteste zu, als ich auf einer Nebenstraße in den nördlichen Rockies in einen dichten Schneesturm geriet. Zu meinem Entsetzen verschwand die

Straße völlig unter dem Schnee und ich konnte den Straßenrand nicht mehr erkennen. Aus Angst, von der Straße abzukommen, beschloss ich, nicht weiterzufahren.

Der Schnee erfüllte die Luft und die Sichtweite war fast gleich null. Bald wurde mir bewusst, dass ich auf dieser kaum befahrenen Straße festsitzen würde, und meine Angst nahm zu. Es war spät am Nachmittag und ich hatte nur noch so viel Benzin, um den Wagen eine Stunde lang zu beheizen. Danach würde es im Innern des Fahrzeuges so kalt wie draußen werden. Es wurde mir auch klar, dass seit einiger Zeit keine Autos an mir vorbeigefahren waren. Die Straße war wahrscheinlich geschlossen worden und niemand würde vorbeikommen, um mir zu helfen.

Als mir diese ängstlichen Gedanken durch den Kopf gingen, schlug ein großes Bündel Federn mit einem dumpfen Aufprall gegen das Fenster an der Fahrerseite und verschwand wieder. Momente später wurde die Sichtweite wieder größer und ich konnte einen großen Steinadler und seinen Begleiter sehen, die vor meinem Auto hochflogen. Ich bemerkte, dass sie zusammen auf der Jagd waren und dem folgten, was vor dem Schneefall die Straße gewesen war. Ich nahm dies als Omen, dass ich mich vorwärts bewegen sollte. Eine Zeit lang schienen die Adler mein Auto auf der Straße weiter zu lotsen. Ich hatte das deutliche Gefühl, dass sie tatsächlich meine missliche Lage verstanden und versuchten zu helfen.

Fünf Minuten später kam ich aus dem schlimmsten Bereich des Sturmes heraus und konnte die Fahrbahn wieder teilweise sehen. Ich fühlte mich wieder sicher und war äußerst dankbar dafür, so wunderbar von meinen Verbündeten im Königreich der Natur geschützt und unterstützt zu werden.

Sechs Monate nachdem mir mein Seelenname offenbart worden und ich meinem Totemtier begegnet war, erhielt ich eine verblüffende Bestätigung dieser Information. Als Teil eines Vortrages, den ich in Austin, Texas, hielt, erzählte ich die Geschichte vom ›Schneeadler‹. Während ich die Ereignisse nacheinander erzählte, bemerkte ich, wie ein gut gekleideter Mann in einem dunklen Nadelstreifenanzug immer unruhiger wurde. Als ich fast am Ende meiner Geschichte angekommen war, stand er auf, unterbrach mich und bat mich um Erlaubnis, etwas zu sagen. Ich war überrascht von dieser ungewöhnlichen Wende des Abends und nickte ihm bejahend zu.

»Heute Abend«, sagte er, »kam ich hierher, um zu beweisen, dass sie ein Schwindler sind. Sie müssen wissen, ich bin methodistischer Pfarrer. Aber die Geschichte, die sie gerade erzählt haben, traf mich im Innersten. Letzte Nacht hatte ich einen lebhaften Traum, in dem ein weißer Adler zu mir kam und sagte: ›Ich bin Schneeadler. Ich bin hier, um dir zu helfen.‹«

Ich konnte sehen, wie ihm die Tränen in die Augen stiegen. Meine Geschichte hatte ihn offensichtlich tief bewegt. Aber seine nächste Bemerkung überraschte mich völlig.

»Vater«, sagte er, »würden Sie mir bitte den Segen geben?«

Bevor ich Gelegenheit hatte zu antworten, kam er im Hörsaal nach vorne und kniete vor mir nieder. Ich tat dann das Einzige, was ich tun konnte. Ich segnete diesen mutigen Mann im Anzug und sagte ihm, dass ich ihn liebe.

Seit dieser Zeit habe ich ähnliche Bestätigungen meines Seelennamens, Schneeadler, von anderen erhalten, aber keine war so dramatisch und emotional geladen wie diese erste.

BÄRENMEDIZIN

Sangre de Cristo Mountains, New Mexico;
Grand Teton National Park; Ost-Tennessee

Es war der letzte Tag der letzten ganzheitlich ausgerichteten Gesundheitskonferenz in diesem Sommer und die Teilnehmer machten sich auf den Nachhauseweg in die verschiedensten Teile des Landes. Meine Initiative hatte dazu beigetragen, Dutzende von Investoren dazu zu bringen, eine Gästeranch im Carson National Forest bei Taos zu kaufen. Ich war sehr beschäftigt gewesen mit Werbung, Programmplanung und Auswahl von zehn Mitarbeitern als Seminarleiter und Köche. Das Programm war ein riesiger Erfolg für die Teilnehmer, aber im Lauf des Sommers wurde es immer deutlicher, dass es finanziell nicht möglich sein würde, weiterzumachen. Ich persönlich war an einem wichtigen Wendepunkt meines Lebens angekommen, weil es das erste Mal war, dass mir ein Projekt nicht gelungen war.

Wo hatten wir etwas falsch gemacht? Wochenlang hatte mich diese Frage gequält. War die Gästeranch zu abgelegen? War die Saison in dieser großen Höhe zu kurz? Hatten wir zu wenig Werbung gemacht?

An diesem Morgen bemerkte ich, wie viel Kraft ich persönlich in dieses Projekt gesteckt hatte. Ich war so auf seinen letztendlichen Erfolg fixiert, dass nichts anderes von Belang zu sein schien. Ich erkannte auch, dass Management, Werbung und Auswahl von Mitarbeitern nicht zu meinen Fachgebieten gehörten. Wenn ich tiefer schaute, wurde mir klar, dass ich von meinem persönlichen Pfad abgewichen war. Ich war glücklich mit der Aufgabe, spirituelle Philosophie zu unterrichten und den Menschen zu helfen, wie sie lernen können, ihre ursprüngliche Verbindung mit der Welt der Natur wieder aufzubauen. Immer wenn ich meinen Fokus darauf richtete, hatten sich in der Vergangenheit viele andere Dinge in meinem Leben geordnet.

Ich war spirituell und emotional erschöpft. Ich fragte mich, ob ich je wieder meine Begeisterung zurückgewinnen würde oder je wieder mit wirklicher Kraft handeln könnte.

Unerklärlicherweise erhielt ich bei diesen Gedanken ein klares Bild eines Bären in einem Espengehölz. Ich fragte mich, was das wohl bedeutete. Schließlich kam in mir der Wunsch hoch, ein paar Mitarbeitern zu sagen, dass ich einen Spaziergang im Nationalwald unternehmen würde, um meinen Verbündeten, den Bär, zu treffen und meine Kraft wiederzugewinnen. Alle lachten mit mir. Ich fragte mich, ob ich das wirklich ernst meinte.

Minuten später war ich auf dem Hauptreitweg hinter der Gästeranch unterwegs, wobei mir das Bild des Bären noch deutlich vor Augen stand. Ich entdeckte bald einen schmalen Trampelpfad auf der rechten Seite und fragte mich, warum ich ihn nicht vorher bemerkt hatte.

Ich war diesen Pfad noch keine 100 Meter gegangen, als ich im Wald vor mir ein krachendes Geräusch hörte. Es war zu laut, als dass es von einem Hirsch oder Elch hätte stammen können - vielleicht war es ein Bär. Als ich um eine Biegung des Pfades kam, entdeckte ich, wie vermutet, einen zimtbraunen Bären, der einen Hügel hinaufkletterte. Erst da bemerkte ich das Espengehölz.

Der Bär, der offensichtlich meinen Geruch gewittert hatte, wollte schnell verschwinden. Plötzlich jedoch hielt er auf seinem

Weg an, drehte den Kopf nach hinten und starrte mich an. Ich werde nie vergessen, was in diesem Moment mit mir geschah. Als sich unsere Augen begegneten, wurde etwas ausgetauscht. Ich konnte fühlen, wie seine Kraft und sein Mut in mich hineinflossen, und ich fühlte mich mit einem Mal groß und gewaltig. In diesem Moment wusste ich, dass diese Begegnung auf einer anderen Ebene geplant worden war. Ich erkannte, dass ich mich bei der Begegnung mit dem Bären mit dem Geist dieser Spezies verbunden hatte und mich auf seine Kräfte stützen konnte, um die Ängste und Selbstzweifel zu überwinden, die mich geplagt hatten. Ich wusste, dass die spirituelle Verbindung, die ich mit dem Bären eingegangen war, mir immer zur Verfügung stehen würde.

Eine kaum merkliche Veränderung hatte stattgefunden, aber ich hatte keine Ahnung, was sie mit sich bringen würde. Dann erhielt ich einige Tage später Einladungen, in mehreren großen Städten zu unterrichten. Ich wusste damals, dass die Richtung, die mein Leben nehmen sollte, festgelegt war, zumindest in der nahen Zukunft. Ich sollte auf eine Vortragsrundreise gehen. Wenn die Menschen nicht zu mir kommen konnten, dann würde ich zu ihnen gehen. Bereits da war ich dankbar für meine Bärenmedizin. Es gab nur noch eines, was ich noch nicht erkannt hatte - ich würde immer wissen, wo und wann ich einen Bären sehen würde, wenn ich in der Wildnis war.

Meine beiden nächsten Begegnungen mit Bären ergaben sich ähnlich wie die erste. Sie fanden beide im Grand Teton National Park statt. Bei beiden Gelegenheiten wurde mir ein Gedankenbild eines Bären und der Umgebung gezeigt, bevor ich in den Nationalpark hinausging, und ich kannte intuitiv den ungefähren Zeitpunkt und Ort, an dem die Bären zu sehen sein würden.

Die erste dieser Begegnungen fand mehrere Jahre nach meinem Zusammentreffen mit dem Bärenverbündeten statt. Meine frühere Partnerin Marilynn und ich zelteten eine Woche lang am Jenny Lake, der direkt unterhalb des Grand Teton liegt.

Wir hatten geplant, am frühen Abend zu einem Vortrag eines Rangers zu gehen, aber um die Mittagszeit wusste ich, dass ich die Gelegenheit haben würde, an einem bestimmten Ort in der Nähe eines unserer bevorzugten Wanderwege einen Bären zu sehen. Ich wusste auch, dass der Bär dort ungefähr eine Stunde vor der Abenddämmerung auftauchen würde.

Gegen Abend, als es noch hell war, ging ich die 20 Minuten auf dem Weg entlang des Cottonwood Creek bis zu dem Ort, an dem ich den Bären in meiner Vision gesehen hatte. Von dort aus konnte ich über eine große Wiese blicken, durch die sich der Bachlauf schlängelte und auf der an manchen Stellen dicker Weidenbewuchs stand. Während ich in die Gegend schaute, entdeckte ich plötzlich zu meinem Erstaunen einen riesigen Elchbullen, der aus einer Gruppe von Weidenbäumen, die nicht mehr als vier bis fünf Meter entfernt standen, auftauchte. Ich erstarrte sofort, da ich wusste, dass diese männlichen Elche unberechenbar sind, manchmal aggressiv werden und ihr Revier verteidigen. Gleichzeitig entdeckte ich seine Gefährtin.

Ich lachte innerlich und dachte, dass es wohl eher ein Elch als ein Bär war, den ich in meiner Vision gesehen hatte. Kaum hatte ich dies gedacht, als ein dunkler Schatten aus dem Wald auftauchte und sich direkt auf den weiblichen Elch zubewegte.

Ich konnte kaum glauben, was ich sah! Ein Bär griff tatsächlich einen Elch an! Ich hätte nie geglaubt, dass ein Bär versuchen würde, einen gesunden, ausgewachsenen Elch zu töten, besonders nicht im Juli, wenn es genug Nahrung gab. Erst später wurde mir klar, dass der Bär vielleicht lediglich sein Revier verteidigen wollte.

Die Elchkuh fing an zu rennen und blieb dann nach ungefähr 30 Metern wieder stehen. Zu meiner Überraschung griff der Bär sie nochmals an, und dieses Mal rannte die Elchkuh zu ihrem Gefährten. Der Bär gab an diesem Punkt schnell seine Jagd auf. Er hatte offensichtlich kein Interesse daran, mit dem viel größeren männlichen Elch, der an die 750 Kilogramm schwer gewesen sein dürfte, nähere Bekanntschaft zu machen.

Meine zweite Begegnung mit einem Bären ereignete sich mehrere Jahre später an genau demselben Platz. Ich hatte außerhalb des Nationalparks mit einer Gruppe Erwachsener gezeltet, die mit mir auf ein Retreat in der Wildnis gegangen waren. Ich hatte an unserem letzten gemeinsamen Tag die Vision eines Bären erhalten und ich fragte drei der Teilnehmer, ob sie einen Bären von einem nahegelegenen Aussichtspunkt aus beobachten wollten. Wir gingen zu ungefähr der gleichen Uhrzeit und auf demselben Pfad dorthin, der mir in meiner Vision gezeigt worden war.

Wie zuvor war nicht sofort ein Bär zu sehen. Stattdessen konnte ich über die Wiese hinweg am Rand des Waldes eine Herde von ungefähr 30 Wapitihirschen sehen, die aus Müttern und ihren Hirschkälbern bestand. Obwohl wir versteckt waren und der Wind nicht in Richtung der Wapitis wehte, bemerkte ich, wie nervös die Mütter waren. Sie schienen in unsere Richtung zu schauen. Zwei der Weibchen, offensichtlich die ältesten, übernahmen die Aufgabe, die Wapitikälber, die auf die Lichtung und weg von der Gruppe gezogen waren, zusammenzutreiben.

Ich war fasziniert von diesem Schauspiel in der Wildnis, bei dem die beiden Herdenältesten versuchten, so viele wilde Kälber zu kontrollieren. Aber nach einer Weile verstärkte sich mein Gefühl, dass sie nicht aufgrund unserer Gegenwart beunruhigt waren, sondern wegen *etwas Anderem* in unserer Nachbarschaft. Ich konnte fühlen, wie sich meine Haare sträubten.

Ganz plötzlich hörte ich ein Knacken, das durch einen großen Körper in meiner Nähe verursacht wurde. Wie ich jetzt vermutete, suchte ein Bär weniger als 80 Meter entfernt nach Nahrung. Er war etwas zu nah, als dass ich mich wohlgefühlt hätte, und ich beschloss, dass es Zeit war, mich schnell zum Ausgangspunkt unserer Wanderung zurückzubegeben.

In den folgenden Jahren hatte ich weitere Vorahnungen in Bezug auf Bären, während ich in der Wildnis war. Eine dieser Vorahnungen kam jedoch nicht in der Wildnis, sondern vor meinem Haus in der Nähe von Knoxville, Tennessee, wo meine Frau Astrid und ich damals lebten.

Es geschah im Jahr 2002, als ich begonnen hatte, diese Geschichten zu schreiben. Den ganzen Tag über hatte ich versucht, über die oben berichteten Erlebnisse und Erfahrungen zu schreiben, aber ich brachte einfach nichts zu Papier. Folglich beschloss ich, diese Berichte nicht in das Buch aufzunehmen. Schließlich hatte ich mehr als genug Tiergeschichten für mein Kapitel *Tiermagie*.

In dieser Nacht hatte ich einen luziden Traum von einem Bären und erwachte mit der Frage, was er wohl dieses Mal bedeutete. Die Antwort ließ nicht lange auf sich warten. Als Astrid und ich am nächsten Morgen auf die Veranda traten, fiel unser Blick auf den Boden und wir sahen etwas, was wir zahlreiche Male in der Wildnis gesehen hatten. Es schien ein riesiger Haufen Bärenkot zu sein größer als irgendeiner, den ich je in den Weststaaten gesehen hatte. Die nähere Untersuchung zeigte teilweise verdaute Nüsse und Beeren im Kot, wie ich es schon so oft in der Wildnis gesehen habe. Aber wie konnte ein riesiger Bär in unseren Hof nur wenige Meilen von Knoxville entfernt hineinspazieren? Auf diese Frage konnte es nur eine Antwort geben. Mein Bärenverbündeter - oder vielleicht der Geist aller Bären - wollte, dass diese Geschichte erzählt wird!

ooo

Ein Jahr später zogen wir aus dem Haus aus und eine Schülerin von mir übernahm es. Sie hatte bereits eine geistige Verbindung mit mehreren Tierverbündeten aufgenommen und viele von ihnen besuchten sie fast jeden Tag eine Woche lang, nachdem sie eingezogen war, und begrüßten sie. Kurz vor der Morgendämmerung an einem dieser Tage wachte sie von dem Geräusch auf, das ihre beiden Katzen machten, als sie wie verrückt von Fenster zu Fenster liefen, um auf die Veranda zu schauen. Sie war nicht aufgestanden, um nachzusehen, was die Katzen aufgeschreckt hatte, und später am Morgen war sie ziemlich überrascht über den riesigen Haufen Bärenkot auf der Veranda. Da sie meine Erlebnisse und Erfahrungen mit Bären kannte, insbesondere diejenige vor diesem Haus, teilte sie mir diese Begebenheit mit.

»Deine Kräfte und Fähigkeiten nehmen zu«, sagte ich zu ihr. »Und das Land ehrt die spirituelle Arbeit, die du tust.«

Sie hatte das Gefühl, dass sie jetzt einen Bärenverbündeten hatte, und ich konnte dies bestätigen. »Der Bär kam, um dich zu begrüßen«, fügte ich hinzu. Der Geist aller Bären war auch ihr ständig präsent und in dieser Nacht erschien ihr ein Bär in einem luziden Traum - dieses Mal ohne teilweise verdaute Nüsse und Beeren zu hinterlassen.

ooo

WALDBIENEN UND HONIGBIENEN

Mittel-Tennessee: Spätes Frühjahr

Es war im späten Frühling. Ich war vor Kurzem nach Mittel-Tennessee gezogen, um in der Nähe von Astrid zu sein, die kurz nach unserer Begegnung begonnen hatte, für mich Werbung zu machen.

Eines Tages, ein paar Monate nach meinem Umzug, fragte mich Astrid, ob ich ein paar Waldbienen überzeugen könnte, ihr Haus zu verlassen. Die Bienen waren vor ein paar Monaten aufgetaucht und beschädigten ihr renoviertes Blockhaus. Sie hatte gehört, wie ich bei einem Vortrag von der erfolgreichen Abmachung erzählt hatte, die ich einmal mit Wespen getroffen hatte, die Nester in ein paar Eisenbahnschwellen gebaut hatten, die ich noch brauchte.

Zu dem Problem mit den Waldbienen kam noch dazu, dass einige Honigbienen Bienenstöcke in den Dachtraufen ihres Hauses gebaut hatten. Irgendwie hatten die Honigbienen es fertiggebracht, sich in zunehmender Zahl einen Weg in ihr Haus zu bahnen. Folglich hatte sie jeden Tag immer mehr Zeit darauf verwendet, sie zu fangen und wieder freizulassen. Sie wollte nicht, dass den Bienen etwas geschah, aber gleichzeitig wusste sie, dass sie ihr Haus und ihre Kinder schützen musste.

Ich erfuhr, dass sie seit ihrem achten Lebensjahr nicht mehr gestochen worden war, obwohl sie viel Zeit ihres Lebens in den Wäldern und mit Gartenarbeit verbracht hatte, und sie hatte immer das Gefühl gehabt, dass sie geschützt war, weil sie den starken Wunsch hegte, keiner Kreatur jemals ein Leid zuzufügen. Sie glaubte, dass die Bienen sie nicht angriffen, weil sie immer gespürt hatten, dass sie harmlos war.

Ihre Theorie machte mich neugierig und ich dachte, dass wir die gleiche Sensibilität hatten. Ich stimmte bereitwillig zu, ihr zu helfen, obwohl es eine Weile her war, dass ich so etwas getan hatte. Ich fragte mich, ob es mir gelingen würde, Kontakt mit ihnen aufzunehmen und eine Lösung auszuhandeln.

Bei der Hausbegehung sah ich, wo die Waldbienen zahlreiche Häufchen von Sägemehl unter den Holzbalken der Decke hinterlassen hatten. Ich besah mir den Schaden. Sie arbeiteten zielgerichtet weiter.

Innerhalb weniger Minuten war ich bereit, mich auf die kleinen Kreaturen einzustellen, und hoffte auf ein gegenseitiges Verstehen. Mit meinem Bewusstsein ›berührte‹ ich das Bewusstsein der Bienen. Ich fühlte, wie ihre kleinen Körper summten, und spürte beinahe, wie es ist, eine von ihnen zu sein. Als ich mich auf ihre Schwingung eingestellt hatte, ließ ich in meinem Kopf Bilder davon entstehen, wie sie den Ort friedlich verlassen. Ich sprach auch mit ihnen, da ich wusste, dass alle Tiere in gewissem Maße telepathische Fähigkeiten haben und oft unsere Gedanken, wenn nicht sogar unsere Worte, verstehen können.

Nachdem ich eine kurze Zeit mit den Waldbienen verbracht hatte, versuchte ich, mit den Honigbienen ein Abkommen zu treffen. Wie immer versprach ich, dass diesen kleinen Tieren kein Leid geschehen solle, vielmehr versuchte ich, den Gedanken zu kommunizieren, dass sie am falschen Ort waren. Nachdem ich fertig war, hatte ich meine üblichen Zweifel, ob ich sie erreicht hatte.

Wie sich zeigte, hätte ich mir keine Sorgen machen müssen. Innerhalb einer Stunde waren die Waldbienen für immer verschwunden; auch die Honigbienen hatten ihre Bienenstöcke verlassen und waren an einen unbekannten Ort geflogen. Bei Verhandlungen mit dem Königreich der Tiere hatte ich bisher noch nie eine solch schnelle Reaktion erlebt. Vielleicht war ich - wie der Wein - mit den Jahren besser geworden.

Ich konnte das Erstaunen in Astrids Stimme hören, als sie mit mir die ganze Episode immer wieder durchsprach. Ehrlich gesagt war auch ich erstaunt, dass solche vertraglichen Vereinbarungen mit denjenigen, mit denen wir unseren Planeten teilen, so effektiv sind. Eine Abmachung mit unseren wilden Brüdern und Schwestern sollte nie eine versteckte Drohung sein, sondern eher eine Einladung an Gottes Kreaturen, an einer Situation mit Gewinn für beide Seiten teilzuhaben. Wir Menschen unterschätzen fast immer das scharfe Bewusstsein anderer Lebensformen und neigen zu der Annahme, dass wir Exklusivrechte am Bewusstsein haben.

Während ich meine Verhandlungen mit den Bienen führte, waren Astrid und ihr Sohn Aidan, der damals fünf Jahre alt war, in den Garten gegangen. Als sie zurückkamen, war der Junge erleichtert zu sehen, dass die Kreaturen, vor denen er einst Angst gehabt hatte, weg waren. Danach sprach er seine Mutter oft auf dieses Thema an und bat darum, dass sie ihm die Geschichte immer wieder erzähle.

Schließlich stellte er seiner Mutter die quälende Frage, die er die ganze Zeit mit sich herumgetragen haben musste. »Wenn Peter mit den Bienen spricht, fliegen sie dann um seinen Kopf herum und hören ihm zu?« Sie bat ihn, mich selbst zu fragen. Das tat er auch und ich sagte zu ihm, dass er sehr klug sein müsse, um das herausfinden zu können. Ich sagte ihm auch, dass sie, selbst wenn sie vielleicht nicht immer unsere Worte verstehen, doch die Bilder in unserem Kopf sehen und unsere Absicht spüren können.

Ich spürte, dass Aidan ein ganz besonderer Junge war, und schätzte mich glücklich, mit ihm eine Erfahrung zu teilen, die ohne Zweifel einen unauslöschlichen Eindruck hinterlassen würde. Seine Wahrnehmung von wild lebenden Kreaturen, mit denen wir die Welt teilen, würde nie wieder die gleiche sein.

OOO

Ich bin überzeugt, dass wir einen neuen Weg finden müssen, mit der Welt der Natur in Kontakt zu treten. Was ich tat, erwuchs aus einer gewissen Haltung, die ich seit Langem gegenüber allem Leben auf dem Planeten habe. Bedauerlicherweise lehrt uns die Geschichte, dass wir Menschen gewaltsam versuchen, jegliche Kreatur auszurotten, die uns in die Quere kommt. Zu oft reagierten wir mit Vergeltung und übermäßiger Kraft und Härte, statt zu bedenken, dass diese wunderbaren Wesen, mit denen wir die Welt teilen, schlichtweg nicht wissen, dass sie am falschen Ort sind. Und was vielleicht noch tragischer ist: Möglicherweise trieb es sie in unseren Lebensraum, weil unsere menschliche Entwicklung das verändert hat, was einmal ihr natürlicher Lebensraum war.

Erfahrungen wie diese haben in mir die Überzeugung wachsen lassen, dass es möglich ist, in Harmonie mit allem Leben auf diesem Planeten zu leben und mit allem auf eine Art und Weise in Verbindung zu stehen, die nur wenige Jahre zuvor für mich unbegreiflich gewesen war.

OOO

DIE KLEINE TAUBE

Ausläufer der Great Smoky Mountains, Tennessee: Spätsommer

Obwohl wir uns seit mehreren Jahren kannten und vor Kurzem geheiratet hatten, lebten Astrid und ich immer noch in einem Gefühl der Euphorie darüber, dass wir zusammen die Zeit in der Welt der Natur verbrachten, die wir so tief liebten und verehrten. Wir gingen eines Morgens auf eine Reise in die nahegelegenen Smoky Mountains. Wir nahmen ungefähr 20 5-Liter-Plastikbehälter mit, die wir mit Wasser aus einer natürlichen Quelle füllen wollten, aus der die Menschen dort ihr Trinkwasser holen.

Es war einer dieser friedlichen Tage im Vorgebirge; der ruhige Tag im späten August trug eine Spur von Herbst in sich. Die Heiterkeit des Ortes ließ ein Gefühl von Fröhlichkeit und Unbekümmertheit aufkommen. Ich erinnerte mich an eine außergewöhnliche Erfahrung, die ich vor zehn Jahren mit einer Taube gemacht hatte. Als ich eines Tages eine Landstraße entlangfuhr, war eine Taube gegen meine Windschutzscheibe geflogen. Ich fühlte mich krank vor Kummer, fuhr an die Seite und sprach ein Gebet für den Geist dieser Taube. Ich bat darum, dass sie von dem Trauma ihres Todes geheilt und bei ihrer Rückkehr zu ihrer Quelle geführt würde. Ich segnete sie, schickte ihrem Sein, dessen Leben ich unbeabsichtigterweise genommen hatte, meine Liebe. Dann passierte etwas völlig Unerwartetes. Ein Ozean der Liebe, der wie eine unsichtbare Welle anrollte, umfing mich. Ich hatte keine Ahnung, woher diese Liebe kam, aber ich wusste, dass die Liebe, die ich ausgesandt hatte, erwidert wurde. Den ganzen Tag hindurch schwelgte ich in dieser wundervollen Energie. Die Taube, die ich verloren geglaubt hatte, war für mich in dieser kraftvollen Welle der bedingungslosen Liebe, die meinem Verständnis nach von dem Geist aller Tauben gekommen war, absolut lebendig geworden.

Es war an diesem Morgen das erste Mal seit Jahren, dass ich wieder an diese Erfahrung dachte. Zu diesem Zeitpunkt erkannte ich nicht, dass es die Vorahnung einer weiteren bemerkenswerten Begegnung mit einer Taube war. Nachdem unsere Behälter gefüllt waren, wateten Astrid und ich in die Mitte des niedrigen Flusses hinaus, dessen kristallklares Wasser aus den Great Smoky Mountains weniger als 15 Kilometer entfernt herausfloss.

Das Waten in einem kalten Gebirgsfluss ist ein effektives Hilfsmittel, um den eigenen inneren Dialog zum Schweigen zu bringen. Wenn unser mentales Geschwätz aufhört, schalten wir automatisch zur spirituellen Bewusstheit um, und das normalerweise, ohne es zu merken. Unser angeborenes magisches Bewusstsein ist ein Aspekt dieser spirituellen Bewusstheit. Ich habe festgestellt, dass selbst wilde Tiere ihre instinktive Furcht vor uns verlieren, wenn wir in diesen magischen Zustand gewechselt sind.

Während wir in den kühlenden Fluten des Flusses standen, waren wir gefesselt von einem Schwarm kleiner Fische, die so perfekt im Sonnenlicht reflektierten, dass sie wie eine Ansammlung funkelnder Diamanten erschienen, die sich direkt unter der Wasseroberfläche befanden. Das Bild machte uns die Heiligkeit dieses besonderen Platzes bewusst.

Erfrischt und in einem Zustand der inneren Ruhe stiegen wir wieder aus dem Wasser und begaben uns auf eine mit Gras bewachsene Lichtung. Ich war auf ein paar Büsche zugegangen, um mich zu erleichtern, während Astrid zu unserem Auto ging. Sie hatte kaum ein paar Schritte gemacht, als eine wilde Taube aus den nahegelegenen Bäumen angeflogen kam und neben ihren Füßen landete. Obwohl sie gut flog, konnte Astrid sehen, dass es sich um eine junge Taube handelte. Sie fragte sich, ob die Taube sie einfach nicht gesehen hatte, obwohl das ziemlich unwahrscheinlich schien. Aufgeregt rief mich Astrid, damit ich auch diese seltsame Szenerie sah.

Wir waren mucksmäuschenstill, da wir Angst hatten, die Taube aufzuscheuchen. Ganz ohne Angst spazierte die Taube weiter und begann kaum einen Meter entfernt von uns, auf dem Boden Nahrung aufzupicken. Dann kletterte sie zu meinem Erstaunen auf meinen Tennisschuh und begann, mit dem Schnabel an meinen Schnürsenkeln zu ziehen. Wir waren begeistert.

Neugierig traten wir etwas zurück, um zu sehen, was sie tun würde - und stellten fest, dass sie uns folgte. Wir gingen mehrmals ein paar Schritte zurück und immer mit demselben Ergebnis. Die verrückte kleine Taube dachte, sie gehöre zu uns.

Wir fragten uns, wie weit wir das treiben könnten, und gingen ungefähr 20 Schritte weiter, um ihre Reaktion zu beobachten. Zuerst schien die kleine Taube nicht zu wissen, wohin wir gegangen waren, aber sowie sie unsere Stimmen hörte, flog sie zu uns hinüber. Dann, als ob sie sagen wollte: »Ihr seid mein Revier!«, kletterte sie auf Astrids Schuh. Wir schauten weiterhin ungläubig zu.

Das war einfach zu viel! Wir waren hingerissen von der kleinen Taube, die uns wie ein Haustier überallhin folgte. Schließlich bückte ich mich vorsichtig zu hier hinunter, nahm sie hoch und setzte sie auf Astrids Kopf, wobei ich mir sicher war, dass sie wegfliegen würde. Stattdessen begann die Taube mit dem Schnabel an ihren Haaren zu ziehen. Dann ließ sie sich in den Haaren nieder, so als ob ihr der neue Wohnort gut gefiel.[8]

Leider mussten wir wieder aufbrechen. Das war leichter gesagt als getan. Sogar als wir die Autotür öffneten, bewegte sich die Taube keinen Millimeter. Offensichtlich war sie entschlossen, in ihrem neuen Nest zu bleiben. Wir hatten die kleine Taube schnell ins Herz geschlossen wegen ihrer seltsamen Bindung an uns und des urkomische Verhaltens, in Astrids Haar zu nisten.

Wir zögerten, bevor wir wirklich ins Auto einstiegen, um zu sehen, wie sich die Taube entscheiden würde. Ein paar Augenblicke beobachtete sie uns bewegungslos. Aber dann muss ihr natürlicher Instinkt die seltsame Verwandtschaft, die sie mit uns fühlte, überwunden haben, denn sie schlug mit den Flügeln und flog mühelos davon.

Wir waren entzückt von der Magie dieser Erfahrung. Aber als ich darüber nachdachte, was geschehen war, hatte ich das Gefühl, dass wir etwas nicht bemerkt hatten. Ich wusste, das Astrid in der Vergangenheit viele Male kranke oder verwundete Vögel zu sich genommen und sie wieder gesund gepflegt hatte. Tatsächlich hatte sie erst vor sechs Monaten versucht, eine sterbende Taube zu heilen. Ich hatte den Eindruck, dass all diese Ereignisse irgendwie miteinander zu tun hatten. Konnte es sein, dass ihre einfühlsamen Handlungen sie mit der Gruppenseele der Tauben verbunden hatten und auch ich damit eine Verbindung mit dieser Gruppenseele eingegangen war?

Zusammen waren wir Zeuge, wie unsere einfühlsamen Handlungen bei wild lebenden Kreaturen sozusagen zu ihrem Ausgangspunkt zurückkehren, um uns für diese Liebe und Fürsorge zu belohnen. Aus derartigen Erfahrungen habe ich gelernt, dass es unsichtbare Fäden gibt, die sowohl Zeit als auch Raum durchziehen, um uns in mysteriöser Weise mit dem Leben in seiner unendlichen Vielfalt zu verbinden.

OOO

Dieses wundersame Erlebnis mit der kleinen Taube zeigte sowohl Astrid als auch mir, dass es in unserer Beziehung zur Schöpfung Möglichkeiten gibt, von denen wir noch nicht einmal träumen. Wir hatten eine ekstatische Freude erlebt. Der Versuch, unseren Verstand zur Ruhe zu bringen und mit der Welt der Natur um uns herum zu verschmelzen, wurde von diesem außergewöhnlichen Besuch belohnt.

Wir erkannten, dass es möglich ist, die alte Kluft zwischen der Welt der Menschen und der Welt der Tiere zu heilen, indem man diese einfachen Fähigkeiten entwickelt. Wie reich kann unser Leben werden, wenn wir unser Getrenntsein durch ein freudvolles Einssein mit dem Leben um uns herum ersetzen.

AUF DEN KNIEN

Cascade Canyon, Grand Teton National Park:
Mitte Juni

Astrid und ich waren fast sechs Stunden im Hochland der nördlichen Rockies gewandert. Es war spät am Nachmittag. Wir näherten uns einigen Serpentinen, die uns fast 600 Meter hinunterführen würden zu unserem Lager am Fuß des Berges.

Kaum waren wir auf einem schmalen Pfad um die nächste Biegung gegangen, als wir eine große Hirschkuh auf dem Weg stehen sahen, die uns aufmerksam beobachtete. Ich hatte das überaus seltsame Gefühl, dass dies keine zufällige Begegnung war.

Zu diesem Zeitpunkt war mir dieses eigenartige Phänomen, das ich oft erfahren hatte, vertraut geworden: Anscheinend zog ich gewisse Tiere in der Wildnis an. Seit unserem bemerkenswerten Zusammentreffen mit der wilden Taube vor einigen Monaten entwickelte auch Astrid allmählich diese Fähigkeit. Sie ist eine echte Tochter der Erde. Wenn wir zusammen sind, werden unsere magnetischen Anziehungskräfte immer in hohem Maße verstärkt.

Wir hielten an und blieben bewegungslos stehen, um zu sehen, was die Hirschkuh tun würde. Zu unserer Überraschung blieb sie genau dort stehen, wo sie war. Da es keine Möglichkeit gab, um sie herumzugehen, gingen wir langsam und vorsichtig auf sie zu, um sie nicht zu erschrecken. Als wir noch etwa zwei Meter von der Hirschkuh entfernt waren, fiel sie zu unserem Erstaunen plötzlich auf die Knie, als ob sie uns ihre Ehrerbietung erweisen wollte. Während wir sie verwundert anschauten, beobachtete sie uns weiterhin und zeigte keinerlei Furcht.

Ich war wie gelähmt von diesem außergewöhnlichen Anblick. Mir kam der Gedanke, dass sie vielleicht krank oder verwundet sei, aber ich erkannte bald, dass wir es mit einer sehr gesunden Maultierhirschkuh zu tun hatten, die der Größe ihrer Brustwarzen und dem leicht angeschwollenen Bauch nach in nicht zu ferner Zukunft Nachwuchs gebären würde. Ich war gerührt von dem Gedanken, dass diese wunderschöne Kreatur Verletzlichkeit und Vertrauen zeigte wie ein Hund, der sich auf den Rücken rollt und seinen Bauch zeigt. Ich hatte das deutliche Gefühl, dass sie uns tatsächlich erlauben würde, sie zu berühren oder sogar mit der Hand über den Rücken zu streichen. Wie es mir so oft mit Tieren geht, konnte ich ihre Gedanken spüren. »Ich sollte euch hier treffen!«, schien sie zu sagen. »Ich mag euch. Ihr zwei seid anders als die anderen. Ich habe keine Angst vor euch.«

Die Hirschkuh beobachte uns immer noch, als wir um eine weitere Biegung des Weges verschwanden und außer Sichtweite kamen.

Ich ließ Astrid an meinem Gespräch mit der Hirschkuh teilhaben und meinte lachend, dass es vielleicht nur in meiner Vorstellung stattgefunden hatte. Aber sie entgegnete, dass sie, obwohl sie nichts gehört hatte, die Essenz dessen, was ich beschrieb, gefühlt hatte. Sie erinnerte mich daran, wie oft meine vermeintliche Kommunikation mit Tieren in irgendeiner Weise bestätigt worden war. Sie fragte, warum ich denn in diesem besonderen Fall zweifelte. Ich musste ihr zustimmen.

In schweigender Übereinstimmung sprachen wir nicht mehr auf dem Abstieg, da wir den Zauber dessen, was gerade geschehen war, nicht brechen wollten.

Während des Abstieges musste ich immer wieder daran denken, wie sehr sich unser Erleben der Wildnis von den Erfahrungen der meisten Menschen unterschied. Warum verstummt der Wald, der so vor Leben pulsiert, wenn die Menschen ihn betreten? Warum fliehen sowohl Raub- als auch Beutetiere oder verstecken sich? Selbst ein Wolf kann sich ganz in der Nähe einer Karibuherde bewegen, wenn er nicht auf Beutezug ist, so wie eine Löwin in der Nähe einer Gazelle. Das Beutetier weiß, wann der Bauch des Räubers voll ist.

Aber bei uns ist das anders. Da ist immer Angst! Warum ist das so? Vielleicht sind wir wirklich Verbannte aus dem Garten Eden und alle anderen Kreaturen des Gartens wissen es. Sie fühlen unser Getrenntsein vom übrigen Leben.

Wir haben unsere Beziehung zur Erdgöttin abgebrochen und mittlerweile fehlt uns jegliche Vorstellung davon, wie wir uns ihr nähern, mit ihr kommunizieren oder gar herausfinden können, was sie von uns erwartet. So unglaublich es auch scheint: Viele wollen sogar nicht einmal sehen, dass etwas nicht stimmt.

Dies sind die gleichen Fehler, die wir in unseren Beziehungen mit Menschen machen, nicht wahr? Nur sind in diesem Fall die möglichen Konsequenzen viel gravierender.

Vor Jahren erfuhr ich, dass, wenn ich nicht mehr in Harmonie mit der Natur lebe, meine eigene innere Harmonie auch verschwindet. Ich habe ein Gefühl der stillen Verzweiflung, wenn meine Verbindung mit dem Leben um mich herum verloren gegangen ist. Die größte Hoffnung für unsere Erde ist, dass wir Menschen damit aufhören, uns als getrennt von der übrigen Kreation zu fühlen.

Wir müssen unsere natürliche Verbindung mit dem Leben um uns herum wiederentdecken und erneuern. Wenn diese Verbindung wieder geheilt ist, ist unser Überleben als Spezies sichergestellt.

Andernfalls wird unser Überleben mit jedem Jahr, das vergeht, ungewisser.

Die Erfahrungen und Erlebnisse mit der Erde und der Wildnis, die in *Seelenfeuer* erzählt werden, sind deutlich anders als diejenigen der meisten Menschen, selbst als die vieler Naturliebhaber. Sie sind Teil des neuen Archetyps, der sich in unserer Beziehung zu der Welt um uns herum entwickelt. Diejenigen, die sich entschieden haben, zu diesem neuen Archetyp zu gehören, erscheinen fast als eine neue Menschengattung im Vergleich zu dem, wie wir uns heute als Mensch darstellen.

Ich habe entdeckt, dass es eine Sprache der Natur gibt. Es ist eine Sprache, die unsere moderne Welt verloren hat und unbedingt wiederentdecken muss, wenn wir unsere lebendige Erde verstehen und mit ihr kommunizieren wollen. Diese Sprache basiert auf dem sogenannten Gaia-Code. Aber eine wachsende Zahl von Menschen in der ganzen Welt lernt intuitiv, diesen Code zu entschlüsseln. Ich finde sowohl Hoffnung als auch Trost in dieser Erkenntnis.

Und dennoch - als ich über unsere kürzliche Begegnung mit der Hirschkuh nachdachte, wurde mir klar, dass es jetzt nur noch wenig geben würde, was mich erstaunen könnte. Es schien, als ob es keine realen Begrenzungen der Möglichkeiten und Vielzahl der Erfahrungen auf dieser wundersamen Erde gäbe. Das Außergewöhnliche war fast gewöhnlich geworden. Das Magische war eine Lebensart geworden. Die intensive Kommunikation mit dem Leben auf diesem Planeten war ein natürlicher Seinszustand geworden. Das Leben war ekstatisch geworden.

In den folgenden Tagen, die auf unsere ungewöhnliche Begegnung mit der Hirschkuh folgten, tauchten oft Bilder dieser wunderschönen Kreatur in mir auf, wie sie uns auf gebeugten Knien mit ihren weichen Augen beobachtete. Sie schien die Unschuld und Wildheit, das Vertrauen und die Einheit mit dem Fluss der Schöpfung, die das Menschreich verloren hat, zu symbolisieren.

DIE WARNUNG DER REHE

Die Warnung der Rehe
Ost-Tennessee: Anfang November

Als Astrid und ich in ein Häuschen in einer ländlichen Gegend außerhalb von Knoxville zogen, fanden wir dort ein Rudel Rehe vor, die am anderen Ende einer großen Wiese in der Nähe unseres Hauses ästen. Ich spürte, dass sie in der Vergangenheit ein paar gefährliche Begegnungen mit Jägern gehabt hatten. Deshalb verschwanden sie schnell im Wald, wenn wir spazieren gingen.

Eines Tages sahen wir einige verdächtig aussehende Männer in Tarnanzügen, die die Gegend auskundschafteten. Ich erinnerte mich, dass die Jagdsaison in ein paar Tagen eröffnet werden würde. Da wir die Rehe ziemlich lieb gewonnen hatten, fürchteten wir um ihre Sicherheit. Aus dieser Sorgen heraus entwarfen wir einen Plan.

Am nächsten Morgen, während die Rehe in einiger Entfernung ästen, standen wir vor unserem Haus und versuchten, ihnen mental eine Nachricht zu senden. Ich dachte, dass das funktionieren könnte, weil meiner Erfahrung nach große Tiere ausgeprägte telepathische Fähigkeiten besitzen. Die Nachricht lautete, dass sie ihren üblichen Weidegrund meiden sollten, da sie von Jägern bedroht werden würden. Sie könnten jedoch ganz in der Nähe unseres Hauses grasen, wo sie sicher sein würden. Als wir die Nachricht übermittelt hatten, fragten wir uns, ob sie zu komplex gewesen war, um entschlüsselt zu werden. Wir warteten, um zu sehen, ob sie darauf reagieren würden.

An diesem Abend, während Astrid und ich ein paar Freunde zu Besuch hatten, hörten wir vor dem Haus einen seltsamen kurzen Schrei. Als wir die Eingangstür öffneten und auf die große Terrasse hinaustraten, sahen wir drei Rehe nur wenige Meter von den Stufen entfernt stehen. Während zweiästen, schaute uns eines mit weit in unsere Richtung ausgestrecktem Hals an, so als ob es auf uns wartete. Ich war mir sicher, dass dieses Reh für den seltsamen Laut verantwortlich gewesen war.

Ich hatte den starken Eindruck, dass sie gekommen waren, um uns die Ehre zu erweisen, und dass das Reh sagte: »Ihr habt uns gerufen!« Wir waren beide erstaunt von dieser menschenähnlichen Antwort. Dennoch wussten wir nicht, ob sie in der Nähe unseres Hauses bleiben würden, worum wir sie ja zu ihrer Sicherheit gebeten hatten.

Wir mussten uns keine Sorgen machen. Die drei Rehe blieben während des größten Teils der Jagdsaison in der Nähe unseres Hauses und in dieser Zeit stießen noch drei weitere Rehe zu dieser Gruppe dazu. Einige Wochen nach dem Ende der Jagdsaison kehrten sie mit der Zeit wieder in ihr früheres Weidegebiet zurück.

Als ich über diese freudige und herzerwärmende Erfahrung mit den Rehen nachdachte, konnte ich nicht umhin, dies näher vom religiösen Hintergrund zu betrachten, der mir noch vertraut war. In der westlichen Welt haben wir die Schöpfungsgeschichte der Bibel als absolute Wahrheit erklärt und entsprechend unser Verhältnis zur Erde gestaltet. In der Genesis wird den Menschen das Recht zugesprochen, sich die Erde untertan zu machen und zu herrschen über alles Leben[9]. Bedauerlicherweise haben wir diesen Vers herangezogen, um unser Recht zu begründen, uns als Herrscher über die Natur aufzuspielen und sie zu benutzen, wie es uns passt.

Tragischerweise hat dieses Glaubenssystem zur Ausbeutung der Umwelt beigetragen und uns an den Rand von Umweltkatastrophen gebracht.

Ich bin sicher, dass bei den Bibelübersetzungen in den letzten 3.000 Jahren ein Fehler gemacht worden ist. Wenn die Schriften göttlich inspiriert sind, muss ihre ursprüngliche Aussage eine andere gewesen sein. Wenn wir diesen Vers in den Kontext der gesamten Schöpfungsgeschichte stellen, wird die Bedeutung deutlich: Der Mensch hat die Aufgabe, den Garten der Natur zu pflegen. Ein Pfleger herrscht nicht über etwas, sondern hat eine liebevolle Beziehung zu seiner Aufgabe. Ein Pfleger ist sensibel gegenüber den Bedürfnissen all dessen, worum er sich kümmert. Er weiß auch, dass es zu seiner Rolle als Pfleger gehören kann, diejenigen zu schützen, die keine Möglichkeit haben, sich zu verteidigen.

An diesem Herbsttag hatten Astrid und ich die Gelegenheit, unsere Rolle als Beschützer einer Familie von Rehen, die wir ins Herz geschlossen hatten, zu erfüllen. Wir entdeckten, dass Entfernung keinen Einfluss auf diese Art telepathischer Kommunikation hat und dass unsere Tierfreunde selbst in der Wildnis in der Lage sind, auf viel komplexere Gedanken und Vorstellungen zu reagieren als wir es uns vorstellen können.

Seit dieser Erfahrung legen sowohl Astrid als auch ich Wert darauf, jegliche konditionierte Haltung der Überlegenheit abzulegen, wenn wir wild lebenden Tieren im Wald begegnen, und anzuerkennen, dass dieses Kind der Erde sowohl Bewusstsein als auch einen Lebenszweck hat. Wir können zu ihm sagen: »Was kannst du uns lehren?«, oder: »Wie können wir deiner Gattung dabei helfen, ihren Lebenszweck zu erfüllen?« Wir haben gelernt, dass jede Erfahrung ihre eigene einzigartige energetische Signatur trägt und dass es am besten ist, keine Erwartungen zu haben, was wir lernen können.

DER SCHREI DES PUMAS

Ost-Tennessee: Herbst

Nach drei Jahren, in denen wir in den Außenbezirken von Knoxville in einem Mietshäuschen in ländlicher Umgebung gelebt hatten, kauften meine Partnerin und ich eine kleine Blockhütte am Rande des Great Smoky Mountains-Nationalparks. Obwohl wir gerne an dem vorigen Ort gelebt hatten, fühlten wir uns im östlichen Tennessee fast vom ersten Tag an von den Bergen angezogen und in diesem neuen Haus lebten wir außerdem nur wenige Minuten vom Nationalpark entfernt. Da ich vier Jahre vorher nach einer gesundheitlich bedingten Pause meine normale Arbeit wieder aufgenommen hatte, wollte ich unkompliziert in Wildnisgebiete gelangen können, weil ich diesen Ausgleich benötige, den sie mir stets geben.

In dem nur wenige Kilometer von unserem Zuhause entfernten Wildnisreservat wimmelte es nur so von wild lebenden Tieren. Sowohl Astrid als auch ich hatten starke Beziehungen zu Pumas, da wir diesen wunderbaren Kreaturen in unseren Träumen begegnet waren, jedoch zu unserem Bedauern noch nie im realen Leben. Wir fühlten eine derartige Zuneigung zu diesen besonderen Kreaturen, dass wir uns wünschten, sie wären auch ganz real in unserer Nähe. Vor langer Zeit lebten die Pumas einmal in der Gegend in der Nähe unseres Zuhauses; nach offiziellen Angaben war ein Puma zuletzt um die Jahrhundertwende des 20. Jahrhunderts herum gesichtet worden. Wie auch die Wölfe waren sie bis zur Ausrottung mitleidslos gejagt und gefangen worden.

Im Lauf der Jahre wurde von den Einheimischen dieser Bergregionen immer mal wieder berichtet, dass ein Puma - den man auch unter dem Namen Berglöwe kennt - gesehen wurde, aber diese Berichte wurden nie bestätigt. Skeptiker betonten stets, dass, falls es noch Pumas in der Gegend gäbe, irgendjemand früher oder später ihre Spuren oder Reste ihrer Beute finden würde. Jahrzehntelang fanden sich keine Hinweise auf Pumas. Einige stellten die Theorie auf, dass der Puma, der gelegentlich gesichtet wurde, von Florida herauf- oder aus dem Westen herübergekommen sein könnte, denn es ist bekannt, dass diese Tiere große Entfernungen zurücklegen können.

Unabhängig voneinander hatten Astrid und ich eine Anweisung aus der spirituellen Welt erhalten, mitzuhelfen, die Pumas wieder in unserer Gegend anzusiedeln. Als wir unsere Eindrücke miteinander besprachen, fühlten wir uns darin bestätigt, dass wir versuchen sollten, sie mit einer Zeremonie zurückzuholen. Trotz der offiziellen Meinung der Forstverwaltung, dass diese Raubkatzen seit mehr als einem Jahrhundert in unserer Gegend ausgerottet seien, hatten wir das Gefühl, dass wir Erfolg haben könnten.

Nachdem wir unsere Absicht auf die spirituelle Ebene gestellt hatten, fühlten Astrid und ich eine feine Veränderung der Energien im Reservat. Wir fühlten dies besonders, während wir dort spazieren gingen. Während dieser Zeit kam unsere Freundin Barb mit einer verblüffenden Information zu uns. Sie berichtete, dass Jenny, eine Biologin und Forscherin, ihr erzählt hatte, dass - zum ersten Mal seit Jahrzehnten - Pumasichtungen aus drei nahegelegenen Regionen berichtet worden waren. Barb wies darauf hin, dass die Orte, an denen die Tiere gesichtet wurden, ein fast perfektes

Dreieck um unser Zuhause herum bildeten, und fügte hinzu: »Einer unserer gemeinsamen Freunde und ich haben darüber geredet und kamen zu dem Schluss, dass deine und Astrids Gegenwart etwas mit dem Auftauchen der Pumas zu tun haben muss.«[10]

Astrid und ich waren wie betäubt, als wir diese Information erhielten. Natürlich hatten wir über unser Experiment, die Pumas herbeizurufen, mit niemandem gesprochen. Es war so, als ob unsere instinktsicheren Freunde unsere Aktivitäten ganz arglos belauscht hätten. Barb teilte uns mit, dass Jenny, die Biologin und Forscherin, die den Berichten von der Sichtung der Pumas nachging, wollte, dass wir zusammen mit ihr im Hinterland nach Anzeichen von Pumas suchten. »Sie würde gerne versuchen, ob ihr beide intuitiv irgendwelche Zeichen in dieser Gegend aufspüren könnt, in der sie ihre Runden dreht«, sagte Barb.

Astrid und ich wussten, wir konnten eine solche Einladung nicht ablehnen. Wir legten ein Datum fest, an dem wir eine Woche später in die erste Region gehen wollten. Ich konnte es kaum erwarten.

Wie geplant trafen wir Jenny und verbrachten einen halben Tag mit ihr und ein paar Freunden, die sie begleiteten, wobei wir ein halbes Dutzend Plätze im Cades Cove-Region des Nationalparks überprüften. All diese Plätze waren nicht mehr als 20 Minuten zu Fuß von den Straßen zum Nationalpark entfernt und sie schienen alle gute Lebensräume für große Raubkatzen zu sein.

An jedem dieser Plätze hatte Jenny am Fuß der Bäume Teppichstücke angebracht. Sie trug eine Salbe auf die Teppichstücke auf und sagte zuversichtlich: »Dieser Geruch wird jeden stolzen Puma in einem Radius von einem Kilometer anziehen.« Ein Hauch des Duftstoffs war genug, um uns zu überzeugen, dass er für menschliche Wesen nicht anziehend war. Die Salbe war eine Mischung verschiedener Inhaltsstoffe, die ihr ein Freund, der Mitarbeiter des Nationalparks im Westen war, geschickt hatte. Dieser schwor auf ihre Wirksamkeit. Die Salbe enthielt einen

Duftstoff (ein Stinkdrüsensekret) von männlichen Pumas, die in den Weststaaten beheimatet waren. Jenny erklärte uns, dass die weiblichen Tiere von dem Geruch angezogen und sich an dem Teppich reiben würden, um ihre Gebietsansprüche zu demonstrieren. Sie würde die Teppiche auf Haare von Großkatzen überprüfen, wodurch ein wissenschaftlicher Beweis geliefert würde, dass diese Tiere tatsächlich zurückgekehrt waren. Wir waren jedoch enttäuscht, dass wir auf den ganzen kurzen Streifzügen durchs Hinterland nur ein einziges Mal die eventuelle Anwesenheit einer großen Raubkatze fühlten, aber wir konnten ihren Standort nicht genau bestimmen.

Auf unseren Ausflügen gab Jenny, die auch eine ausgezeichnete Lehrerin war, der Gruppe ihr Wissen über die einheimische Flora und Fauna weiter und beantwortete unsere Fragen. Astrid und ich waren zwar dankbar für diese Informationen und die Fragen aus der Gruppe, blieben aber ansonsten relativ still und versuchten, unsere innere Wahrnehmung auf Hinweise über den Verbleib der Panther einzustimmen. Wir konnten nicht gleichzeitig ihren Ausführungen folgen und Informationen aus der unsichtbaren Umgebung wahrnehmen. Uns wurde bewusst, dass wir bei der Annahme von Jennys Einladung versäumt hatten, ihr zu sagen, dass wir dort draußen in einem Zustand meditativer Stille sein müssten, um die mögliche Präsenz der Pumas in dieser Gegend zu fühlen. Es tat uns leid, dass wir ihr nicht mehr helfen konnten, und wir dachten sogar daran, noch einmal auf eigene Faust an diese Orte zurückzukehren, um zu sehen, was wir herausfinden konnten.

Als wir wieder zu Hause waren, beschlossen wir, unserem Instinkt zu folgen, und trafen die Entscheidung, zu versuchen, das schwer fassbare Phantom des Waldes anzurufen, indem wir unsere bereits erwiesenen Fähigkeiten, andere Tiere in der Wildnis anzulocken, einsetzten. Bei einem weiteren Versuch, uns mit dem Geist des Pumas zu verbinden, führten wir eine Zeremonie durch, in der wir unseren brennenden Wunsch zum Ausdruck brachten, dass die Pumas in diese grüne Gegend zurückkehrten und uns ihre Anwesenheit zeigten. Wir erklärten, dass das Land ihre Gegenwart für das Gleichgewicht des gesamten Ökosystems benötigte (da große Raubtiere für die Dezimierung kranker Tiere sorgen, was Herden und Rudel stärker macht). Es gibt auch ein spirituelles Element, das nicht einfach zu bestimmen ist, wenn eine Gattung in einer Gegend verloren geht. Das Land verliert etwas und wir als Menschen werden irgendwie geschwächt.

Bei unserer Zeremonie entschuldigten wir uns bei der Gruppenseele dieser Spezies dafür, dass sie von gedankenlosen Menschen rigoros gejagt und gefangen worden war bis zu ihrer Ausrottung. Wir sagten, dass viele Menschen, die jetzt in dieser Gegend leben, ein anderes Bewusstsein hätten und dass wir versuchen würden, den Pumas Schutz zu bieten.

Einige Wochen nach dieser Zeremonie begannen Astrid und ich die Präsenz einer dieser Kreaturen deutlich zu spüren. Aufgrund unserer Erfahrungen in der Vergangenheit wussten wir, dass wir solche Gefühle nicht als reines Wunschdenken oder pure Imagination abtun sollten. Dennoch sahen wir auf unseren Spaziergängen in der nahegelegenen Wildnis keine Spuren einer Anwesenheit in Form von Tatzenabdrücken, Kot oder Beuteresten.

Während dieser Zeit traf ich die Entscheidung, an einem besonderen Ort in dieser Wildnisregion auf Visionssuche zu gehen, weil dort starke magnetische Energien vorhanden sind. Wir hatten Oktober mit einem wahren *Indian Summer* und die Zeit schien perfekt zu sein für eine Visionssuche. In der Nacht, als ich alles für meine Visionssuche gepackt hatte, saß ein Streifenkauz auf einem Baum vor unserem Schlafzimmerfenster und rief mehrere Male. Ich spürte, dass dies ein deutliches Zeichen war, dass ich die spirituelle Suche in der Wildnisregion in der Nähe unseres Zuhauses nicht durchführen sollte. Ich vertraute dem Zeichen, konnte mir aber nicht vorstellen, warum ich gewarnt wurde. Wir hatten häufig Zeichen von Bären gesehen, aber ich wusste, dass sie keine Gefahr darstellten, weil ich keine Nahrungsmittel bei mir haben würde, die sie zu meinem Zelt locken würden.

Astrid beharrte darauf, dass ich *nicht* gehen sollte, und ich blieb. Sie erinnerte mich daran, dass uns der Warnschrei einer Eule in den acht Jahren, seit wir zusammen waren, mehrere Male vor einem verhängnisvollen Fehler bewahrt hatte. Tatsächlich hatte uns nur sechs Wochen zuvor der Schrei einer Eule vor unserem Fenster dazu veranlasst, einen Flug zu stornieren, den wir früh am nächsten Morgen nehmen wollten. Wir hatten keine sachlichen Gründe für diese Entscheidung, aber später an diesem Tag erfuhren wir, dass es uns erspart worden war, die Reise umsonst zu machen und somit auch viel Geld zu verlieren.

Wir mussten mehrere Wochen warten, um den Grund für den Ruf der Eule in dieser besonderen Nacht zu erfahren. Es geschah, als wir in genau dieser Gegend zu Fuß unterwegs waren und an den Platz kamen, an dem ich meine Visionssuche hatte durchführen wollen. Es war ein stark bewaldeter Bereich nicht weit von einem Biberteich entfernt. Wie ich es erwartet hatte, schien alles wie immer zu sein. Der Ort fühlte sich für uns beide wohlwollend und sicher an. Wir waren kaum drei oder vier Minuten dort, als die Stille plötzlich von einem durchdringenden Schrei aus einer Entfernung von nicht mehr als rund 100 Metern unterbrochen wurde.

Ich habe einen solchen Laut nur zweimal in meinem Leben gehört: einmal in der Nähe meines früheren Zuhauses in Highlands, North Carolina, und einmal beim Zelten irgendwo im Westen. Jeder, der diesen Laut jemals vernommen hat, wird mir beipflichten, dass es in der Natur keinen anderen Laut wie diesen gibt. Es war der Laut eines nordamerikanischen Pumas. Er ist sprichwörtlich haarsträubend. Dann, weniger als eine Sekunde nach diesem unvergleichlichen Laut, rief eine Eule mehrere Male aus kurzer Entfernung, als ob sie die Tiere im Wald vor der Anwesenheit des Pumas warnen wollte. Noch ungewöhnlicher war, dass beide dieser äußerst scheuen Nachttiere am helllichten

Tag zu hören waren. Astrid begriff sofort die Synchronizität der beiden Rufe. »Der Ruf dieser Eule hat dir gegolten!«, sagte sie. »Vor ein paar Wochen hast du die Warnung der Eule vor unserem Fenster infrage gestellt. Jetzt hat dir die Eule mitgeteilt, wovor sie dich gewarnt hat. Warum sonst sollte eine Eule auf die verklingenden Laute des Schreies eines Pumas hin rufen?«

In was für einer Gefahr hätte ich mich befunden, wenn ich die Warnung der Eule ignoriert hätte? Vielleicht würden wir das nie erfahren. Es war uns beiden bewusst, dass in diesem Land nur wenige Male ein Puma einen Menschen angegriffen hatte; in den letzten zehn Jahren haben derartige Angriffe in den Weststaaten des Westens als Folge der Zersiedlung jedoch ziemlich zugenommen. Trotz meines vereitelten Versuchs, eine Visionssuche durchzuführen, waren wir freudig erregt, durch diese unerwartete Bestätigung durch die Großkatze selbst, dass unsere Zeremonie Erfolg gehabt hatte.

Als Astrid und ich schließlich den rund einen Kilometer langen Weg nach Hause zurücklegten, erhielten wir eine unerwartete Bekräftigung unserer Erfahrung. Wir trafen die zehn- und zwölfjährigen Kinder einer Nachbarsfamilie, die im Hof spielten.

»Ratet mal, was wir gerade gehört haben«, sagte ich zu ihnen.

Ohne zu zögern, riefen beide begeistert aus: »Einen Löwen!«, und zeigten dabei in die Richtung, aus der wir gekommen waren.

»Das stimmt«, sagte Astrid. »Aber woher wusstet ihr, dass das der Laut ist, den ein Löwe macht?«

»Wir haben das in der Schule gelernt, als wir uns die Laute der Tiere vom Tonband angehört haben«, sagten sie stolz.

Meine Partnerin und ich schauten uns erstaunt an, dass der durchdringende Schrei so weit geschallt hatte und immer noch erkennbar war!

18 Monate später: Eine Löwin hat drei frühgeborene Junge geworfen nicht weit von der Stelle entfernt, an der wir das Gebrüll des Löwen gehört hatten. Zwei sind hellbraun wie das Muttertier, aber eins ist ganz schwarz wie ein richtiger Panther und wir vermuten, dass das die Farbe des Vaters ist. Noch märchenhafter hätte dieses Schauspiel in der Wildnis nicht enden können.

KAPITEL 3

DIE GÖTTIN

ooo

DER GLANZ UND DIE LICHTFÄDEN DER WELT

Nebenstraßen zwischen Sun Valley und Boise, Idaho: September

Der Anstieg zum niedrigen Bergpass in Zentral-Idaho war kaum wahrnehmbar, da sich der Pass nur rund 360 Meter über die Landschaft erhebt. Obwohl es noch früh im September war, hatten die grünen Pappelblätter bereits eine prächtige Farbe angenommen. In der Morgensonne vermittelte das leuchtende Gold der Blätter die Illusion, dass die Bäume in Flammen standen.

Während wir eine Nebenstraße hinunterfuhren und den wunderschönen Ausblick in vollen Zügen genossen, nahm ich plötzlich die Gegenwart des Wapitigeistes wahr. Ich spürte eine dringende Nachricht: Der Geist bat mich inständig, dabei zu helfen, das weitere Vordringen der Menschen in ihre Winterquartiere zu verhindern. Ein solches Vordringen, wurde mir mitgeteilt, hatte die Herden gezwungen, sich in immer höhergelegene Gegenden zurückzuziehen, wo sie keinen Schutz vor den Winterstürmen hatten.

Gerade als ich protestieren wollte, dass ich keinerlei Kompetenzen in solchen Angelegenheiten besaß, erlitt ich plötzlich solch seelischen Schmerz, dass ich unwillkürlich mit einer hohen Fistelstimme laut zu weinen anfing. Ich hatte nie zuvor so geweint und gejammert und konnte die Laute, die ich hervorbrachte, kaum als meine eigenen erkennen.

Ich war mir in diesem Augenblick der unverkennbaren Gegenwart der Erdmutter selbst bewusst. Ich wusste, dass der Wapitigeist, der gerade zu mir gekommen war, ein Bote dieses göttlichen Wesens war. Der Kummer, den ich fühlte, hatte nicht nur mit den Wapitirudeln zu tun, sondern es handelte sich um eine universelle Trauer um die Erde selbst und um das Pathos des Menschen, der einen falschen Weg in der Evolution eingeschlagen hat, indem er sich über den Rest der Schöpfung erhoben hat.

Meine Trauer war unerträglich geworden und ich versuchte, von der Straße abzufahren. Aber so plötzlich wie das Jammern begonnen hatte, hörte es auch wieder auf und alles war verändert. Als ich durch das Autofenster meines geparkten Wagens die Landschaft um mich herum betrachtete, fragte ich mich erst einmal, ob ich vielleicht träumte. Jeder Fels, jeder Salbeibusch, jede hoch aufragende Kiefer und jede leuchtende Pappel sowie der Berg selbst waren in goldgelbes Licht getaucht, das mit Lichtfäden verbunden war. Ich fühlte mich, als ob ich in weiche Daunen gebettet sei.

»Das ist keine Einbildung«, sagte ich zu mir selbst. »Ich sehe die Welt so, wie sie wirklich ist!«

Der geheimnisvolle Glanz, der alles umgab, schien aus dem Innern aller Dingen heraus zu kommen ... noch genauer vielleicht, aus der Erde selbst. Die Fäden aus Licht waren noch außergewöhnlicher. Anders als das sichtbare Spektrum des Lichts schienen diese lebendig zu sein. Es schien, als ob jeder Strang dieses ›lebendigen Lichts‹ sich seiner selbst und auch des Ganzen bewusst war. Ich fühlte, dass ich auf einer energetischen Ebene die pure Essenz der Erde wahrnahm – vielleicht sogar das Wesen der Schöpfung selbst. Ich fühlte auch, dass ich einen kurzen, zeitlosen Augenblick lang den ›Fluss‹ der Dinge wahrnahm, denn diese strahlenden Lichtfäden schienen flüssig, schimmernd und ewig zu sein. Diese Lichtfäden waren mit allen Dingen verbunden und vermittelten so den Eindruck eines gewaltigen lebendigen Netzes. Es gab auch Stränge, die sich nach oben ausdehnten, als ob sie dieses Netz mit einem größeren Ganzen verbinden würden. Vielleicht reichten sie in die Unendlichkeit selbst.

Mein seelischer Schmerz war in äußerstes Glück verwandelt worden. In diesem Augenblick hörte ich eine innere Stimme sagen, dass man die Leiden der Welt kennen muss, bevor Glückseligkeit möglich ist.

Als meine Wahrnehmung wieder normal war, dachte ich an die Spinnenfrau, die Göttin der Navahos, die das Netz des Universums gewoben hat. Ich erinnerte mich an den ersten Vers einer alten indianischen Erzählung von der Schöpfung, der etwa so lautet: »Vater, Mutter, spinnt ein Netz, dessen Netz das Universum ist.«[11]

Ich hatte das Gefühl, dass meine Augen geöffnet worden waren. Zum ersten Mal verstand ich, was diese Menschen der Urzeit aufgrund direkter Erfahrung gewusst hatten. Die nächste halbe Stunde stand ich noch auf dem Bergpass und beobachtete den Glanz unserer Welt mit ihren Lichtfäden. Ich wusste, dass die Göttin unserer Welt ihren Schmerz und ihre Glückseligkeit mit mir geteilt hatte. Durch eine spontane Veränderung des Bewusstseins hatte ich ihre energetische Beschaffenheit wahrgenommen, während ich ein freudiges und ekstatisches Einssein mit diesem großartigen Wesen – der Erdmutter – in Gestalt der Gaia oder Planetengestalt, erlebte.

ooo

In meinem Fall ist sicher eine weitere Ironie des Lebens, dass ich als Priester einer der patriarchalischsten Institutionen der Erde all meine mystischen Begegnungen mit der Gottheit eher mit dem göttlich Weiblichen als dem göttlich Männlichen erlebte. Mehr als 30 Jahre lang bin ich dem weiblichen Aspekt Gottes in mehr als einem Dutzend verschiedener Erfahrungen begegnet, die sich sowohl im Traum- als auch im Wachzustand ereigneten. Wie paradox war das, dass mir in diesen Erfahrungen mitgeteilt wurde, dass ich der ›Diener der Göttin‹[12] sei, wo ich doch meinem Amt als Priester zufolge ein Diener von Gottvater sein sollte.

Die tiefere, universelle Botschaft darin ist, dass die westlichen Religionen ihre Verbindung mit dem göttlich Weiblichen verloren haben. Es ist Zeit für uns, unsere Fehler der Vergangenheit zu erkennen. Die göttliche Mutter hat sicher nicht unter unserer Abtrünnigkeit gelitten. Wir sind es, die den Preis bezahlen mussten.

Wenn Christus heute leben würde, würde er dann nicht eine Parabel vom verlorenen Sohn erzählen, der irreging und sich von Mutter Erde abwandte und der, nachdem er sein Erbe – eine intakte Umwelt – verspielt hatte, mit großer Freude wieder zu Hause willkommen geheißen wurde?

ooo

EINE ZEIT DES AUSPROBIERENS

Highlands, North Carolina;
Atlanta, Georgia

Als ich die Lichtfäden der Erde auf dem Bergpass in Idaho sah, war das der Höhepunkt einer Reihe von Begegnungen mit der Erdmutter, die fünf Jahre zuvor ihren Anfang genommen hatten. Marilynn und ich waren gerade von Santa Fe, New Mexico, nach Highlands, North Carolina, gezogen in der Hoffnung, dass ich mich in der wohltuenden Bergregion der Blue Ridge von meinen komplexen Gesundheitsproblemen erholen würde. Marilynn hatte gerade die letzte Prüfung an der Santa Fe School of Massage abgelegt und plante, eine Praxis zu eröffnen. Währenddessen hatte ich vor, einen Teil meiner Zeit den Vortragsrundreisen und den anderen meinem Gesundungsprozess mithilfe der Natur zu widmen.

Im frühen 16. Jahrhundert, als de Soto durch diese Berge zog, waren er und seine Männer voller Bewunderung für die natürliche Schönheit des Hochlandplateaus. An einem eindrucksvollen Felsen, der heute den Namen Whiteside trägt, waren die Spanier so gefangen von der Schönheit des Landes, dass sie eine Inschrift auf dem Felsen hinterließen, die übersetzt ›heiliger Ort‹ lautet. Seit damals haben viele Tausend Menschen diese Gefühle der frühen

Entdecker geteilt. Früher einmal war die Gegend um Highlands von einem prächtigen Wald mit vielen alten Bäumen überzogen gewesen. Von den alten Baumbeständen ist bis heute wenig geblieben. Es gab auch einmal eine Zeit, vor dem Befall der Kastanien durch Mehltau, als riesige Kastanienbäume die Wälder der North Carolina Blue Ridge beherrschten. Heute sind ihre alten, hohlen Baumstämme überall in den Wäldern verstreut und sehen wie gefallene Titanen aus. Man kann immer noch genug riesige Tulpenbäume und Hemlocktannen finden, für die wir dankbar sein können und die vielleicht die Sehnsucht in uns wecken nach etwas, das einmal war.

Es gibt Stellen, an denen die Bäume und Rhododendren so dick sind, dass man sich dauernd im Zwielicht bewegt, das nur gelegentlich von Sonnenstrahlen aufgehellt wird, die am späten Morgen und frühen Nachmittag durch das dichte Dach hindurchblinzeln. Die Appalachian Mountains, die früher einmal höher als das Himalajagebirge waren, sind die ältesten Berge der Erde. Sie haben eine mystische Aura, die die Forscher der Frühzeit gespürt haben müssen. Vielleicht wirkte auch der Nebel, der den Wald, die Wiesen und abgelegenen Buchten einhüllt, auf die Forscher der damaligen Zeit.

Heute gibt es etwas Weiteres, das ein aufmerksamer Besucher fühlen kann. Die Geister der Cherokee-Indianer wandern immer noch durch den Wald. Spuren einer viel früheren Rasse, die geheimnisvolle Bildzeichen auf einigen der Granitfelsen hinterließen, sind ebenfalls erhalten. Wer diese frühen Menschen waren, scheint niemand, auch nicht die Cherokee, zu wissen.

Trotz der magischen und unverdorbenen Schönheit meines neuen Zuhauses fiel ich in eine tiefe Depression, die voll quälender Selbstzweifel über den Weg war, den ich vor fast einem Jahrzehnt gewählt hatte. Durch meine stetige Suche nach Wissen fand ich viele der Antworten, die ich gesucht hatte. Durch das Erwachen meiner tieferen intuitiven Fähigkeiten war ich in der Lage,

Menschen auf eine Art und Weise zu helfen, wie es mir zuvor nicht möglich gewesen war. Dennoch, trotz der tiefgreifenden Veränderungen und kraftspendenden Offenbarungen in meinem Leben hatte ich begonnen, meine Entscheidung, die Institution Kirche zu verlassen, ernsthaft infrage zu stellen. In den mehr als zehn Jahren seit meiner Abschiedszeremonie in der Episkopalkirche St. Jude war mein Leben so voller Wunder gewesen, dass es mir unbegreiflich erschien, dass ich so in Zweifel geraten konnte.

Ich wurde jedoch von diesen Fragen verfolgt: »Hatte ich die richtige Entscheidung getroffen?«, »Hätte ich mehr erreichen können, wenn ich in der Kirche geblieben wäre?« Ich stellte fest, dass jemand mit meiner Berufung sich nicht so einfach von der Vergangenheit befreien konnte. Die Kirche hatte mich beharrlich im Griff. Am unglaublichsten war, dass es Zeiten gab, in denen mich sogar ein Gefühl von Schuld überkam, weil ich die Kirche verlassen hatte. »Wie kann so etwas möglich sein?«, grübelte ich. Vielleicht kann sich niemand so schuldig fühlen wie ein guter Kirchen- oder Synagogengänger - oder eben jemand, der in einer ähnlichen Lebenssituation ist wie ich.

Als Priester war ich symbolisch mit der Kirche verheiratet gewesen. Das Verlassen der Kirche hatte die gleichen qualvollen Gefühle in mir heraufbeschworen, die man bei jeder Scheidung durchlebt – die Angst vor der Trennung von jemandem, der auf den tiefsten Ebenen Teil des eigenen Lebens war. Zu wissen, dass es das Beste war, sich zu trennen, hat mich in keiner Weise von dem Schmerz oder der Schuld freigesprochen, die Kirche zu verlassen. Wie viele, die eine Scheidung durchlebt haben, fragte ich mich, ob ich mich nicht vielleicht hätte anders verhalten sollen.

Andererseits erkannte ich, dass ich ein wanderndes Paradox dargestellt hätte, wenn ich in der Kirche geblieben wäre. Meine Glaubenssätze hatten sich so radikal geändert, dass ich nicht weiterhin in gutem Glauben den Katechismus, die Glaubensbekenntnisse und Lehren hätte lehren können, die ich zum Zeitpunkt meiner Ordination hochzuhalten gelobt hatte. Seit ich vertrauensvoll alles hinter mir gelassen und die Kirche verlassen hatte, war ich auf eine wirklich ekstatische Reise gegangen. Trotz der wundervollen Gelegenheiten, die ich während meiner zehn Jahre in der Kirche hatte, anderen beim Wachsen zu helfen und ihnen zu dienen, hatte ich dennoch keines der Wunder, keine der Offenbarungen und ekstatischen Momente erlebt, wie sie meine Reise seit damals bestimmt haben. Vielleicht hatte die organisierte Religion ihre Seele verloren. Wie so viele Bürokratien erhielt sie sich selbst am Leben, diente sich selbst und hatte ihre mächtige Vision, aufgrund der sie eigentlich ins Leben gerufen worden war, verloren.

Mit dem Sprung ins Unbekannte hatte ich alles zurückgelassen: eine Partnerin und eine zweijährige Tochter, die mein Augapfel war. Ich hatte die Sicherheit eines garantierten Einkommens, den Vorteil einer Dienstwohnung und eines Autos und ein ausgezeichnetes Rentenprogramm hinter mir gelassen. Finanziell war es mir gut gegangen.

Ohne irgendwelche Besitztümer oder irgendein sicheres Einkommen stellte ich jetzt fest, dass diese Dinge, die ich einmal als selbstverständlich angenommen hatte, plötzlich von großer Wichtigkeit waren. Ich stellte auch fest, dass ich mich nach der engen Kameradschaft sehnte, die ich mit vielen meiner Mitpriester geteilt hatte. Aber was mir am meisten zu schaffen machte, war, dass ich die nicht greifbaren Werte des Respekts und Ansehens zurückgelassen hatte, die zu einem Gemeindepfarrer gehören. Ich sehnte mich jetzt nach der Sicherheit einer bekannten Vergangenheit im Gegensatz zur Ungewissheit der Zukunft. Die Kirche hatte mit all ihren Fehlern und offensichtlichen Widersprüchen die zersetzenden Kräfte der Zeit überlebt. Plötzlich hatte mich das Gewicht all dessen, was ich aufgegeben oder verloren hatte, mit voller Wucht getroffen.

Eines Tages, als ich wieder einmal mit diesen Fragen kämpfte, erinnerte ich mich plötzlich an eine Rede, die ich in der Episkopalkirche St. Jude gehalten hatte und die eine deutliche Abweichung von den traditionellen Lehren darstellte. Sie spiegelte die zunehmenden Veränderungen in meiner Art zu denken wider, über die ich etwa bis zu diesem Zeitpunkt geschwiegen hatte. Es war tatsächlich eine ›Coming-out-Predigt‹ für mich. Die Erinnerung an diese Zeit war jetzt wieder so lebendig, als ob ich ein Jahrzehnt zurückgeworfen worden war. Die Rede begann mit einem Hinweis auf die gewaltigen Veränderungen in unserer Welt:

> Seit einiger Zeit wächst in mir ein Gefühl der Dringlichkeit. Es ist so, als ob etwas ganz Großartiges bevorsteht und wir darauf vorbereitet werden. Ich bin zu der Überzeugung gelangt, dass die Menschheit am Ende eines großen Zyklus angelangt ist und darauf vorbereitet wird, in einen neuen einzutreten.
>
> Unsere Welt ist wie eine Mutter, die in den Wehen liegt und sich auf die Geburt vorbereitet, eine Mutter, die atmet und seufzt, sich aufbäumt und stöhnt, während sie sich darauf vorbereitet, ein Kind zu gebären. Dieses Kind ist eine neue Menschheit, die ihre Gier und ihr Interesse an sich selbst abgelegt hat, gereinigt ist von ihrem alten, abgenutzten Verständnis von sich selbst und ihrer Verbindung mit dem Kosmos.

An diesem Punkt forderte ich die Menschen, die ich liebte und denen ich in der Kirche diente, auf, mit mir eine Reise zu unternehmen. Ich bezog mich auf ein biblisches Ereignis, das bald eine neue Bedeutung für mich bekommen würde:

> Wir leben in einer Zeit großen Wandels. Ich denke an das hebräische Volk, das vor langer Zeit mit Mose durch eine trostlose Wildnis wanderte, das Tag für Tag, Woche für Woche, Monat für Monat gezwungen war, umherzuwandern. Die

> Menschen begannen, sich zu wünschen, sie seien wieder in Ägypten. Selbst der Gedanke, Sklaven der Ägypter zu sein, war nicht so schlimm wie all das Erlebte. Heute müssen wir durch eine Wüste des Verstandes und des Geistes wandern. Wie vor langer Zeit die Hebräer sehnen sich viele von uns nach der Sicherheit der bekannten Vergangenheit im Gegensatz zur Unsicherheit der Zukunft, die vor uns liegt. Viele von uns würden es vorziehen, sich an die alten religiösen Dogmen zu klammern, als sich für die Offenbarungen des Zeitalters, in das wir uns hineinbewegen, zu öffnen. Aber die alten Dogmen waren noch nie wirklich befreiend. Sie haben ihre eigene Art der unmerklichen Versklavung, die uns davon abhält, das Neue zu erkunden. Heute müssen wir einen ›Auszug‹ aus den Dogmen und Traditionen vollbringen, die uns binden, und wir müssen eine ›Reise nach innen‹ in das ›gelobte Land‹ des Geistes antreten.

Als ich diese Rede im Frühjahr des Jahres 1968 in der Gemeinde St. Jude in Atlanta hielt, konnte ich einen attraktiven Mann mit dunklem Haar und durchdringenden Augen sehen, der vielleicht Anfang vierzig war und schnell und wütend etwas schrieb; er blickte gelegentlich von seinem Notizbuch auf in meine Richtung. Er strahlte eine Kraft und Entschlossenheit aus, die ich fesselnd fand.

Wenn ich damals gewusst hätte, dass die Predigt in der Zeitung *Atlanta-Journal-Constitution* und in anderen überregionalen Zeitungen erscheinen würde und später dann noch in zwei landesweiten Zeitschriften, hätte ich vielleicht die Fassung verloren. Durch diese Rede jedoch lernte ich John Pennington, Journalist bei der Zeitung *Atlanta Journal* und Pulitzer-Preisträger, kennen. Diese Predigt und weitere, die in Penningtons täglicher, in mehreren Zeitungen erscheinender Kolumne zitiert wurden, zogen Menschen aus der ganzen Stadt an, die kamen, um meine in zunehmendem Maße nicht mehr traditionelle Auffassung in Bezug auf die christlichen Lehren anzuhören.

Während der gesamten Predigt hatte ich häufig Pausen gemacht, um Zeit zu lassen, damit meine Botschaft wirken konnte. In dieser Zeit hatte sich eine fast elektrische Spannung aufgebaut. Ich wusste, dass ich die geheimen Ansichten und Gefühle einiger Menschen ausdrückte. Andere in der Gemeinde fühlten sich zunehmend unwohl und viele waren verblüfft von meinen nächsten Äußerungen:

> Die großartigen neuen Entdeckungen des Verstandes werden nicht ohne tiefgreifende Auswirkungen auf viele uralte Glaubenssätze bleiben. Unsere religiösen Überzeugungen werden erbarmungslos auf den Prüfstand gestellt werden. Ob wir wollen oder nicht, wir müssen uns fragen: Ist die Bibel ein Buch, das es sich lohnt zu lesen? Sind die Glaubensbekenntnisse ›Feststellungen des Glaubens‹, die es lohnt, sie auszusprechen? Ist die traditionelle Moral ein System von Regeln, die es lohnt zu befolgen? Ist die Kirche eine Institution, die es lohnt zu erhalten? Vielleicht kann niemand von uns ehrlich sagen, was letztlich dabei herauskommen wird, aber wir können nicht leugnen, dass sich die Ausrichtung der Religion wird ändern müssen. Diese Institution, die in den Augen so vieler Menschen ein ›geschlossenes System‹ des Glaubens aufrechterhalten und bewahrt hat, wird ihre Türen für den Reichtum an Wissen, das jetzt zur Verfügung steht, öffnen müssen. Niemand von uns kann leugnen, dass im Christentum dieser wertvolle Schatz gefunden werden kann, aber für Viele scheint er verborgen zu sein durch die Fallen, die das Befolgen und Einhalten der Riten und des korrekten Glaubenbekenntnisses, der Dogmen und Definitionen stellen …

Schließlich sprach ich von der Notwendigkeit, dass die Kirche von heute, wenn sie dieses Jahrhundert überleben will, ›für sich selbst sterben muss‹, so wie Christus zu sterben bereit war:

Die christliche Kirche hat ein unglaubliches Vermächtnis, das in der Kraft der Auferstehung und Wiedergeburt liegt. Wenn die Kirche bereit ist zu sterben, dann wird sie sich wie der mythische Phönix aus der eigenen Asche erheben. Aber wenn die Kirche versucht, sich selbst zu retten, wenn sie weiterhin sich selbst dient und ihre Glaubenssysteme und Traditionen schützt, dann wird sie aufhören, eine wirkungsvolle Kraft für das Gute in der Welt und für die Veränderung des menschlichen Geistes zu sein. Wenn die Kirche auf ihrem gegenwärtigen Kurs bleibt, wird sie immer unbedeutender werden und allmählich in Vergessenheit geraten. Für zukünftige Generationen wird die Kirche von heute nur ein entferntes Echo aus der Vergangenheit sein. Die Wahl der Kirche zu sterben, auf dass sie bleibe, ist zugleich die gewaltigste Herausforderung und die größte Gelegenheit für Veränderung und spirituelles Wachstum in ihrer 2100 Jahre dauernden Geschichte.

Das war der Beginn eines neuen Zyklus für mich: ein Zyklus der Veränderung, eine Zeit des Wachsens. Die Ideen, die ich ausdrückte, waren aus einer Reihe von persönlichen Offenbarungen heraus entstanden, die begonnen hatten, meine Wahrnehmung der Realität zu verändern.

Jesus hat einmal gesagt: »Ich bin die Tür«[13] – und er hatte recht. Eine Tür ist etwas, durch das man hindurchgeht. Die Kirche ist jedoch an der Schwelle der Tür stehen geblieben, betet diese Schwelle an und fürchtet sich davor, darüber- und durch die Tür hindurchzugehen.

Ich hatte das Gefühl, dass die Zeit gekommen war, durch diese Tür hindurchzugehen und eine Reise ins Innere anzutreten.

Obwohl mich derartige Gefühle bereits in der Vergangenheit verfolgt hatten, trafen sie mich jetzt mit solcher Intensität. Tief im Innern kannte ich die Antwort auf diese Frage. Shakespeare hat einmal geschrieben: »Es gibt Gezeiten für der Menschen Treiben. Nimmt man die Flut wahr, führt sie uns zum Glück, ...«[14]

Als ich die Entscheidung traf, die Kirche zu verlassen, hatte ich das Gefühl, dass ich auf dem Kamm einer Welle ritt. Ich hatte gespürt, dass ich meine Bestimmung nicht erreichen würde und mein Leben ein andauernder Kampf sein würde, wenn ich nicht auf dieser Welle blieb.

Während der Zeit meines ›Auszugs‹ aus der organisierten Religion hatte ich mich so gefangen in der Gewalt des Schicksals gefühlt, dass kaum genug Zeit blieb, stehenzubleiben und die Richtung infrage zu stellen, in die sich mein Leben bewegte. Jetzt wurde ich gezwungen, mich mit Fragen zu beschäftigen, die ich mehr als ein Jahrzehnt lang auf Eis gelegt hatte. Es hatte so ausgesehen, als ob alles, was damals in meinem Leben geschah, bereits geplant gewesen war. Ich hatte gespürt, dass ich nach einem Drehbuch lebte, das bereits geschrieben worden war. Ich hatte keine Ahnung, wie dieses Drama enden würde, aber ich hatte gespürt, dass ich kaum eine andere Wahl hatte, als weiterhin meine Rolle zu spielen.

DAS VERSPRECHEN DER GÖTTIN

Highlands, North Carolina: Im Spätwinter

Auf dem Höhepunkt meiner persönlichen Kämpfe passierten eine Reihe von Ereignissen, die mich aus dieser Zeit der Seelenqual und der Schuldgefühle über das Verlassen der Kirche heraushoben und die mir die Rechtfertigung für meine Entscheidungen lieferten, was ich damals benötigte. Ab diesem Zeitpunkt waren derartige Gefühle nie wieder zurückgekehrt.

Fast ein Jahr nachdem ich ein 100 Jahre altes Haus in Highlands gemietet hatte, hatte ich in drei aufeinanderfolgenden Nächten den gleichen luziden Traum – ein Traum, der mein Leben für immer veränderte. In diesem Traum nahm eine äußerst Ehrfurcht gebietende Göttin Kontakt mit mir auf, die mit den ursprünglichen weiblichen Kräften der Schöpfung in Einklang zu sein schien.

Ich stehe auf einer großen Wiese, die an einigen Stellen von Gruppen hoher Kiefern bewachsen ist, und schaue mich um. Die Umgebung kommt mir vertraut vor, obwohl ich weiß, dass ich noch nie hier war. Wyoming? Montana vielleicht? Der Duft von Salbei liegt in der Luft und lässt ein zartes nostalgisches Gefühl erwachen – eindeutig irgendwo im Westen. Ich spüre, dass sich etwas sehr Verheißungsvolles entfalten wird. Und dann geschieht es.

Die Erde beginnt ganz sanft zu vibrieren. Ich höre ein leises Donnern in der Ferne, das näher kommt und lauter wird. Ich erkenne das Donnern vieler Hufe. Ich sehe hin und wieder Kojoten, Wölfe und Rotluchse unter den Bäumen hervorkommen und still wie Geister des Waldes, die sie sind, an mir vorbeirennen. Was für wundersame Kreaturen! Eine Herde von Antilopen springt vorbei. Eine Familie von Maultierhirschen erscheint auf der Lichtung. Über meinem Kopf kreist ein Adlerpaar, dann sind da eine riesige Eule und Raben. Die Erde zittert. Der Lärm ist fast ohrenbetäubend und ich frage mich, ob ich mich verstecken sollte. Nein! Es ist zu spät!

Aus den Staubwolken erscheinen die großen Tiere, das Bison und der Elch mit ihren Herden. Es scheint, als ob die gesamte Welt der Natur an mir vorüberzieht – eine Art Rückschau haltend. Zusammen mit den Wapitis läuft ein großes, göttinnengleich angezogenes Urwesen mit Fellen bekleidet vorbei, das einen Alphastatus bei allen Tieren zu genießen scheint. Es scheint nicht ganz Mensch zu sein.

Zu einem späteren Zeitpunkt entdeckte ich, dass Artemis, die griechische Göttin der Jagd, auf einigen der alten Tempelwände in Athen genau auf dieselbe Art und Weise dargestellt wird, wie sie mir in diesem Traum erschien. Dieser luzide Traum wiederholte sich in den beiden darauffolgenden Nächten. In der dritten Nacht blieb die Frau plötzlich stehen, schaute mich an und sagte:

»Du bist der Diener der Göttin! Du wirst helfen, viele Menschen wieder zur Mutter Erde zurückzubringen! Du wirst zwei Ashrams haben, einen im Osten und einen im Westen. Fürchte dich nicht! Das ist deine Bestimmung!«

Als ich aufwachte, fühlte ich mich noch im Bann dieser Begegnung im Traum. Ich dachte über die seltsamen Prophezeiungen nach. Was war das mit den Ashrams? Ich bin doch kein Guru. Eine umfassendere, allgemeinere Bedeutung des Wortes musste gemeint gewesen sein. Aber welche? Trotz meiner

Verwirrung kam mir etwas in der Botschaft absolut richtig vor. Luzide Träume sind immer bedeutsam für mich. Ein lebhafter Traum bezogen auf den Schlafzustand ist das Gleiche wie erhöhtes Bewusstsein für den Wachzustand. Und wenn ein Traum drei Mal wiederkehrt, bedeutet dies für gewöhnlich, dass die Ereignisse des Traumes bereits in Bewegung gesetzt worden sind und die Folgen nicht verändert werden können. Man kann die Bedeutung des Traumes nur auf eigene Gefahr hin nicht beachten, weil, ganz gleich was man tut, das, was gezeigt wurde, wird geschehen. In diesen Fällen ist es am besten, sich vorzubereiten und die Ereignisse so gut man kann heil zu überstehen und alles zu lernen, was dabei gelernt werden kann. Das ist Vorsehung.

Mehrere Wochen vergingen nach der Begegnung mit der Göttin in meinen Träumen. Ich fragte mich weiterhin, wie solch eine Vorhersage sich möglicherweise erfüllen könnte.

Dann erhielt ich eines Abends den Telefonanruf einer Frau, der ich sechs Jahre zuvor in Atlanta begegnet war. Sie hatte die Diagnose Gebärmutterkrebs erhalten. Obwohl sie bereits einen Termin für die Operation hatte, beschloss sie, es zunächst mit spiritueller Heilung zu versuchen, und bat mich um Hilfe beim Herbeiführen des Heilungsprozesses. Ich hatte mich bereit erklärt, zu versuchen ihr zu helfen. Als wir uns trafen, verbrachte ich fast eine halbe Stunde damit, Heilung in das leuchtende Energiefeld um ihren Körper herum hineinzuleiten und auf Punkte ihres physischen Körpers zu lenken. Zur Überraschung ihrer Familie und ihres Arztes bildete sich der Krebs nach der Sitzung zurück und eine darauffolgende Biopsie zeigte keine verbliebenen Spuren der Krankheit.

»Ich wollte Ihnen immer meine Dankbarkeit dafür aussprechen, was ich in den vergangenen sechs Jahren erlebt habe«, erklärte sie. »Ich wollte Ihnen bei Ihrer Arbeit helfen und jetzt kann ich Ihnen und Marilynn behilflich sein, ein eigenes Haus zu bekommen. Ich glaube, es ist wichtig, dass viele andere Menschen die Gelegenheit haben zu erfahren und zu erleben, was Sie beide zu geben haben.«

Ich erkannte, dass ihr Angebot die Erfüllung meines prophetischen Traumes war. Meine Partnerin und ich waren voller Aufregung und wir hatten ein rätselhaftes Gefühl von Dringlichkeit. Wir wussten, wir würden unser Haus für spirituelle Retreats bald gründen müssen, weil unsere Arbeit vor einer Neuausrichtung stand. Wir hatten das Gefühl, dass dies die direkte Erfüllung der Prophezeiung meiner jüngsten Träume war. Die Gegend, in der wir lebten, würde der Platz unseres ›Ashrams im Osten‹ sein, über den die Göttin gesprochen hatte.[15]

Gleich am nächsten Tag durchkämmten wir die gesamte Gegend des Berges auf der Suche nach einem Haus für Retreats, das nicht nur unseren persönlichen Ansprüchen genügen würde, sondern auch einen Ort bieten könnte, wo Gruppen hinkommen und Teil des kraftvollen Geistes dieser Bergregion sein konnten. Einen Monat lang schauten wir uns alle Winkel und Hochebenen an und fanden nichts Geeignetes. Entweder waren die Kosten zu hoch oder der Ort war einfach nicht passend. Ich begann mich zu fragen, ob dieses Projekt länger dauern würde, als ich vorhergesehen hatte.

Dann hatte ich einen weiteren luziden Traum:

Ich stehe an einem Aussichtspunkt 20 Kilometer südlich der Stadt. Ich blicke über ein riesiges, 600 Meter tiefer gelegenes Tal und erkenne eine Gegend, die als Blue Valley bekannt ist. Wie im Wachzustand sehe ich die vertrauten nebelverhüllten Gebirgszüge in der Ferne.

Aber es gibt einen auffallenden Unterschied. Überall um mich herum kann ich unzählige Punkte feurigen Lichts sehen, die über dem riesigen Tal weit unten hängen. Ich scheine zu wissen, dass diese feurigen Lichter die Gegenwart von Engelswesen bedeuten.

Ich wende mich meiner Partnerin, die bei mir ist, zu und sage: »Schau! Das ist das Feuer der Engel. Dort werden wir unser Haus für spirituelle Retreats finden.«

Am nächsten Morgen erzählte ich Marilynn von der Traumvision. Wir vergeudeten keine Zeit und stiegen ins Auto, fuhren den Berg hinunter bis zum Ausblick ins Blue Valley. Wir sahen keine feurigen Lichter über dem Tal, aber ich konnte die gleiche Heiligkeit, den gleichen starken Magnetismus, den ich in meinem Traum erfahren hatte, fühlen. Alle Zweifel waren beseitigt. Das musste die richtige Gegend sein. Mehrere Tage lang fuhren wir die schmutzigen Straßen in diesem Gebiet ab, bis wir schließlich unser Retreat-Haus fanden. Wir wussten, dass es das richtige war, sowie es in unser Blickfeld kam. Es war ein modernes Blockhaus, das an einem zwölf Hektar großen See direkt am Nantahala National Forest lag. Knapp 100 Meter weiter nördlich war ein weiterer Gebirgskamm, von dem man auf den südlichen Abhang des dicht bewaldeten Tales schauen konnte. Im Haus selber konnten während eines langen Wochenendes 20 Personen unterkommen. Es würde uns die Möglichkeit geben, die Workshops und Retreats durchzuführen, in denen wir den Menschen beibringen konnten, wie man sich wieder mit der Erde verbindet.

Ich spürte, dass mir dieser Ort helfen würde, die düsteren Zukunftsszenarios, die ich vor einem Jahrzehnt in Visionen gesehen hatte, zu verhindern. In meinen Visionen wurde mir gezeigt, dass wir, wenn wir nicht lernten, in größerer Harmonie mit allem Leben zu leben, und uns nicht besser um die Natur kümmern würden, bald eine bittere Ernte einfahren würden.[16] Diese Visionen verfolgten mich und obwohl ich häufig über dieses Thema gesprochen hatte, hatte ich immer gewollt, mehr zur Verhinderung dieser Szenarios tun zu können.

Ich fühlte eine tiefe Dankbarkeit für die Großzügigkeit meiner Freundin und gegenüber den göttlichen Kräften, die dieses Haus für spirituelle Retreats möglich machten. Ich wusste tief in meinem Herzen, dass es eine Gabe dieser Göttin war, die zusammen mit den Tieren vorbeigelaufen war und die solch eine Macht über die Welt der Natur sowie mein eigenes Leben zu haben schien.

VISIONEN DER ZUKUNFT

Atlanta, Georgia; Highlands,
North Carolina

Ich habe gesagt, dass die beunruhigenden Visionen über die Zukunft, die ich hatte, einer der Hauptgründe waren, dass ich die Kirche verließ. Ich erkannte, dass die Kirche sich nicht voll und ganz mit einigen der wichtigsten Themen und Probleme unserer Zeit beschäftigte. Eine ausführliche Darstellung dieser Visionen wird in einem nächsten Buch veröffentlicht; ich möchte diese Visionen jedoch im Folgenden für Sie kurz zusammenfassen.

Diese Visionen waren wie Blitze im Dunkeln und in stürmischen Nächten. Einen kurzen Augenblick lang erleuchteten sie eine versteckte Landschaft, verblassten dann aber und ließen nur nachhallende Erinnerungen und Eindrücke einer größeren Wirklichkeit zurück. Sie vermittelten mir auch ein Gefühl der Dringlichkeit für die Probleme, die sie zeigten, und eine Notwendigkeit, mehr davon verstehen zu müssen, was sie mir zeigen wollten.

Die Visionen waren anders als meine intuitiven Gefühle und seelischen Eindrücke. Ich suchte sie nicht bewusst, konnte sie auch nicht anhalten, wenn sie begonnen hatten, da ich mich für gewöhnlich in einem katalepsieähnlichen Zustand befand. Wenn ich eine

Vision empfange, erlebe ich immer eine Bewusstseinsspaltung; in diesem Zustand ist ein Teil von mir unbeteiligter Beobachter, während ein anderer Teil vollständig in dem sich entfaltenden Drama gefangen ist. Eine undefinierbare Stimme begleitet stets meine Visionen. Diese Stimme, die eine solche Geräumigkeit vermittelt, dass ich sie nur als ein ›Flüstern in der Kathedrale‹ beschreiben kann, fasst immer die Kernaussage der Vision in einem einzigen treffenden Satz zusammen.

Die Auswirkungen, die einige Visionen auf mich hatten, blieben oft tage- und manchmal wochenlang präsent. Der Einfluss einiger weniger, wie derjenige der apokalyptischen Visionen, ist nie verschwunden und scheint überlebensgroß zu sein. Ich sah, dass die meisten von uns Bewohnern dieses Planeten mit unbedeutendem Streben beschäftigt sind, während die tieferen, dringenderen Anforderungen unserer Welt nicht erkannt werden.

Im Folgenden habe ich einige meiner ersten Visionen, die bis auf das Jahr 1970 zurückgehen, kurz zusammengefasst:

Ich sah einen totalen Aufstand der Elementarkräfte, der zu katastrophalen Erdbeben, Fluten, Überschwemmungen, massiven Stürmen, Vulkanausbrüchen und riesigen Bränden führte, die nicht gelöscht werden konnten. Ich sah, dass viele Menschen gerne der Natur die Schuld geben würden, aber in Wirklichkeit war der elementare Aufstand die unvermeidliche Folge davon, dass die Menschheit sich über die Gesetze der Natur hinwegsetzte. Andere glaubten, dass diese Ereignisse als Strafe Gottes kamen, aber ich erkannte, dass Gott nicht straft! Stattdessen war das, was geschah, das Ergebnis dessen, dass wir uns schlecht um den Garten der Welt kümmern. Wir ernteten eine bittere Ernte der Saat, die wir so unbedacht ausgesät hatten. Mir wurde mitgeteilt, dass das, was geschah, eine Reinigung für die gesamte Welt und das Mittel sei, durch das die Schöpfung uns ein viel schlimmeres Schicksal erspart.

Ich sah viel Furcht, Chaos und Tod. Es wurde mir gezeigt, dass nur diejenigen, die nicht nur mit ihren Mitmenschen, sondern auch mit den Elementarkräften selbst in Harmonie leben, all das sicher durchstehen würden. Diese ›Erdenkinder‹ würden eine Zeit lang in die Regionen der Wildnis zurückkehren müssen, wo sie gut leben würden.

Gleich in der nächsten Nacht hatte ich eine zweite Vision, in der ich geisterhafte Gestalten sah, die sich von der Erde erhoben. Es wurde mir gesagt, dass diese Gestalten all das repräsentierten, was je gewesen war: die besten Errungenschaften, die größten Entdeckungen und das höchste Wissen unserer Gattung. Da ich wusste, dass die Erde im Sterben lag, fühlte ich einen unaussprechlichen Kummer und Schmerz für sie und die Menschheit. Als ich diese Szene verzweifelt anschaute, hörte ich eine Stimme sagen: »Sei nicht traurig, denn aus dem, was du siehst, werden die Prototypen für eine neue Erde geboren.«

Zu meiner Überraschung sah ich die sterbende Erde und neben ihr eine neue Erde, die in goldenem Glanz erstrahlte. Ich begriff, dass dies der Glanz des Bewusstseins war. Die neue Erde schien die gesamte Reinheit, Hoffnung, Unschuld und das Potenzial eines neugeborenen Kindes zu verkörpern. Ich fühlte, wie ich die Arme nach ihr ausstreckte, um sie in Liebe und Dankbarkeit zu umarmen.

Meine nächste Vision über die Zukunft ereignete sich am Vorabend einer Wintersonnenwende Mitte der 80er Jahre. Ich verließ meinen Körper und blieb in einer Entfernung von ungefähr einem Drittel der Strecke zum Mond im Weltraum hängen. Es wurde mir gesagt, dass ich die sechs Möglichkeiten für eine Zukunft der Welt erleben würde und dass das Schicksal der Welt nicht von Gottes Willen abhängen würde. Stattdessen würde das Schicksal von der Wahl des Gruppengeistes der Menschheit abhängen und auf den Lektionen basieren, die die Menschheit lernen müsste. Mehrere dieser möglichen Zukunftsbilder waren undenkbar. Sie waren verbunden mit großer Zerstörung durch die

Elementarkräfte und einem Zusammenbruch der Umwelt. Eine weitere mögliche Zukunftsvision der Erde zeigte, dass wir mit Müh und Not einen vollständigen ökologischen Kollaps überlebten. Die gesamte Menschheit musste Zeit opfern und Anstrengungen unternehmen, um den Schaden wiedergutzumachen der angerichtet worden war. Mit diesem knappen Entkommen ging eine gute Nachricht einher. Die Konsumkultur, die für so viele unserer Probleme verantwortlich war, war zusammengebrochen. Der Krieg hatte aufgehört. Die Menschen waren nicht mehr durch Gier und Materialismus motiviert.

Es wurde mir auch eine mögliche Zukunft gezeigt, in der wir in eine neue Bewusstseinsstufe aufgestiegen waren. Die Menschen waren viel übersinnlicher. Auch wenn wir in größerer Harmonie lebten, blieben doch einige Schwierigkeiten, auf die wir beim Durcharbeiten der besonderen Herausforderungen dieser Stufe stießen. Schließlich wurde mir ein mögliches Bild der Zukunft gezeigt, in dem wir einen Quantensprung auf Verstandes- und Geistesebene machten in ein Paradies auf Erden. Es wurde mir gesagt, dass es unwahrscheinlich sei, dass die Welt eine solche Zukunft wählen würde, aber dass diese Möglichkeit dennoch angeboten würde.

Als die Visionen endeten, erschien gerade das erste Licht der Morgendämmerung am Himmel. Ich konnte nicht glauben, dass ich eine einzigartige, die ganze Nacht dauernde Vision der zukünftigen Möglichkeiten der Erde erlebt hatte. Natürlich fragte ich mich, wie viele Jahre uns noch blieben, bevor die Zeit des Wählens vorbei wäre. Aber für den Augenblick schien es, als ob die Geschichte der Menschen ein offenes Ende hatte. Wir konnten noch eine Wahl treffen bezüglich der Zukunft unseres Planeten, aber uns blieb nicht mehr viel Zeit.

KAPITEL 4

DIE UNSICHTBARE WELT

Es gibt eine komplette energetische Welt, die uns umgibt und vor Leben strotzt und die weiter, komplexer und älter ist als die physische Welt, mit der wir uns so identifizieren. Die Energien, Gebilde und Wesen dieser unsichtbaren Welt wirken auf diese Welt ein und beeinflussen sie auf zahllose Arten. Viele unserer menschlichen Probleme entstehen daraus, dass dieses elementare Reich nicht erkannt wird, aber die Verbindung kann wiederhergestellt werden. Eine Vereinigung mit der Welt der elementaren Geister und Kräfte ist als Schlüssel für die Wiederherstellung des Gleichgewichts in unserer Welt nicht zu übertreffen.

DER HEILIGE GARTEN

Highlands, North Carolina: Sommer

Während unseres ersten Jahres in Highlands mieteten Marilynn, meine frühere Partnerin, und ich ein zweistöckiges Fachwerkhaus mit einem Stück Land dahinter, das sich ideal als Garten eignete. Die fruchtbare Erde und die acht Stunden Sonne jeden Tag boten die nötigen Rohstoffe für unseren Garten. Wir beschlossen, es zu versuchen.

Innerhalb von Wochen hatten wir einen großen Garten angelegt, der aus Erdhügeln bestand. In jedem Erdhügel befanden sich die Samen von drei oder vier Gemüsesorten, Blumen und Kräutern. Diese Methode des Zusammenpflanzens basierte auf der Theorie, dass gewisse Pflanzen besser neben gewissen anderen Gewächsen gedeihen. Ein Beispiel dafür ist die Beziehung zwischen Mais und Brechbohnen, wobei sich die reifen Bohnenranken um die Maisstängel winden. Blumen und Kräuter, wie zum Beispiel Kapuzinerkresse, werden dazu gepflanzt, weil sie erwiesenermaßen Insekten fernhalten können. Es war unser Anliegen, nur natürliche Hilfsmittel für das Wachsen der Pflanzen einzusetzen, da wir versuchten, mit der Welt der Natur in Harmonie zu leben.

Wir baten meinen Stiefsohn, Rick, der damals 13 Jahre alt war, eine Vogelscheuche für den Garten zu bauen. Ein paar Tage später starrten Marilynn und ich morgens voller Verwunderung auf die wohl sinnlichste Vogelscheuche östlich des Pecos. Wegen der außergewöhnlichen Dimensionen ihres Brustkorbes nannten wir sie Sophia. Ich lernte daraus, nie die Kreativität eines 13-jährigen Jungens zu unterschätzen, der versucht, mit seinen verrückt spielenden Hormonen zurechtzukommen.

Sophia wurde in der Tat eine lokale Legende und bald begannen die Leute des Ortes häufiger bei unserem Garten vorbeizuschauen und wollten sich angeblich unseren ungewöhnlichen Erdhügelgarten anschauen. Wir wussten es besser. Sie hatten von Sophia gehört und wollten sie begaffen. Das machte Rick ziemlich stolz.

Nachdem wir unseren Garten angelegt hatten, machten wir eine Zeremonie mit Chanting und opferten Tabak und Maismehl. Wir baten die Geister der Natur, die Naturelemente, unseren Garten nicht nur zu segnen, sondern auch dabei zu helfen, die Tiere, Vögel und Insekten fernzuhalten, die ihn plündern könnten, wenn die ersten Triebe aus dem Erdboden sprießen würden.

Dafür versprachen wir, keinem Lebewesen ein Leid zuzufügen und für die Kreaturen angrenzend an unseren Garten einen großen Bereich in wildem Zustand zu lassen. Wir versprachen auch, einen Teil unseres Ertrags in der Nähe des Gartens als Gabe an alle Kreaturen zu deponieren.

Da wir nicht völlig zufrieden mit dem spirituellen Kontakt waren, dachten Rick und ich uns spontan einen Unterstützungsplan aus. Wir beschlossen, ein ›männliches Ding‹ durchzuziehen und die Grenzen zu markieren (besonders die vier Ecken), um den anderen mitzuteilen, dass dies unser Territorium war. Rick stand so sehr hinter dem Plan, dass ich es schwer hatte, ihn zu überzeugen, dass es ausreichte, den Garten einmal in der Woche zu markieren. Tatsächlich erwischte ich ihn mehr als einmal dabei, wie er den Garten heimlich alleine markierte, um ganz sicher zu gehen.

Ob es nun das Erbitten der Hilfe der Pflanzengeister, der

Anbau gewisser Blumen und Kräuter als Abwehrmittel oder das ›Markierungsritual‹ war, irgendetwas, was wir taten, wirkte jedenfalls. Wochen später blickten wir auf einen wunderschönen Garten, der fruchtbarer war als wir es uns in unseren wildesten Träumen erhofft hatten.

An den zahlreichen Sassafrasbäumen und Holundersträuchern, die um unsere Schöpfung herum wuchsen, hingen Horden von japanischen Käfern und andere Räuber. Tatsächlich waren manchmal so viele da, dass die Äste sich unter ihrem Gewicht weit nach unten bogen. Aber kein einziger war in unserem Garten zu sehen. Wie sich später herausstellte, waren wir die Einzigen in dieser ländlichen Gegend, deren Tomaten den Ansturm der Käfer in diesem Sommer überlebten.

Die Farmer der Gegend, die lange Zeit von der Propaganda des Landwirtschaftsministeriums einer Gehirnwäsche unterzogen und in die Irre geführt worden waren, schauten vorbei, um diesen seltsamen Garten voller Ehrfurcht zu besichtigen. Sie wollten unsere Geheimnisse kennenlernen, waren aber skeptisch gegenüber der wirklich einfachen Methode, mit der wir die Erdhügelbepflanzung mit biodynamischen Pflanzmethoden verbanden, die der österreichische Philosoph Rudolf Steiner erfunden hatte. Einige schienen überzeugt zu sein, dass wir wichtige Informationen zurückhielten. Das taten wir! Natürlich vermieden wir es, das ›seltsame Zeug‹ im Hinblick auf vertragliche Vereinbarungen mit den Elementargeistern und das Markieren des Territoriums zu erwähnen. Aber ist es nicht so, dass jeder gute Chef eine wichtige Zutat weglässt, wenn er sein Lieblingsrezept preisgibt?

Etwa sechs Meter abseits der Gartengrenzen erblickte ein Wurf Kaninchen das Licht der Welt. Zuerst hatten Marilynn, Rick und ich Bedenken, aber die hätten wir uns sparen können. Jeden Abend, ungefähr eine Stunde vor der Abenddämmerung, konnten wir die Kaninchen überall um den Garten herum fressen sehen.

Aber die Kohlblätter oder irgendetwas anderes im Garten knabberten sie nicht an. Um die Zeit des Erntedankfestes begannen wir, alle paar Tage einen Teil unserer Ausbeute für unsere Freunde in der Welt der Natur zu überlassen.

Jeder Garten, der so angelegt wird wie der unsere, wird zu einem natürlichen, von Menschen geschaffenen Kraftplatz. Es ist unmöglich, die Gefühle von Harmonie, Heilwerden und Heiterkeit zu beschreiben, die wir auf unserem heiligen Stück Land erlebten. Manchmal besuchten wir es einfach nur, um seine Kraft und Heiterkeit zu erfahren.

Nicht alles war jedoch perfekt. Eines Nachmittags im August, als wir in unserer kleinen Küche Tee tranken, sahen Marilynn und ich, wie ein Rabe an einer kleinen Futterstelle vor dem Küchenfenster landete. Anstatt zu fressen, starrte er uns beide jedoch unheilvoll an. Wir wussten, dass diese ungewöhnlichen Erfahrungen mit schwarzen Vögeln Warnungen vor Krankheit, Leiden oder Negativität sein können. Irgendetwas stimmte nicht. Es war schon einmal ein großer Rabe zu der Futterstelle für Vögel gekommen. Vor zwei Monaten war genau das Gleiche passiert und drei Stunden später war unser junges Kätzchen plötzlich krank geworden und fast gestorben. Wieder einmal war der Tod ganz nahe. Aber wo? Aber nachdem wir ein paar Minuten darüber nachgedacht hatten, erkannten wir beide blitzartig das Gleiche – der Garten.

Als wir dort nur wenige Augenblicke später ankamen, bekamen wir einen großen Schreck. Über Nacht war der Mehltau ausgebrochen und fast 40 Prozent des Gartens waren betroffen. Einen Tag später, und es wäre eine absolute Katastrophe geworden. Wir eilten zu einer nahegelegenen Gärtnerei und nahmen eine Flasche des am wenigsten schädlichen chemischen Unkrautbekämpfungsmittels mit.

Der Einsatz des Unkrautbekämpfungsmittels erwies sich als erfolgreich, unser Garten wurde gerettet und wir hatten wieder etwas gelernt. Eine wirklich ganzheitliche Haltung bedeutet, nicht nur die Erkenntnisse der alternativen und natürlichen Methoden anzuwenden, sondern auch eine naturwissenschaftliche Betrachtungsweise mit einzubringen. Kein Modell hat alle Antworten.

Schließlich kamen die letzten Augusttage und ein immer noch fruchtbarer Garten versprach bis im November zu wachsen und zu gedeihen. In unserer Begeisterung hatten wir einen Garten gepflanzt, der weitaus mehr Ertrag bot, als wir essen, für den Winter einkochen und an Freunde weitergeben konnten. Auf dem Höhepunkt dieses Überflusses begann uns ein feines neuartiges Gefühl heimzusuchen. Wir fühlten uns plötzlich schuldig. Wie selbstsüchtig war es doch von uns, weiterhin so viel mehr zu sammeln, als wir benötigten.

An diesem Nachmittag, während wir am Rande des Gartens standen und Salbei als Opfergabe räucherten, dankte ich mit lauter Stimme den Naturgeistern für dieses gemeinsame Experiment des Königreichs der Menschen und des der Elementarkräfte. Ich fügte mit viel Gefühl hinzu: »Von jetzt an möchten wir die schützenden Grenzen entfernen und unseren Garten mit unseren gefiederten Freunden und den hüpfenden und kriechenden Wesen teilen.« Dann sagten wir deutlich, dass das Reich der Tiere jetzt in unseren Garten eindringen könne, aber bitte nur den ihm zustehenden Anteil nehmen möge.

Unsere Bitte, dass die Besucher aus der Tierwelt nicht mehr nehmen sollten, als sie benötigten, wurde nicht beachtet. Am nächsten Tag gingen wir in den Garten und stellten fest, dass er verwüstet war. Jeder Kohlkopf, jede Tomate, jede Gurke und jeder Kürbis war teilweise aufgefressen. Ungefähr ein Drittel unseres Gemüses war angefressen worden und sogar die Maulwürfe hatten einen Heidenspaß gehabt, als sie zum ersten Mal Gänge in unseren Garten gruben, um die saftigen Wurzeln zu verschlingen. Eines war klar: Es war unsere vertragliche Abmachung gewesen, die uns vier Monate lang geschützt hatte, und nicht so sehr das Markieren des Territoriums oder die Schädlinge abhaltenden Pflanzen. Aber wie konnten wir uns beklagen? Wir hatten so viel aus unserem Garten erhalten, nicht nur an Naturprodukten, sondern auch an großen spirituellen Lektionen und Segnungen.

○○○

Dies war mein erster Versuch, bewusst mit dem Reich der Elemente zu arbeiten. Der blühende Garten, der daraus entstand, übertraf meine Erwartungen. Das Konzept der Einheit mit allem Leben erhielt durch dieses Experiment eine neue Bedeutung für mich. Durch dieses Experiment und weitere, die folgten, wurde mir bewusst, dass solche Partnerschaften zwischen der Welt der Menschen und der Elementarkräfte unschlagbar sind. Ich erkannte, dass unsere Gärten nicht ausufern müssen und dass sie allem Leben dienen können, nicht nur dem menschlichen. Ich fühlte, dass wir durch solche gemeinschaftlichen Bemühungen der Welt der Menschen und der der Elemente sowie eine aufgeklärtere Haltung schnell viele der Probleme lösen können, die heutzutage unsere Umwelt plagen.

○○○

PFLANZENGEIST

Canyonlands National Park,
Utah: Frühjahr

Marilynn und ich wollten einen kurzen, erholsamen Spaziergang in den Squaw Creek Canyon machen, um an einer unserer Wasserquellen ein paar Literflaschen zu füllen und dann zum Frühstück zu unserem Campingplatz zurückzukehren. Die Mitglieder der Visionssuchergruppe hatten sich am Morgen zuvor auf den Weg zu ihren individuellen Plätzen gemacht und waren nun verstreut in der spurlosen Weite des Canyons, wo jeder in den nächsten beiden Tagen für sich alleine sein würde.

Wir freuten uns, selbst etwas verdiente Zeit alleine zu haben, und unsere Stimmung war fröhlich und unbekümmert. Während wir so dahinspazierten, verzauberten uns die eindrucksvollen roten Felsformationen und das Laubwerk der Einöde so sehr, dass wir vorübergehend das Frühstück vergaßen. Wir gingen schweigend weiter, so als ob wir von einem unbekannten Ziel angezogen würden.

Bald kamen wir auf einen teilweise versteckten Trampelpfad, der an den Rand des Canyons führte, wo wir eine riesige, schüsselförmige Vertiefung entdeckten, die ein natürliches ›Medizinrad‹ bildete. Es schien fast so, als ob sie dort bewusst platziert worden war. Es war ein Kraftplatz. Ich wusste sofort, dass das der Ort war, der mich angezogen hatte. Wir setzten uns, um seine Energien wahrzunehmen. Nach Osten schauten wir über eine ausgedehnte Fläche von Canyons bis zu den schneebedeckten San Juan Mountains. Ein Steinadler kreiste langsam über uns, während er mit der Thermik aufstieg, und verschwand dann schließlich in der Sonne.

Unsere Meditation wurde bald unterbrochen. Innerhalb weniger Minuten wurden meine Beine plötzlich so schwach, dass ich nicht mehr stehen konnte. Es war ein leichter Wanderweg gewesen und ich hatte eine gute Kondition. Mein alter Erzfeind, die Unterzuckerung, stattete mir einen unerwünschten Besuch ab.

Seit Jahren hatte ich es für erforderlich gehalten, vor körperlichen Anstrengungen ein vollwertiges Frühstück zu mir zu nehmen, um zu vermeiden, dass mein Blutzucker absank. Erfahrungen in der Vergangenheit hatten mir gezeigt, dass, wenn der Blutzucker erst einmal abfiel, mich keine noch so große Willenskraft mehr als ein paar Hundert Meter weiter trug. Darüber hinaus kam ich nicht mehr auf die Beine, bis ich etwas aß. Unser Essen war mehrere Kilometer entfernt im Basislager. Die einzige Möglichkeit war, dass Marilynn zum Camp zurückging, um etwas zu essen zu holen, aber auf dem holprigen Pfad würde das lange dauern.

Während wir überlegten, was zu tun sei, hörte ich ein Flüstern in meinem linken Ohr. Da ich annahm, dass das Marilynn war, fragte ich, was sie wolle. Sie verzog keine Miene. Das Flüstern wiederholte sich, dieses Mal von hinten. Es sagte: »Nimm meine Beeren!«

Ich drehte mich um und sah einen einzelnen, verkrüppelten Zedernbaum, der aus einem Felsen herauswuchs. Unter ihm lagen trockene, violette Beeren, die von den Ästen des Baumes herabgefallen waren. Ich war erstaunt, dass ein Baum von nur eineinhalb Metern Höhe Früchte tragen konnte, aber solche Bäume, die aus dem roten Sandstein wachsen, können tatsächlich ziemlich entwickelt sein. Ich fühlte, dass dies ein Pflanzengeist war, der mir Hilfe anbot. Ich hatte noch nie Zedernbeeren gegessen, aber ich beschloss ein Dutzend Beeren zu sammeln und kaute ein paar. Sie waren körnig und leicht bitter, schmeckten aber nicht unangenehm. Innerhalb von einer oder zwei Minuten spürte ich einen unerwarteten Energieschub und kurz darauf fühlte ich mich wieder sehr wohl. Die Veränderung war magisch. Ich fühlte mich nicht nur wieder stark, sondern auch mein Hunger war ganz verschwunden.

Wir konnten noch einige Stunden an diesem Kraftplatz bleiben und kauten beide ein paar Dutzend Beeren. Als wir schließlich beschlossen, uns wieder auf den Weg zu machen, ließ ich für meinen speziellen Freund als Opfergabe Tabak zurück. Meine Energie war immer noch sehr hoch, als wir ein paar Stunden vor der Abenddämmerung wieder im Camp ankamen. Ich war so aufgeregt! Ich dachte, ich hätte das Heilmittel für Unterzuckerung gefunden. Leider hatten die Zedernbeeren, die ich später in Naturkostläden kaufte, keine solch dramatische Auswirkungen auf meinen Blutzuckerspiegel. Vielleicht lag das Geheimnis der Beeren, die ich am Rand des Canyons gegessen hatte, in der Verbindung mit dem Pflanzengeist selbst.

Es war meine erste Erfahrung, direkt mit einem Pflanzengeist in der Wildnis zu kommunizieren. Wie meine Erfahrungen mit dem Garten in Highlands vor ein paar Jahren, so lernte ich auch hier viel über die Beziehung zu der Welt der Naturelemente. Im Lauf der Zeit erkannte ich immer mehr, dass ich Teil eines viel größeren Planes bin. Ich erwachte und stellte fest, dass alles um mich herum lebendig und ich nicht alleine war. Ein weiteres Stück meines spirituellen Lebens hatte sich eingefügt.

Wenn wir für das Flüstern und die subtile Kommunikation mit der Welt der Natur empfänglich sind, dann öffnen wir uns in einer Art und Weise der Führung und Unterstützung, wie wir es uns nie hätten vorstellen können. Wir müssen jedoch lernen, mit einem inneren Ohr zuzuhören und den Takt und die Impulse, die Rhythmen und den Herzschlag der Welt um uns herum zu fühlen.

Die Erde hat ein tieferes Bewusstsein, das wir selten berühren, weil es einen viel langsameren Rhythmus hat als das der meisten Menschen. Im Gegensatz dazu hat unsere moderne Konsumgesellschaft uns dazu gebracht, uns immer schneller durch das Leben zu bewegen. Erstaunlicherweise wird diese schnelle Gangart im Leben und Denken oft als eine Tugend angesehen.

Wenn wir mit dem Leben harmonisch verbunden sein wollen, dann müssen wir lernen, unser Bewusstsein zu verlangsamen, um uns dem viel langsameren Rhythmus der Welt um uns herum anzugleichen. Wenn ich nicht mehrere Tage in der Wüste gewesen wäre, hätte ich höchstwahrscheinlich diese großartige Gelegenheit verpasst, von der Natur selbst Hilfe zu erhalten. Diese Erfahrung und ähnliche wie diese haben mir gezeigt, wie wichtig es ist, meine Geschwindigkeit zu verlangsamen, um in Harmonie und im Austausch mit der Schöpfung um mich herum zu sein.

PARTNERSCHAFT ZWISCHEN DEN WELTEN

Boulder, Colorado

Für mich war es eine große Freude, andere dahin zu bringen, bei der Pflege und beim Schutz des Zuhauses und des Grund und Bodens eng mit den Naturelementen zusammenzuarbeiten.

Einmal sprach ein Freund mit mir über ein Problem, dass er und sein Vater bezüglich eines Grundstückes in den Bergen hatten, das sie gekauft hatten. Sie hatten an einer ihnen geeignet erscheinenden Stelle auf dem Stück Land gerade einen tiefen Brunnen gegraben … ohne Wasser zu finden. Das war ungewöhnlich in unserer Gegend, wo eine hohe jährliche Niederschlagsmenge zu verzeichnen ist.

Weil er darauf bestand, besuchte ich den Ort, den er als ein wunderschönes Landgrundstück beschrieben hatte. Ich war entsetzt darüber, was ich sah. Das Land war von seinem Vater verwüstet worden. Der Vater war Bauunternehmer und daran gewöhnt, schwere Maschinen einzusetzen, um das Land so zu verändern, dass es den Anforderungen von Bauland entsprach. Bäume, Pflanzen und der Mutterboden waren entfernt worden, obwohl dies überhaupt nicht notwendig war, wodurch ein Schandfleck und eine Bedrohung für das lokale Wassereinzugsgebiet und den Regenwasseroberflächenabfluss entstanden waren. Ich sprach mit dem sensiblen jungen Mann über die Notwendigkeit, das Land besser zu pflegen und in Harmonie mit der unsichtbaren Welt zu arbeiten. Ich erklärte ihm, dass einige der Naturelemente aufgebracht waren über das, was geschehen war. Ich konnte die Wut und die Frustration im Land selber spüren.

Ich entwarf einen speziellen Plan für die Rekultivierung, der dazu beitragen konnte, das Land zu heilen. Dieser sah vor, das Laubwerk, das abgeholzt worden war, und den abgetragenen Mutterboden zu erneuern. Ich schlug auch vor, dass er mit der Erde und den Wasserelementen auf diesem Grundstück reden und den Fehler zugeben sollte, den er und sein Vater gemacht hatten, und dass er versprach, mit ihnen kooperativ zusammenzuarbeiten. Da ich wusste, dass gewisse Duftstoffe eine starke Wirkung hatten, wenn man diese Wesen eines feinstofflicheren Reiches anziehen und erfreuen wollte, gab ich ihm auch Salbei und duftendes Mariengras, die er als Opfergabe verbrennen sollte.

Bald nachdem ich gegangen war, bat er das Land um Hilfe dabei, seinen Brunnen mit Wasser zu füllen. Er entschuldigte sich für seine Unsensibilität und die seines Vaters und versprach, gewisse Dinge zu tun, um das Gleichgewicht des Landes wiederherzustellen. Während er sprach, fühlte er eine deutliche Veränderung der Energien um sich herum und war sich sicher, dass er sich mit den Elementarkräften verbunden hatte.

Am nächsten Tag hatte sich der Brunnen zu seiner Freude und zur Überraschung seines skeptischen Vaters mit Wasser gefüllt. Er blieb in den nächsten Monaten gefüllt. Weil ich darauf bestand, ging er zum Brunnen zurück, um seinen Dank zu äußern und platzierte dort einige Kristalle als Opfergabe für das Land. Mein Freund war begeistert von dem Erfolg seines Abkommens mit den Naturelementen und sein Vater begann ebenfalls daran zu glauben. Er lernte außerdem, wie man sensibler für die Welt der Natur werden kann.

Ich freute mich für die beiden, doch überraschte mich eine solch schnelle Reaktion vonseiten der Naturgeister nicht. Ich hatte festgestellt, dass diese Wesen sehr willig sind, den Menschen, die ihre Existenz anerkennen oder ihre Bereitschaft ausdrücken, vergangene Irrtümer wiedergutzumachen, beizustehen und ihnen zu vertrauen.

Im gleichen Zeitraum sprach eine ehemalige Schülerin mit Marilynn und mir über ein Problem, das sie mit dem Haus hatte, in das sie vor Kurzem eingezogen war. Der Ort, sagte sie, hatte eine Geschichte, die mit den früheren Bewohnern zusammenhing, deren Beziehungen von Missbrauch und Gewalt geprägt waren. Als hoch sensibler Mensch hatte sie es in zunehmendem Maße schwierig gefunden, sich aufgrund des anhaltenden negativen Feldes, das sie vor dem Einzug nicht bemerkt hatte, an diesem Ort wohl oder ausgeglichen zu fühlen.

Als sie sich des Problems bewusst wurde, begann sie, Zeremonien zur Reinigung des Hauses durchzuführen, aber sie waren nicht erfolgreich gewesen.

Als wir fragten, wen sie um Hilfe angerufen hatte, antwortete sie: »Die aufgestiegenen Meister.«

»Das ist dein Problem«, erwiderten wir wie aus einem Mund.

»Du rufst die ›Höheren‹ an«, sagte ich zu ihr. »Aber das ist nicht wirklich der Zuständigkeitsbereich dieser Wesen. Sie haben erhabenere Verantwortungen.« Ich erkannte, wie bizarr derartige Äußerungen klingen mussten.

Wir drängten sie, bei dieser Art von Problemen die Naturelemente um Hilfe zu bitten. Ich erklärte, dass viele Arbeiten am besten vom mittleren Management durchgeführt werden und dass es einen Ort für die Arbeiter der unsichtbaren Welt gibt. Sie sind ziemlich tüchtig bei der Ausführung ihrer Aufgaben und begrüßen die Gelegenheit, zu helfen, wenn ihre Existenz anerkannt wird.

In dieser Nacht führte unsere Freundin eine Zeremonie durch und rief die Naturelemente an, obwohl sie Schwierigkeiten hatte, daran zu glauben, dass es helfen würde. Wenn schließlich die höheren Mächte nicht halfen, warum sollten es diese ›Elementarwesen‹ tun?

Am nächsten Morgen erwachte sie in einem Haus, das vollständig gereinigt war von den früheren bedrückenden und störenden Energien. Ihr Zuhause fühlte sich tatsächlich wunderbar an. Zum ersten Mal fühlte sie sich an diesem Ort glücklich und entspannt. Außerdem träumte sie in dieser Nacht, dass die ›kleinen Menschen‹ ihr eine Flötenmelodie gaben, die sie verwenden konnte, um sie zu rufen, wenn sie sie brauchte. Auf unser Drängen hin spielte sie uns die Melodie auf dem Klavier vor. Sie war wunderschön und zugleich gespenstisch. Ich hatte gehört, dass einige Abteilungen des Königreichs der Elementarwesen ihre eigene Musik haben, was erklären würde, warum wir noch nie zuvor etwas Derartiges gehört hatten.

Nicht all unsere Versuche, die Menschen zu ermutigen, mit der unsichtbaren Welt zusammenzuarbeiten, waren so erfolgreich. Einige Monate nachdem wir der früheren Schülerin bei der Reinigung ihres Hauses geholfen hatten, wurden Marilynn und ich von den Besitzern eines riesigen Bauprojektes für Ferienhäuser in den nördlichen Rockies angesprochen. Sie hatten finanzielle Schwierigkeiten sowie andere sonderbare Probleme, die sie nicht ansprechen wollten, und sie wollten uns einfliegen lassen, um festzustellen, ob es irgendeine Art von psychischer Beeinflussung des Projektes gab.

Als wir ankamen, gingen wir sofort über das Land, um zu sehen, ob wir irgendetwas feststellen konnten, was nicht in Ordnung war. Aber wir konnten nichts Offensichtliches finden.

Das Bauprojekt lag in einem langen Tal mit Bergen auf beiden Seiten und mehreren Flüssen, die hindurchflossen. Als wir mit den Geistern des Landes kommunizierten und sie fragten, warum es so viele Probleme mit diesem Vorhaben gab, erhielten wir eine unerwartete Antwort: Die Feriensiedlung befand sich mitten im

Winterquartier der Wapitiherden dieser Gegend und das großflächige Bauvorhaben zwang die Herden, in höheren Gegenden zu überwintern, wo sie nicht vor den Stürmen geschützt waren.

Die geistigen Beschützer der Gegend sagten uns, dass, wenn die Besitzer bereit wären, bestimmte Bereiche für die Tiere wild und unberührt zu lassen, sie im Gegenzug aufhören würden, gegen das Vorhaben zu protestieren, und ihre Unterstützung anböten. Sie erklärten, dass es genug Platz gäbe, sowohl für die Menschen als auch für das Königreich der Natur, und sie begrüßten die Gelegenheit, kooperativ zusammenzuarbeiten.

Zu unserer Überraschung glaubten die Eigentümer nicht nur der Botschaft, die wir erhalten hatten, sondern stimmten auch dem Vorschlag zu. Marilynn und ich fuhren mit dem Gefühl ab, dass unsere Bemühungen sich bezahlt gemacht hatten und unsere Zeit gut eingesetzt gewesen war.

Wir wurden jedoch bald enttäuscht. Einige Wochen später entschieden die Besitzer, dass sie nicht Teile ihres Besitzes brachliegen lassen konnten, und begannen, ihre ursprünglichen Pläne fortzuführen. Sie riefen uns tatsächlich an und entschuldigten sich, dass sie es sich einfach nicht leisten konnten, den Vorschlag auszuführen, den wir ihnen weitergegeben hatten. Wir konnten sie nicht davon abbringen, gegen unsere Warnung zu handeln.

Wir waren deprimiert. Wir wussten, dass sie einen viel höheren Preis für ihre Entscheidung zahlen würden. Nicht lange danach begann eine Sache nach der anderen unerwarteterweise schiefzulaufen. Verträge wurden gebrochen, Angestellte verließen die Firma und unter denjenigen, die blieben, gab es zunehmend Unfrieden und Meinungsverschiedenheiten. Bald stand das Projekt vor dem Aus. Der Stress führte dazu, dass die Partner sich verkrachten, und zumindest einmal flogen dabei sogar die Fäuste.

Wir bedauerten ihre Probleme, die sie so einfach hätten vermeiden können. Aber die Wapitiherden taten uns noch mehr leid, weil deren Notlage nur zu bekannt ist in unserer modernen Welt, die davon besessen ist, immer mehr Land zu bebauen aus Gier statt aus wirklicher Notwendigkeit.

ooo

Viele potenzielle Probleme, die von unserer Gesellschaft nicht erkannt werden, entstehen, wenn wir in das Land, in Wohnungen und sogar Büroräume eingreifen. Wir Menschen verhalten uns oft so, als ob wir das Gesetz selbst wären. Das ist für gewöhnlich nicht das Ergebnis von Böswilligkeit, sondern von Ignoranz. Wir sind taub geworden für die Stimmen der Schöpfung, blind gegenüber den Zeichen der Spiegelwelt um uns herum, die für Menschen anderer Zeitalter offensichtlich gewesen wären, und unsensibel gegenüber den feinstofflichen Ausstrahlungen der unsichtbaren Landschaft.

Die Dorf- und Stammesschamanen anderer Zeitalter wussten um die Bedeutung dessen, die Harmonie mit der Welt um uns herum zu erhalten und ein harmonisches Gleichgewicht wiederherzustellen, wenn es verloren gegangen war. Ich habe gesehen, wie enorm wichtig es ist, dass die Menschen über die Realität der unsichtbaren Fäden, die uns mit dem physischen und ätherischen Leben um uns herum verbinden, geschult werden.

Die spirituellen Lehrer der Zukunft werden die Priester-Schamanen sein, die in der Lage sind, die unsichtbaren und sichtbaren Zeichen zu lesen. Sie werden wissen, was benötigt oder von uns verlangt wird, um die Harmonie und das Gleichgewicht zu erhalten. Der spirituelle Ausdruck dieser Frauen und Männer wird sehr unterschiedlich sein, aber sie werden alle demselben universellen Geist dienen. Ihre Kirchen werden die prächtigen Kathedralen der Schöpfung sein; ihre heiligen Schriften werden in die steinernen Hieroglyphen der Natur eingeritzt sein. Diese talentierten und mitfühlenden Individuen werden die wahren Führer der unsichtbaren Kirche sein, die kommen wird.

DER ELFENPRINZ

Nantahala Forest, North Carolina:
Hochsommer

Ein paar Wochen später, als wir mit einer Gruppe von Seminarteilnehmern auf einem viertägigen Retreat im Nantahala Forest waren, erhielt ich weitere Informationen über die wechselseitige Abhängigkeit zwischen der Welt der Menschen und der Welt der Elemente.

Ich hatte mich entschieden, unter den Sternen an einem abgeschirmten, mit Farnen und Moos bewachsenen Ort zu schlafen. Er war von hohen Hemlocktannen und Weymouthskiefern umgeben, mit deren Energien ich sehr verbunden bin. Am ersten Tag nach unserer Ankunft erwachte ich praktisch mit dem ersten Morgenlicht in dem Bewusstsein, dass andere Wesen gegenwärtig waren. Mit geschlossenen Augen konnte ich einige kleine Menschen sehen, die überall um mich herumstanden. Ich konnte ganz deutlich die flötenähnliche Melodie hören, die einer spielte, und fühlte, dass sie mich an ihrer Musik teilhaben lassen wollten.

Ich öffnete meine Augen in der Erwartung, sie zu sehen, aber ich sah nur die Vegetation um mich herum. Sie waren verschwunden. Enttäuscht schloss ich meine Augen – und da waren sie wieder. Einer der Naturgeister schien sich von den anderen abzuheben. Ich wusste, dass er der Anführer und der Sprecher war und von den anderen sehr geschätzt wurde. Er war viel größer als die anderen – etwa von der Größe eines achtjährigen Kindes – und sah aus wie ein kleiner Junge. Sein Aussehen konnte mich jedoch nicht täuschen. Sogar bevor er anfing zu sprechen, wusste ich, dass er die ewige Weisheit besaß.

Der Prinz der Elfen, so stellte er sich vor, begann mit mir über die Notwendigkeit der Kooperation zwischen dem Königreich der Menschen und dem der Naturgeister zu sprechen. Er beschrieb auch den Zweck seines besonderen Elfenordens. »Menschen«, betonte er immer wieder, »müssen wieder verstehen, welchen Platz sie in der Schöpfung einnehmen. Menschen sind Hüter in diesem Garten, der unsere Welt ist. Natürlich bedeutet das nicht, dass jeder ein Bauer werden sollte. Einige Bauern«, merkte er ironisch an, »sind in der Tat sehr schlechte Hüter der Erde.«

Wir müssen bestrebt sein, das Bewusstsein eines guten Gärtners zu erlangen, der all das, was lebt, liebt und damit in Verbindung steht. Der Gärtner erschafft nicht die Elemente des Gartens wie Wasser, Erde und Sonnenlicht. Auch bringt er die Pflanzen nicht dazu, dass sie wachsen. Der Gärtner leistet Hilfestellung durch das Pflegen, Nähren und Schützen all dessen, was zum Garten gehört.

Der weise Prinz sprach dann speziell über unsere Beziehung zu Tieren. Indem wir die Tiere lieben und uns um sie kümmern, helfen wir ihnen, ihre Einzigartigkeit zu erkennen. Auf diese Art und Weise können wir sie dabei unterstützen, selbstbewusst zu werden und letztendlich die Individualisierung zu erreichen. Dieser Übergang ist für sie notwendig, um den Sprung in das Königreich der Menschen zu machen. Denn genauso, wie wir höhere Führer und Engel benötigen, die uns helfen, unsere Menschlichkeit zu transzendieren, benötigen Tiere unseren Beistand beim Transzendieren. »Diese Unterstützung«, betonte der Elfenprinz, »ist eine sehr heilige Verantwortung. Die Menschen müssen dem

Königreich der Pflanzen und Tiere dabei helfen, die eigene Evolution zu durchlaufen; sie müssen diese Reiche dabei unterstützen, den Sprung in das Königreich der Menschen zu machen.«

Ich wusste, dass dieses wunderbare Wesen aus dem Königreich der Naturgeister recht hatte. Alles was er sagte, erzeugte in mir Resonanz; seine Worte klangen echt. Ich spürte eine solche Liebe und ein völliges Fehlen von Beurteilung bei ihm und gleichzeitig vermittelte er ein starkes Gefühl der Dringlichkeit.

Wieder öffnete ich meine Augen und erwartete fast, denjenigen zu sehen, der sich selbst als der Prinz der Elfen bezeichnete, aber ich fand nur Farnbüsche und Moosbewuchs und die ersten Strahlen des Sonnenlichtes fielen durch das immergrüne Gewölbe über mir. Ich war von großer Freude erfüllt, die sich mit Traurigkeit mischte. Es war das erste Mal, dass die kleinen Leute mir in dieser Form erschienen waren. Es machte mich aber traurig zu erkennen, wie weit wir Menschen von unserer zugewiesenen Rolle als Hüter im Garten der Welt abgekommen sind.

KAPITEL 5

DIE ELEMENTE BEHERRSCHEN

Ein Ziel der alten Schamanen war es, die vier Elemente Erde, Luft, Feuer und Wasser in sich zu beherrschen. Jedes Element liefert gewisse Kräfte. Das Element Erde gibt einem die Kraft, eine feste Grundlage für Dinge in der physischen Welt zu schaffen und sie zu manifestieren. Es ist das praktische Element. Das Element Luft ist das Element der Freiheit von Bewegung und Ausdehnung und beherrscht den geistigen Bereich. Feuer ist das Element der Aktivität, der Umwandlung und Veränderung. Es beherrscht unsere Leidenschaften und unsere Inspiration. Wasser ist das Element des Träumens, der Erinnerung und der Vergangenheit. Es beherrscht die Gefühle und die Intuition.

Die Schamanen erkannten, dass es eine direkte Beziehung gibt zwischen der Fähigkeit, die äußere Welt und die persönliche innere Welt zu steuern. Der Grad der inneren Meisterschaft wurde häufig an der Fähigkeit gemessen, die physischen Entsprechungen von Erde, Luft, Feuer und Wasser zu beeinflussen. Es wurden oft Tests durchgeführt, um die Kontrolle über den Wind, die Wassergeister, Feuergeister oder Erdelemente zu demonstrieren. Obwohl wenige Menschen die vollständige Meisterschaft über alle vier Elemente erreichten, gab es doch viele, die in der Lage waren, außerordentliche Kunststücke des Bewusstseins und der Macht in Form der Meisterschaft über eines oder mehrere Elemente zu zeigen.

Es gibt auch einen pragmatischeren Grund für die Steuerung der Elementarkräfte. Schamanen wurden oft gerufen, um das Gleichgewicht nicht nur für die Gemeinschaft oder den Stamm wiederherzustellen, sondern auch für die Welt der Natur und alle ihre nichtmenschlichen Vertreter. Ein Schamane erhielt die Aufgabe, dafür zu sorgen, dass es Regen oder Sonnenschein gab, wenn es nötig war, dass das Getreide und die Früchte des Feldes wachsen würden und die medizinischen Kräuter gefunden werden konnten und dass die Hirsche, Wapitis oder Büffel zur rechten Zeit am rechten Ort waren. Schamanen benötigten auch die Meisterschaft über die Elemente, um zu erkennen, ob bei einem kranken Menschen ein bestimmtes Element aus dem Gleichgewicht geraten war. Dann konnten sie ihr Wissen einsetzen, um dem Menschen dabei zu helfen, wieder gesund zu werden.

Für Schamanen war die Fähigkeit der Beherrschung der Elemente nie ein Teil ihres persönlichen Selbst. Sie erkannten, dass sie nur Mediatoren zwischen der sichtbaren und der unsichtbaren Welt waren. Wenn sie derartig große Kräfte anriefen, mussten sie viel Besonnenheit zeigen und umsichtig urteilen können. Es ist eine der Grundregeln, dass man diese elementaren Kräfte nicht willkürlich anruft, damit man nicht unbeabsichtigterweise Energien freisetzt, die man nicht zu beherrschen weiß. Der Praktizierende muss einen guten Grund haben. Seine Motive müssen rein sein und er darf keinen Gewinn für sich selbst anstreben oder auf Selbstverherrlichung aus sein. Schamanen müssen im Gleichgewicht sein. Sonst könnten solche Kräfte wie eine Flut außer Kontrolle geraten und Chaos anrichten, und zwar nicht nur für den Praktizierenden, sondern auch für alle um ihn herum.

Für mich erfolgte das Erwachen der Fähigkeit, meine innere Welt zu meistern, mit einer Spontaneität, die sich vielleicht aus meiner spirituellen Praxis ergab, und ich erkannte schnell die Notwendigkeit, die Parameter dieser Fähigkeiten zu verfeinern und zu erkunden.

OOO

SCHUTZ DER FEUERGEISTER

Highlands, North Carolina:
Anfang Frühjahr

Ein wachsendes Gefühl des Unbehagens hatte mich in der Woche vor dem Beginn eines Workshops erfüllt, den ich in einem Retreat-Zentrum nordöstlich von Montreal, Kanada, halten sollte. Ich hatte selten Befürchtungen wegen der von mir vertretenen Ansichten, aber in diesem Fall hatte ich einen Grund dazu. Aus verlässlichen Quellen hatte ich von einer Interessengruppe gehört, der es gelungen war, mehrere international bekannte Lehrer der Metaphysik aus Ostkanada fernzuhalten, und zwar sowohl mithilfe direkter Drohungen als auch mithilfe negativer oder psychischer Energie, die sie auf diese Lehrer lenkten.

Ich hatte jedoch eine persönliche Beziehung zu dieser Gegend, da zwei meiner Schülerinnen in Montreal lebten. Sie arbeiteten beide für die kanadische Rundfunkgesellschaft CBC, eine als Nachrichtenmoderatorin und die andere als Sprecherin beim Wetterdienst. Ich hatte mich auf die Gelegenheit gefreut, privat Zeit mit ihnen zu verbringen und auch zum ersten Mal den Osten Kanadas kennenzulernen. Ich hatte unter der Bedingung zugestimmt, das Retreat zu leiten, wenn keine Werbung dafür gemacht und die Bekanntmachung nur durch Mundpropaganda erfolgen würde. Durch eine Kommunikationspanne war meine Reise angekündigt worden und die Publicity trug ohne Zweifel zu meinem unguten Gefühl bei.

Eine Woche lang wurde ich zunehmend unruhiger. Jede Nacht hatte ich derartig aufwühlende Träume von der Art, die für gewöhnlich auf seelische Angriffe hindeuten. Obwohl ich meine üblichen Schutzmittel einsetzte, blieben die Probleme bestehen. Solche Situationen waren nicht neu für mich. Jahrelang war ich auf Vortragsrundreisen gewesen und hatte Gastauftritte in Talkshows im Fernsehen gehabt. So sehr im Fokus der Öffentlichkeit zu stehen, kann jemanden wie mich zu einer Zielscheibe für gewisse Menschen machen, die eifersüchtig sind wegen der Aufmerksamkeit, die mir zuteil wird, oder die meine Macht testen wollen oder sogar versuchen, mich oder auch alle anderen, die spirituell helfen wollen, zu stoppen.

Schließlich bat ich eines Tages spät abends meinen Freund und Kollegen Larry White Oak, mit mir eine Feuerzeremonie zum Schutz gegen das wachsende Bombardement mit negativer Energie, die bei mir ankam, zu machen. Larry, ein junger Heiler mit indianischen und schottischen Vorfahren hatte während einer Übergangsphase in seinem Leben mehrere Monate bei mir gewohnt. Bei mehr als einer Gelegenheit hatten wir zusammen gearbeitet und immer einen besonderen spirituellen Magnetismus zwischen uns gefühlt.

Eine Zeremonie oder ein schamanisches Ritual ist ein Mittel, den bewussten Verstand zu umgehen und direkt auf unsere ›zweite Aufmerksamkeit‹, also unser magisches Bewusstsein, einzuwirken. Dies erreicht man durch Bewegung, Gesten, Gesänge, Lieder und Gebete sowie Zeremonienobjekte. Wenn die zweite Aufmerksamkeit erreicht ist, kann man Informationen aufnehmen, die dem normalen Bewusstsein nicht zugänglich sind, oder – sogar aus der Entfernung – den Ausgang einer Situation beeinflussen. Das Ritual wird auch traditionellerweise zum Heilen oder zur persönlichen Stärkung durchgeführt. Meine Entscheidung für die Feuerzeremonie basierte nicht nur auf dem symbolischen Wert des Feuers, sondern vor allem darauf, die Macht der Elementarkraft selbst – sozusagen das Feuer hinter dem Feuer – durch das Ritual herbeizurufen. Feuer hat eine außerordentliche Fähigkeit, negative Energien herauszuziehen sowie einen vor diesen angreifenden Mächten zu schützen, die durch die feinstofflichen Ätherebenen reisen können.

Das Arbeiten mit den Elementen Erde, Luft, Feuer und Wasser ist ein zentraler Teil der spirituellen Tradition, der ich folge. Diese Elemente werden als die fundamentalen Kräfte der Schöpfung angesehen. Weil der Mensch Teil der Schöpfung ist, ist etwas von der Essenz jeder dieser Elemente in ihm vorhanden. Die Meisterschaft über diese physischen Elemente ist das Gegenstück der Meisterschaft über die spirituellen Elemente in einem selbst, was das letztendliche Ziel des Praktizierenden ist. Nur wenn wir ein Gleichgewicht dieser Kräfte in unserem Leben finden, können wir Wachstum und Evolution erfahren.

Nachts um elf saßen Larry und ich uns in der Nähe des Holzofens in meinem Wohnzimmer gegenüber und ich zündete vier Kerzen an, eine in jeder Himmelsrichtung. Ich rief die Feuergeister an mit der Bitte, mir die Richtung zu zeigen, aus der der Seelenangriff kam. Noch als ich sprach, begann die Kerze des Nordens wild zu flackern, während die anderen ruhig weiterbrannten. Das blieb weiterhin so, obwohl die Türen und Fenster des Hauses geschlossen waren und es keinen wahrnehmbaren Luftzug gab. Wir bezweifelten jetzt nicht mehr, dass die Quelle des Seelenangriffs in Ostkanada lag, weit nördlich von Highlands, wo wir lebten. Larry war genauso beunruhigt wie ich, weil er eingeladen worden war, mich auf dieser Reise zu begleiten und bei diesem Programm zu unterstützen.

Ich begann eine Schutzzeremonie, indem ich ein Bündel Salbei anzündete, um unsere Energiefelder zu reinigen. Wie gewöhnlich rief ich die Feuerelemente zu Hilfe. Als ich den Salbei zu mir herüberzog, ging mein Becken plötzlich in Flammen auf. Instinktiv begann ich, auf meinen Körper zu schlagen, in der Hoffnung, das Feuer auszulöschen. Jedes Mal, wenn ich auf eine Flamme schlug, breitete sie sich noch weiter über meinen Körper aus – zuerst das Bein hinunter, dann über beide Arme und über meinen Rücken.

In der Zwischenzeit war Larry zu mir herübergekommen, um mir zu helfen. Für gewöhnlich ist er ein furchtloser Krieger, aber jetzt war sein Gesicht blass und voller Angst. Als er versuchte, die Flamme auf meinem Rücken auszuschlagen, sprang sie auf meinen Hals und mein Haar über. Ich muss wie eine menschliche Fackel ausgesehen haben.

Dann, als wir beide fühlten, dass das kein gewöhnliches Feuer war, hörten wir mit dem Schlagen auf und sahen uns schweigend und schockiert an, bevor wir in ein erlösendes Lachen ausbrachen. Es war unglaublich, *ich hatte gebrannt!* Und doch war ich entgegen allen Gesetzen der Physik unversehrt.

Selbst mitten in diesem heftigen Geschehnis hatten wir erkannt, wie lächerlich die Situation war: zwei Schamanen, die verzweifelt versuchten, die Flammen auszuschlagen, die einer von ihnen gerade herbeigerufen hatte – Flammen, die sich nur mit jedem Schlag der Hand weiter ausbreiteten. Solch eine Szene vernichtete ganz sicher jede Selbstherrlichkeit, die wir hätten fühlen können. Hier ist eines der großen Geheimnisse der spirituellen Reise in hoher Auflösung zu sehen. Jede transzendente Erfahrung hat für gewöhnlich einen verrückten, absurden Aspekt, der dazu dient, dass wir demütig bleiben.

Sekunden später erlosch das Feuer von selbst. »Weißt du, was gerade geschehen ist?«, fragte ich.

»Du hast die Feuergeister zum Schutz angerufen und sie haben dir gegeben, worum du gebeten hast«, sagte Larry. Für meinen Freund, in dessen Adern indianisches Blut fließt, war das kein

Geheimnis. Für mich jedoch vertiefte sich das Geheimnis noch weiter.

»Es war *mehr* als das, worum ich gebeten habe!«, korrigiert ich ihn.

»Es ist fast zu viel des Guten«, witzelte Larry.

Als wir darüber sprachen, was gerade geschehen war, wurde mir bewusst, wie anders ich mich jetzt fühlte. Ich war völlig abgeschnitten von den negativen Einflüssen, die ich in der vergangenen Woche gespürt hatte, und fühlte mich wieder wie zuvor. Ich atmete ein paar Mal tief ein und aus, während sich mein Körper entspannte. Ich machte ein paar Schritte und erinnerte mich daran, wie sehr ich das Gefühl des Bodens unter meinen Füßen genoss. Mein Wollpullover hatte nicht nur keine Brandspuren, sondern er roch noch nicht einmal nach Rauch. Ich konnte mich auch an keinerlei Rauch während des tatsächlichen Feuers erinnern.

»Vielleicht ist es das, was einige Traditionen ›das Feuer, das brennt, aber nicht verbrennt‹ genannt haben«, fragte ich mich laut und dachte dabei an Moses Begegnung mit dem brennenden Busch.

Larry zeigte lächelnd auf drei Brandlöcher im Teppich. Ich brauchte ein paar Minuten, bis ich es begriff.

»Wie konnte ein Feuer, das einen Teppich verbrennen kann, überhaupt keine Auswirkung auf mich haben?«, fragte ich. Aber das war eine rhetorische Frage, denn ich wusste, dass ich unter dem Schutz der wunderbaren und geheimnisvollen Elementargeister des Feuers gestanden hatte.

ooo

Später erinnerte ich mich an eine wundervolle Episode in dem Film *Der Stoff, aus dem die Helden sind*, einem authentischen Bericht über die erste Erfahrung des Astronauten John Glenn, der als erster Amerikaner die Erde umkreiste. Es gab da eine dramatische Szene, in der er sich darauf vorbereitet, wieder in die

Erdatmosphäre einzutauchen und eine Wasserlandung vorzunehmen. Als er und die NASA entdeckten, dass er einen Teil des Hitzeschildes verloren hatte, erkannten sie, dass er nur geringe Überlebenschancen hatte. Seine Raumkapsel würde verglühen, lange bevor er die Erde erreichte.

In der Zwischenzeit tauchte in einer Beobachtungsstation im entfernten Busch in Australien eine Gruppe Aborigines auf und fragte die beunruhigten Amerikaner, was sie gerade täten. Sie erwiderten einfach, dass sie einen Mann im Himmel hatten und dass er wahrscheinlich verglühen würde.

Ein alter Schamane bot seine Hilfe an und sofort machten er und die anderen ein Feuer und begannen eine Zeremonie, um die Feuergeister herbeizurufen, die den ›Mann im Himmel‹ schützen sollten. Zur gleichen Zeit sah John Glenn kleine Lichtpünktchen, die seine Raumkapsel wie Motten umgaben, als er mit dem Wiedereintritt in die Erdatmosphäre begann. Er war fasziniert von den Lichtpünktchen und fühlte sogar, dass sie freundlich gesonnen waren und ihn auf eine geheimnisvolle Weise schützten. Er fragte sich, was in aller Welt das sein könnte.

Natürlich ist der Rest Geschichte. Glenn kehrte wundersamerweise zurück, ohne zu verglühen, was eigentlich hätte passieren müssen.

Während wir diesen Film ansahen, war ich von der Idee fasziniert, dass irgendjemand die Feuergeister zum Schutz oder aus irgendeinem anderen Grund in dieser Angelegenheit anrufen konnte. Die Szene beeindruckte mich derartig, dass sie wochenlang in meinem Kopf herumspukte.

Rückblickend glaube ich jetzt, dass ich auf irgendeiner Ebene erkannte, dass auch ich bald mit den Elementarkräften des Feuers zusammenarbeiten würde. Natürlich hätte ich mir nicht in meinen wildesten Träumen meine Erfahrung mit dem Feuer, das brennt aber nicht verbrennt – abgesehen von drei Stellen im Teppich –, vorstellen können.

EINE FEURIGE LEKTION

Boulder, Colorado:
Mitte des Frühjahrs

Während seines letzten Schuljahres an der Boulder High begann Jack mit einer jungen Frau auszugehen, die kokainabhängig war. Die Versuchung war zu groß und bald experimentierte Jack ebenfalls mit dem Pulver. Bereits kurze Zeit darauf bemerkte seine Mutter die schädlichen Auswirkungen auf seine Arbeit in der Schule und in der Folge auf seine Persönlichkeit und schließlich beschloss sie, ihn zu mir zu bringen.

Jack war reifer als andere seines Alters. Meine Gespräche mit ihm waren immer sehr offen, tiefgehend und verständnisvoll. Jedes Mal, wenn wir zusammen sprachen, stimmte er bereitwillig dem zu, was ich sagte und gelobte, mit dem Kokain aufzuhören.

Aber bald wurde es offensichtlich, dass meine Gespräche und seine guten Vorsätze nicht genug waren. Trotz unserer Bemühungen kam Jack zu leicht an das Kokain heran und er wurde auch von seinen Altersgenossen einfach als Kokainkonsument akzeptiert. Jeder seiner Versuche, clean zu werden, war nur von kurzer Dauer.

Nachdem ich eines Nachmittags mit Jack geredet hatte, hatte ich schließlich genug. Ich sagte seiner Mutter, dass ich die

Feuergeister bitten würde, ihm Feuer unter dem Hintern zu machen. Sie sagte mir, ich solle alles tun, was immer ich tun wollte, es sei in ihrem Sinn.

Diese Idee wurde von einem Vorfall angeregt, der sich im Sommer zuvor ereignet hatte. Einer meiner Schüler verbrachte eine Woche in Metatante, einer Schule im Freien, in der die indianische Philosophie der Erde gelehrt wird. Mein Freund und Mentor Rolling Thunder war der Gründer und lebte dort als Schamane. Rolling Thunder war strikt gegen Drogen, besonders bei seinen Schülern, und wenn man Drogen besaß, führte das automatisch zum Rauswurf aus Metatante.

Eines Abends, als alle um das Versammlungsfeuer herumsaßen, warf Rolling Thunder einige Kräuter in die Flammen und fragte, ob irgendjemand in der Gruppe Drogen mit nach Metatante gebracht hatte. Eine angespannte Stille folgte. Er warf dann einige weitere Kräuter in das Feuer und sagte ein paar unhörbare Worte, offensichtlich zu den Feuergeistern, während alle unruhig zusahen.

Plötzlich begann ein Strahl von Funken in die Luft zu schießen wie eine Feuerwerkskerze und bewegte sich in Richtung eines gewissen Paares. Der Schamane äußerte daraufhin in einem Schwall von Worten, dass sie Drogen besäßen, und befahl ihnen, die Gemeinschaft zu verlassen. Sie waren so sprachlos und überrascht, dass sie keinen Versuch unternahmen, die Anschuldigung zu leugnen. Alle waren bass erstaunt und saßen mit weit aufgerissenen Augen da. Die Feuergeister hatten ganz richtig diejenigen identifiziert, die ohne das Wissen der anderen Schüler Drogen mitgebracht hatten.

Als ich mich an diese Geschichte erinnerte, führte ich ein einfaches Ritual in unserem Zeremonienraum durch und bat speziell darum, dass unter Jack ein Feuer angezündet werden solle, damit er willensstark genug wurde, das Kokain abzulehnen, wenn es ihm angeboten wurde. Ich kehrte dann gerade rechtzeitig in das

Wohnzimmer zurück, um zu sehen, wie er und sein Freund die Treppe in den ersten Stock herunterkamen. Von der anderen Seite des Raumes aus konnte ich durch das Seitengeländer nur die jeweils untere Körperhälfte der beiden Männer sehen, wie sie zusammen die Treppe hinabgingen. Ich hätte mir nie träumen lassen, was folgte.

Zuerst schrie einer von ihnen. Dann hörte ich ›Hurensohn!‹, schnell gefolgt von einem ›Scheiße Mann!‹. Gleichzeitig hörte ich ein lautes, wildes Schlagen von Händen gegen einen Körper.

Irgendetwas war da ganz und gar nicht in Ordnung. Jack war einfach nicht so aufbrausend. Als Jack in meinem Blickfeld auftauchte, sah ich, dass seine Hose verkohlt war und um den Reißverschluss und im Schrittbereich qualmte. Beide Männer erklärten wild gestikulierend, dass Jacks Hose einfach in Flammen aufgegangen war, als sie die Treppe hinuntergingen. Keiner von ihnen rauchte oder hatte Streichhölzer dabei, die sich hätten entzünden können.

Zuerst war ich besorgt, bis mir die tiefere Erkenntnis kam, dass dieses bizarre Ereignis irgendwie mit dem Feuerritual zusammenhing, das ich vor wenigen Momenten durchgeführt hatte. Als Jacks Mutter und ich begriffen hatten, was geschehen war, und als wir sahen, dass Jack nicht verletzt war, brachen wir beide in schallendes Gelächter aus. Die Situation war unvorstellbar lustig. Während sein Freund völlig verwirrt war, war Jack misstrauisch geworden. Er drehte sich zu mir um und sagte anschuldigend, »Du hast was gemacht, oder?« Er kannte mich inzwischen nur zu gut. Er fragte noch einmal, ob ich etwas getan hatte, um das Feuer zu verursachen. Ich machte keine Anstalten, mein Lachen zurückzuhalten, und sagte wahrheitsgemäß: »Ja, aber ich hatte nicht erwartet, dass du in Flammen aufgehen würdest!«

Die Feuerelemente sind sehr mächtige Verbündete. Und ich erkannte damals, dass sie auch ziemlich wortgetreu arbeiten können. Als ich sagte, dass ich Jack Feuer unter dem Hintern machen wollte, meinte ich das metaphorisch. Aber sie machten genau das. Ich merkte es mir für das nächste Mal, wenn ich um Hilfe bitten wollte, und war auf eine entsprechende Reaktion der Feuergeister gefasst.

Dennoch erfüllte das Feuer seinen Zweck. Jack war sehr beeindruckt und das hatte eine solche Auswirkung, dass er aufhörte, Kokain zu nehmen, und er auch nie wieder damit anfing. Ich habe mich seitdem gefragt, ob die Feuergeister nicht doch vollkommen richtig verstanden haben, dass meine Bitte metaphorisch gemeint war, aber sich entschieden haben, dass eine wortgetreue Reaktion am effektivsten sein würde. In diesem Fall muss ich mich nicht nur vor der Macht, sondern auch vor der innewohnenden Intelligenz der unsichtbaren Welt verbeugen. Wer weiß? Vielleicht haben Jack und ich einen neuen Weg für die Drogenrehabilitation geebnet.

Ich wusste, dass Jack unbedingt wissen wollte, was ich getan hatte. Ich sagte ihm, dass ich nur der Vermittler gewesen war. Wenn ich die Zeremonie beschrieben hätte, die ich für ihn ausgeführt hatte, würde ihm das den daraus resultierenden Vorfall nicht deutlicher gemacht haben als mir. Die Wege der unsichtbaren Welt blieben für uns so unergründlich wie eh und je.

Ich konnte mir jedoch eine spitze Bemerkung zum Schluss nicht verkneifen. Ich schlug Jack vor, dass er sich sofort umziehen und die Hosen wegwerfen solle. Falls die Mädchen an der Boulder High je herausfinden würden, wie heiß seine Hosen waren, würde er keinen Moment Ruhe haben!

ooo

Diese und weitere Erzählungen von spontanen Entzündungen in diesem Buch finden sich auch in *Ablaze!,* Larry Arnolds Standardwerk über spontane Entzündungen. Unter den Hunderten von Geschichten in Larrys Buch sind meine Erfahrungen atypisch, weil sie die einzigen Vorfälle sind, bei denen spirituelle Praktiken involviert waren. Bemerkenswerterweise verbrannte sich auch niemand infolge dieser Feuer. Larry und ich haben die gleiche Erklärung für dieses Phänomen: Die spirituellen Praktiken bieten Schutz vor Verbrennungen. Vor Jahren bat mich Larry, bei einer nationalen Fernsehshow mit dem Titel *Unsolved Mysteries (Ungelöste Geheimnisse)* mit Jack und Larry White Oak aufzutreten, die mit mir zusammen spontane Entzündungen erlebt haben; wir sollten über unsere Erfahrungen sprechen. Die beiden waren zwar dazu bereit, aber ich wollte das nicht. Damals hatte ich das Gefühl, dass ich mein persönliches Verständnis dieses Phänomens noch vertiefen müsse, bevor ich anderen davon erzählte.

Als ich über die Serie weiterer spontaner Entzündungen, die ich über die Jahre hinweg noch erlebt habe, nachdachte, erkannte ich langsam, dass der Begriff der Meisterschaft, von der im traditionellen Schamanismus die Rede ist, meine eigene Vorstellung bei Weitem überstieg. Immer wenn ich eine Erfahrung mit einer spontanen Entzündung machte, war entweder eine heilige Zeremonie beteiligt oder die Macht des Feuers wurde so dringend benötigt, dass es anscheinend diese bemerkenswerte Antwort durch das Feuerelement auslöste. Es ist mir sehr wohl bewusst, dass ich solche Kunststücke nicht aufgrund einer momentanen Laune hätte ausführen können. Die richtigen Bedingungen mussten vorliegen, damit dies geschehen konnte.

Ich fühlte, dass diese Erfahrungen damit zu tun hatten, dass sich meine Verbindung mit den elementaren Kräften selber vertiefte – was ich durch die spirituellen Praktiken erreicht hatte. Für mich sowie für die unzähligen Frauen und Männer, die es vor mir gab, stellen die Elementarkräfte einen direkten Weg zu Gott dar, den wohl kein organisiertes religiöses System unserer Zeit hätte kopieren können.

DIE MÄCHTE DES WINDES UND DES STURMES

Ost-Tennessee, zu Hause: Spätsommer

Als Genevieve und John mit ihrer achtjährigen Tochter Carrie aus dem Auto ausstiegen, wusste ich schon wegen des Gesichtsausdrucks und einem Gefühl der Heiterkeit, das sie verbreiteten, dass ihnen etwas Außergewöhnliches passiert war. Ich stand auf der Veranda unseres Hauses und hatte auf sie gewartet, als sie kurz vor der Abenddämmerung ankamen.

Ich musste nicht nachfragen. Atemlos begann Genevieve das seltsame, außergewöhnliche Wetterphänomen zu beschreiben, das ihnen auf der Landstraße auf dem Weg zu unserem Haus begegnet war. Als sie ungefähr 1,5 km von unserem Haus entfernt um eine Kurve bogen, sahen sie etwas, das zuerst wie eine Art Luftspiegelung aussah. Ca. 350 Meter vor ihnen bemerkten sie etwas, das wie ein Miniaturtornado aussah, der auf der Seite lag und die gesamte Straße und ein Stück darüber hinaus bedeckte. Das Zentrum des Wirbels glühte durch das verblassende Sonnenlicht im Westen, wohingegen die wirbelnde Peripherie dunkel war und erfüllt mit verschiedenen fliegenden Fremdkörpern.

Genevieve, John und Carrie sagten, dass sie alle drei bei diesem Anblick Ehrfurcht anstelle von Furcht empfanden. Weder war ihnen je zuvor etwas Derartiges begegnet, noch wussten sie, dass solche Dinge in der Natur vorkommen konnten. John bremste gleich, aber Genevieve wusste instinktiv, dass es ungefährlich sein würde, durch den Wirbel hindurchzufahren. Tatsächlich sah Genevieve das als ein Zeichen des Schöpfers an, dass ihnen die Hilfe, um die sie dringend für ihre Familie bat, gewährt werden würde.

Es schien, als ob dieses erstaunliche Naturphänomen einen Übergangsritus für sie darstellte. Sie standen kurz davor, durch das Auge einer anderen, viel gefährlicheren Art von seelischem Sturm hindurchzugehen, blieben jedoch unversehrt trotz der chaotischen Winde, die am Tag zuvor drei Mal die Gesundheit und das Leben von John und Carrie bedroht hatten.

Als sie am Tag zuvor im örtlichen Country-Club Golf gespielt hatten, wurde John plötzlich aus seinem Golfcart herausgeworfen, als er über eine Bodenwelle fuhr, die er nicht gesehen hatte. Als er aus dem Fahrzeug herauskatapultiert wurde, verfing sich sein Fuß im Sicherheitsgurt. Wie durch ein Wunder gelang es ihm gerade noch, sich aus der Verstrickung zu befreien, als der fahrende Wagen schon dabei war, ihn über den Boden mitzuschleifen.

Als er noch zittrig zu Hause ankam, erfuhr er, dass seine Tochter im gleichen Zeitraum zwei auffallend ähnliche Unfälle erlebt hatte. Im ersten Fall ritt sie gerade auf ihrem Pferd, als es stolperte und sie abwarf. Als sie auf dem Boden auftraf, war jedoch noch ein Fuß im Steigbügel verfangen. Glücklicherweise gelang es ihr – wie ihrem Vater–, sich im letzten Moment zu befreien, gerade als das erschrockene Pferd in Panik geriet und zu rennen anfing.

Und als wenn ein Trauma am Tag nicht genug wäre, fuhr Carrie später mit dem Fahrrad frontal gegen einen Baum, den sie mysteriöserweise nicht gesehen hatte. In diesem Fall entging sie gerade noch einer größeren Kopfverletzung, obwohl ihr Fahrrad nahezu schrottreif war.

Bei Genevieve schrillten die Alarmglocken, als sich der zweite Unfall innerhalb von nur wenigen Stunden ereignete, und sie vermutete allmählich, dass irgendetwas nicht stimmte. Ihre Tochter gewann Auszeichnungen beim örtlichen Pferdeturnier und war eine ausgezeichnete Turnerin. Solch bizarre Unfälle passten einfach nicht zu der talentierten und agilen Carrie.

Als Genevieve von dem Unfall ihres Mannes erfuhr, erkannte sie, dass es Zeit war, mich um Hilfe zu bitten. Einige Wochen zuvor, als Astrid und ich sie zu Hause besucht hatten, hatten wir beide die Anwesenheit von etwas Finsterem bemerkt, das in bestimmten Teilen des Hauses lauerte, und hatten sie vor möglicherweise auftretenden Gefahren für sie und ihre Familie gewarnt. Genevieve hatte bereits gewusst, dass es in ihrem Haus Geister gab, die seit vielen Jahren in ihrer Familie waren, aber sie hatte geglaubt, dass sie ihnen freundlich gesonnen seien.

Ich hatte etwas anderes gefühlt und machte mir Sorgen um ihre Sicherheit. Die meisten Geister sind harmlos, aber es gibt bemerkenswerte Ausnahmen von dieser Regel.

Nur ein paar Monate zuvor war ich von einer Freundin gebeten worden, ihr Haus zu überprüfen, das sie an eine Frau mit zwei Kindern vermietet hatte. Sie hatte von den Beinaheunfällen gehört, die ihre Mieterin seit ihrem Einzug erlebt hatte, und fragte sich nun, ob eventuell etwas mit dem Haus selbst oder der Umgebung nicht stimmte.

Kurz nachdem die Mieter eingezogen waren, fand man den Sohn der Frau, der emotional und mental immer stabil gewesen war, eines Nachmittags an einem Seil aufgeknüpft, das an einen Dachbalken hing. Glücklicherweise hatte seine Mutter ihn rechtzeitig gefunden und er überlebte. Der Rettungsdienst konnte ihn wiederbeleben. Zu ihrer Überraschung hatte ihr Sohn keinerlei Erinnerung daran, was er getan hatte.

Dann, Wochen später, fand man ihren Sohn auf dem Boden des Badezimmers mit aufgeschnittenen Pulsadern; er hatte bereits eine beträchtliche Menge Blut verloren. Die Mutter hatte ihn nach dem ersten Ereignis umgehend zu einer Therapie angemeldet, aber offensichtlich half dies nichts. Und als ob das alles nicht schon ausreichte, war die Mutter seit dem Einzug in unglaublicher Weise vom Pech verfolgt.

Meine Freundin, die das Haus an die Frau und ihre beiden Kinder vermietete, hatte angeboten, mich abzuholen und zu dem Haus zu bringen. Schon in dem Moment, als wir am Haus ankamen, sah ich vor meinem geistigen Auge ganz genau, was das Problem war.

Ich sagte ihr, dass ein sehr negativer Mann, der in dem Haus Selbstmord begangen hatte, immer noch dort herumlungerte. Sie wusste nichts über die Geschichte des Hauses, hat aber später auf Nachfragen erfahren, dass das wirklich stimmte.

Ich sagte, was er durchlebe, komme in der Realität einem psychotischen Zustand gleich. Ob in böswilliger Absicht oder einfach aus einem Zustand der Verwirrung heraus hatte er sich energetisch mit dem 11-jährigen Jungen verbunden, der jetzt begann, seinen damals erfolgreichen Selbstmord nachzustellen.

Es war relativ einfach, das Haus von diesem hoch gefährlichen Geist zu befreien, und die Veränderung in der Persönlichkeit des Jungen erfolgte sofort und war dramatisch. Erstaunlicherweise wendete sich am nächsten Tag auch für die Mutter des Jungen alles zum Guten und sie erlebte jetzt einen Glücksfall nach dem anderen.

Da ich diese Erfahrung noch gut in Erinnerung hatte, sagte ich Genevieve, dass wir keine Zeit verlieren durften. Sie sollten noch am gleichen Abend zu uns kommen. Normalerweise ziehe ich es vor, den Ort des Problems selbst zu besuchen, aber aufgrund meines Zeitplans und des sehr weiten Wegs zu ihnen entschied ich mich anders.

Ich wusste, dass es möglich war, wenn auch allerdings schwieriger, eine solche Geisteraustreibung aus der Ferne durchzuführen. Aber ich wusste auch, dass ich Hilfe benötigen würde.

Aufgrund dieser Umstände entschied ich mich, meine alten Freunde, die Sturmdevas, um Hilfe zu bitten. In Situationen wie diesen benötigt man alle Hilfe, die man bekommen kann, und die Sturmdevas, würden, wenn sie mir Hilfe gewährten, mächtige Verbündete sein – so mächtig wie die Feuergeister, die mir bei anderen Gelegenheiten aus der Klemme geholfen hatten, als ich versuchte, dunkle Energie abzuwehren.

Zehn Minuten bevor Genevieve und ihre Familie ankamen, räucherte ich etwas Kopal und teilte Astrid mit, dass ich auf die Veranda ginge, um die Hilfe der Mächte des Windes und des Sturmes zu erbitten. Der Nachmittag war bewölkt gewesen und ich hatte in der Entfernung ein Donnergrollen gehört. Ich sagte, dass ein Sturm die Zeremonie, die wir durchführen wollten, erheblich kraftvoller machen würde. Zu dem Zeitpunkt, als Genevieve vor unserem Haus vorfuhr, war der Wind stürmisch geworden und man hörte die ganze Zeit Donnergrollen.

Die Zeremonie selbst war äußerst einfach. Astrid und ich baten darum, dass die finstere Wesenheit unwiderruflich aus dem Haus entfernt würde. Wir baten darum, dass das Haus und das umgebende Land von allen Disharmonien und unausgeglichenen Energien gereinigt würde und dass alle, die darin lebten, beschützt sein würden. Wir baten ebenfalls darum, dass das Haus und die Bewohner gesegnet und beschützt sein würden. An einem gewissen Punkt der Zeremonie kam eine fast fühlbare Macht dazu, das war für alle spürbar. In diesem Moment wusste ich, dass sich alles zum Guten wenden würde.

Als Genevieve, John und Carrie später am Abend nach Hause zurückkehrten, waren sie erstaunt über die enormen Veränderungen: Es fühlte sich ganz anders an. Das ganze Haus war durchdrungen von einem Gefühl der Harmonie und des Friedens. Es hatte sich seit dem Einzug vor zwei Jahren nie so gut angefühlt.

Aber würde das anhalten? Wir hatten alle das Gefühl, dass, was immer es war, das ihnen drei Mal an einem Tag beinahe ein Leid zugefügt hatte, nie zurückkehren würde. Selbst wenn es das versuchen sollte, würden Genevieve, John und Carrie in der Lage sein, die finstere Wesenheit zu bemerken, und wissen, was zu tun wäre.

Wieder einmal wurde ich an die enorme Unterstützung erinnert, die von der Schöpfung selbst kommen kann, wenn wir schwierigen oder gefährlichen Situationen gegenüberstehen. Ich habe bereits in zwei Geschichten (*Schutz der Feuergeister* und *Eine feurige Lektion*) berichtet, wie die Anrufung der Elementarkräfte des Feuers sofortige und wundersame Hilfe mit sich brachte. Dieses Mal war die persönliche Gefahr für eine Familie extrem und man musste sich sofort darum kümmern. Mein Anrufen der Sturmdevas (die auch als Donnerwesen in der indianischen Tradition bekannt sind) brachte die Unterstützung, die ebenso schnell, mächtig und wundersam war. Wie immer war ich für diese Unterstützung von der unendlichen Schöpfung, auf die ich vertraue, überaus dankbar.

All diese Episoden waren so beeindruckend, dass ich keine Zweifel mehr daran hatte, dass es ein tiefes Bewusstsein in den Elementarkräften Feuer, Wind und Wasser gibt. Vielleicht gibt es ein paar Begrenzungen dessen, was durch sie möglich ist. Ich erkannte auch, dass ich das entwickelt hatte, was in den schamanischen Kulturen Indiens und Amerikas als ›Beherrschung der Elemente‹ bekannt ist. *Beherrschung* bedeutet jedoch nicht ›Macht über‹ wie im modernen Verständnis des Begriffes. Es bedeutet, dass man eine derartige Verbindung mit den universellen Mächten erreicht hat, dass die eigene Essenz mit diesem Element verschmolzen ist.

Ich erkannte, dass ich als moderner westlicher Schamane auf eine neue Ebene der spirituellen Macht gewechselt war. In mancher Hinsicht war der persönliche Triumph bittersüß, denn ich konnte nicht anders als darüber zu trauern, was in unseren organisierten Religionen verloren gegangen war. Was ich erfahren habe, seit ich die Kirche verließ, sind Dinge, die von den institutionalisierten Kirchen nicht weiter verbreitet wurden. Wenn dieses Wissen nicht verbannt worden wäre, hätte ich darüber etwas in meiner Ausbildung als Priester erfahren und es weiterentwickelt.

Unsere heutigen religiösen Führer sind spirituell impotent, da ihnen falsche Glaubenssysteme aufgezwungen wurden. Es ist an der Zeit, die auf einem Konsens beruhende Realität unserer Zeit infrage zu stellen und unsere Macht wieder zurückzugewinnen. Das ist die wirkliche Wahrheit hinter der Legende vom Gral. Die Gralssuche ist in Wirklichkeit die Suche jedes Menschen nach dem Heiligen, das verloren gegangen ist, in sich selbst. Unsere magische Natur, unsere wirkliche spirituelle Macht, wurde uns aberkannt. Unsere Verbindung mit den Elementen ist unsere Verbindung mit der weiblichen Seite des Göttlichen, die aus der Kirche verbannt wurde.

DIE GLOCKE ÜBER HIGHLANDS

Highlands Plateau, North Carolina:
Sommer

Als ich meinen Freund Larry White Oak die Kiesstraße zu meinem Haus heraufkommen sah, wusste ich, dass er nicht gekommen war, um mir einen zufälligen Besuch abzustatten. Larry, der kein Auto hatte, wohnte fünf Kilometer entfernt. Zuerst war er erstaunt, als er mich in der Auffahrt zu meinem Haus stehen und auf ihn warten sah. Ich hatte gefühlt, dass er kommen würde. Allein der Blick auf sein Gesicht genügte mir, um zu wissen, dass etwas nicht stimmte. Larry vergeudete keine Zeit, um zum Anlass seines Besuches zu kommen.

»Was stimmt nicht mit diesem Ort?«, fragte er. »Das gesamte Gebiet fühlt sich seit Wochen negativ an. Die Händler in der Stadt sind alle ärgerlich und nervös. Sogar einige meiner Freunde verhalten sich etwas verrückt. Ich fange auch schon an, mich so zu fühlen.« Ich konnte die Frustration in seiner Stimme hören.

»Das Land selbst ist aus dem Gleichgewicht geraten. Ich bin sogar zu einigen der heiligen Stätten hier in der Gegend gegangen ... Orte, die sich immer gut anfühlen, aber auch dort stimmt etwas nicht. Es ist, als ob sich eine Glocke über das gesamte Gebiet gehängt hat.«

Ich hörte ihm mit großem Interesse zu. Seine Worte hätten aus meinem Mund kommen können. Er beschrieb genau meine eigene Wahrnehmung des Highlands Plateaus.

Das war die Bestätigung, die ich benötigte. Manchmal ist es schwierig festzustellen, ob auftauchende Gefühle nur das Ergebnis persönlicher Probleme sind oder mehr. Ich wusste jetzt, dass das, was ich vermutet hatte, richtig war: Das Problem war nicht personengebunden und überall vorhanden.

»Es ist das Wetter!«, sagte ich und war erleichtert, eine Bestätigung für meine instinktiven Gefühle zu bekommen. »Diese Trockenheit hat negative Auswirkungen – nicht nur auf das Land, sondern auch auf die Menschen.«

In den letzten Monaten war das Highlands Plateau, das 1200 Meter über dem Meeresspiegel liegt, von der schlimmsten Trockenheit seit Jahren heimgesucht worden. Die ergiebigen Wasserläufe und Wasserfälle, für die das Gebiet sehr bekannt war, waren Rinnsalen geworden. Brunnen und Quellen trockneten zum ersten Mal seit Menschengedenken aus.

Ich ergriff die Gelegenheit, um gewisse esoterische Konzepte über die Funktion von Stürmen zu erklären. Ich wies darauf hin, dass die primäre Aufgabe von Stürmen nicht nur darin besteht, das Land wieder zu regenerieren, sondern auch das elektromagnetische Feld der Erde zu reinigen und wieder aufzuladen. Die Energie solcher Stürme hilft, die Negativität, die sich in den feinen Bereichen des Äthers aufgebaut hat, wieder zu neutralisieren. Menschen tragen durch negative Gedanken, Gefühle und Handlungen dazu bei, dass sich diese Negativität aufbaut. Unsere Negativität vergiftet die feinstofflichen Ebenen, was das Gefühl entstehen lässt, schlaff, lethargisch, deprimiert und ohne Ziel zu sein. Wer von uns hat das nicht schon viele Male erfahren und sich gefragt, was nicht stimmt?

»Ich bin auch deiner Meinung!«, sagte Larry und korrigierte seine vorherige Meinung etwas.

»Ich hasse es!«, sagte er nachdrücklich. »Wir brauchen wirklich Regen.«

»Vielleicht bist du deshalb hier«, sagte ich. Aber mein Freund verstand den Hinweis nicht.

»Was meinst du damit?«

»Du und ich, wir sollten eine Regenzeremonie durchführen und versuchen, das Wetter etwas zu verändern.« Da er einige meiner vergangenen Bemühungen kannte, war er fasziniert von der Idee. Ich wusste, dass mein Nachbar mit indianisch-schottischer Abstammung mit seiner natürlichen Liebe für das Land und mit seiner Beziehung zu diesem Land ein guter Verbündeter für diese heilige Zeremonie sein würde. Wir hatten fast zehn Jahre lang auf viele Arten miteinander gearbeitet und immer einen starken und positiven spirituellen und seelischen Magnetismus zwischen uns gespürt. Wir beschlossen, sofort zu einem abgelegenen Ort zu fahren, der für Larry etwas Besonderes war. Zum ersten Mal seit Wochen erlebte ich wieder ein Hochgefühl. Ich nahm es als ein gutes Zeichen und als Zeichen dafür, dass wir die richtige Entscheidung gefällt hatten.

Nachdem wir bestimmte Kraftobjekte gesammelt hatten, die wir für unsere Regenzeremonie verwenden würden, dirigierte mich Larry auf Seitenstraßen zu dem abgeschiedenen Ort, an den er für unser Ritual gedacht hatte. Mein Geländewagen wirbelte während der Fahrt riesige Staubwolken auf, ein ungewöhnlicher Anblick in dieser Gegend, die jedes Jahr 1780 Millimeter Regen gewöhnt war. Es erinnerte uns daran, wie ernst die derzeitige Trockenheit war.

Wir parkten unser Auto an der Stelle, an der die Straße schmaler wurde, und begannen einem Wildpfad zu folgen. Bald kamen wir zu einer ungewöhnlichen Formation großer Felsen, wo ein sprudelnder Strom seinen schnellen Abstieg den Berg hinunter begann. In der Nähe, aber außerhalb unserer Sichtweite, konnten wir das Geräusch eines Wasserfalls hören, das von dem dichten

Blattwerk auf den beiden Seiten des Stroms etwas gedämpft wurde. Zu meiner Überraschung zeigte Larry auf den Eingang einer Höhle, die nur drei Meter entfernt war. Ihr dunkler Eingang verschmolz so vollständig mit den Schatten, die von den Felsen geworfen wurden, dass ich ihn völlig übersehen hatte.

Als wir die Höhe betraten, fühlte ich mich, als ob ich in eine andere Dimension eintrat ... zeitlos, dunkel und still. Vom Eingang aus konnte ich einen Blick auf das wunderschöne Nachoochee-Tal werfen, das 600 Meter tiefer lag. Genau über der Höhlenöffnung wurde das zerstreute Licht der Sonne von dem Wasser reflektiert, das über glatten, festen, vom Wasser ausgewaschenen Granit floss.

»Als ich in der Scheune mit Chief Ken (Two Trees) lebte und ihm mit den Pferden half, ging ich hierher, um alleine zu sein«, erklärte Larry. »Es war mein spezieller Kraftplatz. Du bist die erste Person, die ich je hierher geführt habe.«

»Ich fühle mich geehrt, Larry. Ich werde niemandem davon erzählen.«

Als wir uns auf die Zeremonie vorbereiteten, überkamen mich meine üblichen Selbstzweifel. Wer war ich, zu denken, dass ich die mächtigen Elementarkräfte des Windes und des Wassers beeinflussen könnte? Was, wenn meine ununterbrochenen Erfolgssträhnen nur Zufälle oder einfach auf ein unglaublich gutes Timing zurückzuführen waren?

Gleichzeitig fühlte ich auch diese steigende Begeisterung darüber, was wir versuchen wollten. Vielleicht war es die Herausforderung des Unbekannten. Vielleicht war es die Kühnheit, solch ein unbegreifliches Kunststück zu versuchen, die mich dem großen Geheimnis näher brachte. Die offensichtlichen Widersprüche in meinen Gefühlen machten mir nichts aus, weil auf dem Weg, den ich ging, so vieles paradox schien. Einen Augenblick beobachtete ich mit innerem Abstand meinen Verstand, bis sein Schwatzen aufhörte.

Wir begannen unsere Zeremonie, indem wir die Mächte der heiligen Richtungen anriefen und unser Vorhaben äußerten. Wir hatten einen heiligen Ort geöffnet, ein Fenster zu der unsichtbaren Welt, durch das wir die Kräfte dieses anderen Reiches anziehen konnten. Wenn erst einmal solch ein Fenster offen steht, gibt es keine Grenze, ist alles möglich. Andere Gesetze gelten, wenn die lineare Zeit und der dreidimensionale Raum transzendiert werden.

Im nächsten Schritt mussten wir unsere menschlichen Egos beiseite lassen, damit sie uns nicht im Weg standen. Wir mussten völlig frei von dem gewünschten Ergebnis unseres Rituals sein. Jegliches Bedürfnis nach speziellen Ergebnissen konnte unseren Zugang zu den spirituellen Mächten, die wir angerufen hatten, blockieren.

Unsere Zeremonie war äußerst einfach. Niemand erhob die Arme zum Himmel und erteilte den Mächten mit schallender Stimme Befehle. Das ist gutes Material für Filme, aber die Realität dieser Zeremonien unterscheidet sich ziemlich davon. Wir sprachen ganz natürlich und bescheiden mit den Sturmgeistern. Schließlich beendeten wir unser Ritual mit der Freigabe der heiligen Mächte, die wir herbeigerufen hatten, sodass sie den Zweck erfüllen konnten, der unsere Absicht gewesen war.

Der folgende Tag brachte Regengüsse aus dem Westen, die über das Land getragen wurden von den Winden einer breiten Wetterfront, die niemand vorhergesehen hatte. Als die Erde getränkt war, begannen die Seen, Bäche und Flüsse anzusteigen und traten zu Beginn der zweiten Woche rasch über die Ufer. Bald druckte die örtliche Zeitung Artikel über das Flutproblem, das die lange Trockenzeit abgelöst hatte. Ich fragte mich sogar, ob unser spirituelles Eingreifen in die stagnierenden Wetterbedingungen zu diesem ›Überfluss‹ geführt hatte oder nicht. Vielleicht hätten einige dieser legendären Schamanen und Medizinmänner der alten Zeiten gewusst, wie man es vermeidet, dass das Pendel in das andere Extrem ausschlägt. Aber etwas in mir sagte, dass ich mir zu viel Sorgen machte. Larry und ich hatten erreicht, was wir vorgehabt hatten. Davon abgesehen waren wir nur Vermittler und Geburtshelfer. Mutter Erde selbst war es, die die Stürme geboren und die Trockenheit beendet hatte.

○○○

Der wiederholte Erfolg meiner Erdzeremonien zeigte mir, wie mächtig ein Eingreifen bei extremen Wetterbedingungen ist, um eine ausgeglichenere Situation herzustellen. Ich sah, dass es möglich war, in eine direkte Beziehung mit den Naturkräften zu treten und sie zu beeinflussen. Die Auswirkungen der zahlreichen Wunder in meinem Leben folgten mir, seit ich den Glaubenssprung aus dem Schoß der organisierten Religion in die unbekannten Gewässer des Geistes gemacht hatte.

○○○

Sonnenzeremonien

Ausläufer der Smoky Mountains;
Canyonlands National Park

Ich hatte jahrelang Regenzeremonien durchgeführt. Dieses Mal jedoch musste ich das Gegenteil tun: den Regen ›anhalten‹. Ich hatte ein Seminar in Erdmagie im Freien geplant, das an einem Wochenende im April stattfinden sollte. Die Seminarplätze waren rasch belegt, aber als das Wochenende näher kam, wurden mehrere Regentage vorhergesagt. Solch ein Wetter würde sich störend auf die Gruppe und den Lernprozess auswirken, da die meisten der geplanten Übungen verlangten, dass wir uns im Freien aufhielten.

Wie es die Wetterberichte vorhergesagt hatten, setzte der Regen um acht Uhr morgens am ersten Tag des Seminars ein. Ich bat die spirituelle Welt um Erlaubnis, eine Zeremonie durchzuführen, um den Regen zu stoppen. Nachdem ich die Erlaubnis erhalten hatte, fühlte ich, dass ich die Zeremonie ausführen konnte. Innerhalb einer halben Stunde nach der Zeremonie hörte der Regen auf. Am nächsten Morgen setzte er jedoch erneut ein. Ich führte eine zweite Sonnenzeremonie durch und der Regen hörte fast sofort auf und blieb fast bis zum Ende des Seminars aus.

An beiden Tagen war das Wetter spektakulär. Der Wind blies in mächtigen Stößen aus allen Richtungen. Als der Himmel sich bewölkte, schien der Wind fast die Wolken wegzustoßen. Es gab Zeiten während des Seminars, zu denen wir bei unseren Übungen innehielten, um die Kraft dieser wilden Winde zu erleben. Es heißt bei den Ureinwohnern unseres Landes, dass ein ›Wind aus den vier Himmelsrichtungen‹ der mächtigste aller ausgerichteten Winde sei und spezielle Segnungen in Form von Fülle und Erfolg bei allen gegenwärtigen Vorhaben mit sich bringe.

Einen Monat später hatte ich es mit einer ähnlichen Regensituation zu tun, als Astrid und ich mit einer Gruppe von Menschen außerhalb des Canyonlands National Park auf deren erster Visionssuche waren. In der ersten gemeinsam verbrachten Nacht erlebten wir einen heftigen Sturm, der mehrere unserer Zelte aus den Verankerungen riss. Dann am Morgen, als sich alle auf die dreitägige Visionssuche vorbereiteten, zu der jeder alleine aufbrechen sollte, näherte sich schnell ein noch heftigerer Sturm und es blitzte andauernd. Als es offensichtlich wurde, dass der Sturm sich in unsere Richtung bewegte, konnte ich fühlen, wie bei einigen Teilnehmern der Gruppe Besorgnis aufkam. Wir versammelten uns im Kreis und hielten uns an den Händen. Ich dankte den Sturmdevas für ihre Regengaben und bat darum, dass sie milderes Wetter für unsere Visionssucher bringen sollten.

Ein Mitglied der Gruppe erzählte: »Es war verblüffend. Es schien, als ob der Sturm sich einfach teilte und auf beiden Seiten an uns vorbeizog, sodass wir auf unserem Weg zu den individuellen Plätzen für die Visionssuche trocken bleiben konnten.«

Am nächsten Tag erfuhr Astrid, dass der Nationalparkdienst gezwungen gewesen war, einen Teil des Parks in unserer Nähe zu schließen, da er von einer Wasserwand von drei Metern, die einen der Hauptläufe herabstürzte, überschwemmt worden war.

Der Winter, der auf unsere Rückkehr von der Visionssuche in Canyonland nach Ost-Tennessee folgte, war der nasseste, der je verzeichnet worden war. Es regnete fast den gesamten Januar und Februar hindurch. Das Wetteramt gab bekannt, dass es allein im Februar an 26 von 28 Tagen geregnet hatte.

Ende Februar war das Erdreich gesättigt und die meisten Menschen hatten genug vom Wasser und waren vom Wetter frustriert. Dieses Ungleichgewicht belastete nicht nur die Menschen, sondern auch die Erde selbst. Intuitiv hatte ich eine deutliche Botschaft von den Elementargeistern erhalten, dass ich eine Zeremonie für den Sonnenschein und klares Wetter durchführen sollte, weil das Wetter ziemlich aus dem Gleichgewicht geraten war.

Da ich solch klare Anweisungen erhalten hatte, begann ich mit den Vorbereitungen. Es war keine Wetterveränderung vorhergesagt worden, deshalb wusste ich, dass ich mich einer wirklichen Herausforderung stellte. Doch meine Verbündeten aus der unsichtbaren Welt hatten nie versagt, daher war ich vorsichtig optimistisch. Davon abgesehen kommt die wirkliche Macht und das Know-how für diese Zeremonien von diesen wunderbaren Wesen aus den ätherischen Reichen; Menschen, die an diesen uralten Zeremonien beteiligt sind, sind lediglich Vermittler und leiten etwas weiter.

Als ich Astrid und mehreren meiner Freunde meine Entscheidung mitteilte, eine Sonnenzeremonie durchzuführen, unterstützten sie mich sehr. Astrid merkte an: »Es wurde aber auch Zeit! Ich habe mich schon gefragt, warum du so lange mit dieser Entscheidung gewartet hast.« Es war mir wirklich nicht ein einziges Mal in den Sinn gekommen, in das gegenwärtige Wetter einzugreifen, bevor ich die Anweisung erhielt, dies zu tun.

Am späten Nachmittag führte ich im Feld neben unserem Haus ein Ritual für Sonne und klaren Himmel durch und bat die Winddevas, die Regenwolken wegzublasen und uns von diesem bedrückenden Wetter zu befreien, das sich beharrlich geweigert hatte weiterzuziehen, nachdem es Rekordmengen an Regen ausgeschüttet hatte. Es wurde mir gesagt, dass die Regenwolken innerhalb von 24 Stunden vertrieben sein würden.

Als ich Astrid dieses optimistische Versprechen mitteilte, war sie hoch erfreut und gab diese gute Nachricht mehreren ihrer Bekannten weiter. Offensichtlich hatte ich in der Umgebung so etwas wie einen guten Ruf für diese Art von Ritualen.

26 Stunden später zeigte sich im Westen blauer Himmel und da der Wind aus dieser Richtung blies, wusste ich, dass wir endlich sonniges Wetter bekommen würden. Eine Stunde später waren die Wolken aufgelöst und vor Sonnenuntergang hatten wir die erste sonnige Stunde seit einer ziemlich langen Zeit.

Ich war dankbar, dass die Zeremonie erfolgreich gewesen war. Ich dachte darüber nach, wie die traditionellen Schamanen in anderen Zeitaltern verantwortlich dafür gewesen waren, dazu beizutragen, das Gleichgewicht der natürlichen Kräfte in ihrer Gegend aufrechtzuerhalten. Rolling Thunder pflegte zu sagen, dass es immer viele Probleme gibt, die in Gebieten entstehen, in denen keine ›Medizinmänner‹ leben. Er wies auch immer darauf hin, dass es selbst in unserem eigenen Land viele dieser Gebiete gäbe. Rolling Thunder sagte auch: »Diejenigen von euch, die europäische Vorfahren haben, haben alle ihre Schamanen getötet, und ihr habt seitdem einen fürchterlichen Preis dafür bezahlt.« Er bezog sich auf unsere eigene dunkle Geschichte mit berüchtigten Hexenprozessen und den Zeiten der Inquisition. Die Opfer waren meistens die Dorfheiler, Kräuterkundigen und Hebammen gewesen.

Rolling Thunder sagte auch immer wieder, dass oft nur die Anwesenheit dieser Schamanen reichte, um das Gleichgewicht der Elementarkräfte beizubehalten. Ich konnte mir nicht vorstellen, wie allein meine ›Gegenwart‹ diesen Unterschied ausmachen konnte. Aber ich war dankbar für die Ehre in der Gesellschaft einer langen Abstammungslinie von Frauen und Männern aus verschiedenen Traditionen zu stehen ... eine Linie, die vielleicht weit bis in Zeitalter noch vor unserer Zeitrechnung zurückreicht.

ooo

ROLLING THUNDER

Smoky Mountains, Tennessee:
Frühjahr

Astrid und ich waren am Tag bevor unsere Gruppe zu einer Visionssuche eintreffen sollte in die nahegelegene Wildnisregion Tuckaleechee gefahren, die an den Great Smoky Mountains-Nationalpark angrenzt. Als wir die ziemlich komplexe Logistik, die mit der Planung einer solchen Visionssuche einhergeht, ausgearbeitet hatten, wandten sich meine Gedanken dem Wetter zu.

Das Wetter in den Smoky Mountains von Tennessee und in den North Carolina Blue Ridge Mountains kann sehr unberechenbar sein. Bei den letzten beiden Visionssuchen, die ich in dieser Gegend vor 20 Jahren durchgeführt hatte, hatte es während des siebentägigen Aufenthaltes in der Wildnis die ganze Zeit über geregnet. Diese enttäuschenden Erfahrungen hatten mich vor Jahren dazu gebracht, Visionssuchen in der Wildnis nur in den trockeneren westlichen Bergen, Canyons und Wüstengebieten durchzuführen.

Ich war jedoch nicht mehr die Person, die ich einmal gewesen war. Während meiner spirituellen Entwicklung in den vergangenen zwei Jahrzehnten war ich wiederholt in der Lage gewesen,

Meisterschaft über die Elementarkräfte zu demonstrieren. Diese Meisterschaft über die Urkräfte der Schöpfung definiert mehr als irgendetwas anderes das, was Schamanen ausmacht. Diese Meisterschaft hat sogar eine höhere Priorität als die Fähigkeit zu heilen oder prophetische Visionen und Träume zu haben. Dies liegt darin begründet, dass die Meisterschaft der Elemente im Außen auf der Meisterschaft der Elemente im eigenen Inneren basiert. Das Erreichen dieser Fähigkeiten stellt die vollständige Meisterschaft des Selbst dar. Der Weg der vier Elemente ist ein vollständiger Weg zur Erleuchtung und zu Gott.

Abgesehen von meinen wiederholten Bemühungen, das natürliche Gleichgewicht in bestimmten Regionen wiederherzustellen, war mein Ziel bei den öffentlichen Wetterzeremonien, die göttlichen Kräfte zu zeigen, die in jedem von uns latent vorhanden sind. Ich glaube, dass solche Demonstrationen helfen, den individuellen Geist aus dem Gefängnis der Glaubenssysteme unserer Zeit zu befreien – von genau den Dogmen, die die Führer sowohl wissenschaftlicher als auch religiöser Zeremonien so eifrig zu schützen versuchen. Aufgrund meines wiederholten Erfolges bei der Veränderung des Wetters kam ich zu der Entscheidung, wieder eine Visionssuche in den Smoky Mountains durchzuführen.

Als ich mich einen Tag vor der Ankunft unserer Gruppe an die Naturgeister des Wetters wandte, machte ich meine Absicht deutlich, gutes Wetter zu haben, insbesondere an den drei Tagen, wenn alle auf ihrer eigenen Suche draußen wären. Ich gab jedoch auch die klare Anweisung, dass wir gleich zu Beginn unserer gemeinsamen Woche einen kräftigen Sturm haben sollten, auch wenn dies wie ein Widerspruch erschien. Der Zweck dieser Anweisung war, sowohl das Land als auch uns selber von möglichen negativen Energien zu reinigen.

Für gewöhnlich bitte ich einfach um gutes Wetter oder – bei einer längeren Trockenperiode - um Regen. Dieses Mal versuchte ich, meine Absicht mit möglichst großer Klarheit vorzubringen, da meine Anweisungen viel spezifischer waren als in der Vergangenheit. Als unsere Gruppe am nächsten Nachmittag im Basislager ankam, sprach ich mit ihnen über meine Zeremonie vom Tag zuvor und schlug ihnen vor, ihre Zelte so bald wie möglich aufzubauen. Bereits kurze Zeit nach meinen Eingangsworten zog sich der Himmel zu. Eine Stunde später wusste ich, dass mein Sturm da war. Aber niemand von uns war auf diese Art von Sturm, der uns traf, vorbereitet.

Ohne das geringste Anzeichen für einen aufziehenden Sturm wurde der Himmel plötzlich von einem grellen Blitz erleuchtet und gleichzeitig explodierte ein Donnerschlag über unseren Köpfen. Diesem Auftakt folgten weitere Blitze und gleichzeitig ohrenbetäubende Donnerschläge direkt über unserem Camp. Wir huschten schnell in Deckung. Von unserem geschützten Platz aus konnten wir verfolgen, wie sich das Naturschauspiel entfaltete. Erstaunlicherweise hatte der Sturm genau über uns begonnen, als wäre er aus dem Nichts gekommen. Auf diese eindrucksvolle Vorstellung folgte ein 40-minütiger Regenguss.

Ich war misstrauisch geworden. Es dämmerte mir, dass mein verstorbener Mentor, Rolling Thunder, seine Hand im Spiel hatte. In den Dutzenden von Stürmen, die ich über die Jahre hinweg heraufbeschworen hatte, hatte es noch nie einen von solcher Intensität gegeben. Ich erhielt die Bestätigung über seine Beteiligung, als der Sturm schließlich mit einem langen Donnergrollen sein Verschwinden ankündigte. Dieses Phänomen wiederholte sich fortlaufend. Das war die unmissverständliche Handschrift meines früheren Mentors. Dadurch, dass ich dies erkannt hatte, konnte ich auch plötzlich seine Gegenwart fühlen. »Ich dachte schon, du würdest mich nie mehr begrüßen«, sagte er. Ich dankte ihm für seine Unterstützung bei dieser Demonstration.

»Gern geschehen«, sagte er.

Vor meinem geistigen Auge sah ich Rolling Thunder, wie er an seiner kleinen Medizinpfeife zog, die ich mit ihm in Verbindung brachte, während er noch unter uns weilte. Während seiner mehr als 70 Jahre im physischen Körper hatte der Shoshone/Cherokee-Schamane seinem Namen wirklich alle Ehre gemacht. Er hatte Meisterschaft über das Phänomen des Wetters erreicht und hatte oft seine Fähigkeit demonstriert, an heißen Sommertagen, wenn keine Wolke am Himmel stand, kühlende Stürme herbeizurufen. Bei mindestens einer Gelegenheit rief er vor Zeugen einen Tornado ins Leben, demonstrierte seine Kontrolle über ihn und löste ihn dann auf.[17] Ich hatte mitbekommen, dass Rolling Thunder unter den Indianern als ihr mächtigster Medizinmann gilt, aber natürlich hätte er selbst nie so etwas behauptet.

Die nächsten zwei Tage brachten gutes Wetter und die dreitägige Visionssuche danach war geradezu idyllisch. Was für ein Geschenk war uns da allen gemacht worden mit dem reinigenden Sturm und den perfekten Tagen, die darauf folgten. Ich bat und es wurde mir gegeben. Ich wünschte mir, dass alle erkennen könnten, wie einfach solche Dinge sind, wenn wir mit unseren Bitten das höhere Ziel anstreben.

Die meisten Menschen suchen Gott überall, nur nicht in sich selbst. Aber Christus selber lehrte uns, dass das Königreich im Innern liegt. Wenn das so ist, dann benötigen wir keine Vermittler, um uns mit Gott zu verbinden. Die ekstatische Reise, die ich mehr als drei Jahrzehnte lang gemacht habe, ist der Weg der direkten Erfahrung mit Gott. Eine große Wahrheit hat diese Reise bestimmt: dass die göttlichen Kräfte in uns allen vorhanden sind. Theologen, Priester und Pastoren müssen ihre Rolle als Diener Gottes wieder neu entdecken. Wir leben an unserer Aufgabe vorbei, wenn wir als Fürbitter und Autoritäten auftreten.

An unserem letzten gemeinsamen Tag, nachdem alle wieder von der individuellen Visionssuche zurückgekehrt waren, hatte sich die gesamte Gruppe gewünscht, eine Schwitzhüttenzeremonie abzuhalten, um die Visionssuche zu beenden (genauso wie wir sie eröffnet hatten). Bei dieser Entscheidung hatte ich das

Gefühl, dass mein Rendezvous mit den Wettergeistern noch nicht vorbei war.

Eine Stunde vor Beginn unserer Zeremonie, während die Steine in der Feuergrube erhitzt wurden, verkündete ich der Gruppe, dass ich um Erlaubnis bitten würde, dass die Donnerwesen zu uns in die Hütte kommen. Solche Besuche während einer richtigen Schwitzhüttenzeremonie werden von den Ureinwohnern des Landes als sehr heilig angesehen. Bei solchen Gelegenheiten bringen die Sturmdevas immer besondere Segnungen für all diejenigen, die an der Zeremonie teilnehmen. Alle in unserer Gruppe schienen für eine solche Erfahrung bereit zu sein.

Ich ging zurück zu meinem Zeltplatz, der an einem abgeschiedenen Ort nicht weit vom Basislager entfernt lag, und führte dort eine kurze Zeremonie durch, um die Sturmdevas einzuladen, dabei zu sein. Eine Stunde später gingen wir in die Schwitzhütte. Die erste Ladung der heißen Steine wurde hereingebracht und die Kräfte des Ostens wurden angerufen.

Ungefähr 40 Minuten nach Betreten der Hütte hatten wir die Ehrung der östlichen und südlichen Himmelsrichtung abgeschlossen und ich bat darum, dass die Tür geöffnet würde, um mit der Ehrung des Westens fortzufahren. Unser Feuerwächter gab sieben glühende Schiefersteine von der Größe einer Grapefruit herein und wir begannen den Teil der Zeremonie, der die spirituellen Kräfte des Westens einbezieht. In den Traditionen der amerikanischen Indianer wird diese besondere Richtung den Donnerwesen zugeordnet, die ich manchmal ›Sturmdevas‹ nenne.

Innerhalb von Sekunden, nachdem ich speziell auf die Donnerwesen Bezug genommen hatte, wurden wir von einem langen Donnergrollen aufgeschreckt. Wir hatten meine vorher geäußerte Bitte vergessen und alle begannen zu lachen über unser kurzes Gedächtnis. Erstaunlicherweise grollte der Donner weiter während der gesamten Zeit, in der wir die westliche Richtung feierten, aber es gab keinen Regen, nur die tiefen Stimmen dieser

Ehrfurcht gebietenden Wesen. Diese außergewöhnliche Synchronizität führte dazu, dass wir uns alle viel kräftiger fühlten.

Niemand hatte auch nur den geringsten Zweifel: Wir hatten einen ganz besonderen Besuch von den herrlichen Sturmgeistern sowie einem mächtigen Schamanen der Ureinwohner erhalten. Ich fühlte eine Mischung aus Heiterkeit, Dankbarkeit und Ehrfurcht in mir aufsteigen. Mit der Hilfe solch mächtiger Verbündeter war ich in der Lage gewesen, eine Demonstration zu geben, die niemand von uns je vergessen würde, eine Demonstration, die die gesamte Erfahrung der Visionssuche für alle, die daran teilgenommen hatten, in hohem Maße bereichern würde.

Ich hatte unmöglich scheinende Bitten geäußert und dennoch waren sie mit präzisem Timing und bis aufs Detail exakt erfüllt worden. Der reinigende Sturm war mit großem Trara gekommen. Dieser Vorstellung folgte ein geradezu idyllisches Wetter. Schließlich kam der rollende Donner, der die Anwesenheit der Donnerwesen sowie meines früheren Mentors signalisierte, als ich die Kräfte des Westens in der Schwitzhütte anrief. Meine Verbindungen mit den Wettergeistern und meine Meisterschaft dieser Urkräfte war tiefer geworden.

Wie schon so oft bei solchen Gelegenheiten fühlte ich die Notwendigkeit, innezuhalten und über den Ausgangspunkt nachzudenken, von dem ich gekommen war. Ich erinnerte mich, wie oft es den Anschein hatte, dass meine Gebete als Priester in der Kirche mit eisigem Schweigen beantwortet wurden. Es war nicht mein Fehler und gewiss nicht Gottes Fehler. Ich hatte einfach nicht verstanden, was ein wahrhaftiges Gebet wirklich ausmacht. Ich hatte nicht verstanden, wie man sich mit den spirituellen Mächten verbindet, die allen wahrhaft Suchenden zur Verfügung stehen. Ich hatte nicht erkannt, dass unsere Fähigkeit, die Unterstützung der transzendentalen Realität herbeizurufen, mit unserer Einheit und unserem Einssein mit dem Schöpfer in Verbindung steht.

KAPITEL 6

SPIRITUELLE INTERVENTION

In einigen meiner Visionen aus der jüngeren Vergangenheit wurde mir gezeigt, dass die Zeit vorbei ist, in der wir nur technische Methoden benutzen, um die ökologische Katastrophe zu vermeiden. Hätten wir in den 70er und 80er Jahren auf die Stimmen gehört, die uns vor den Gefahren unserer Missachtung des Umweltschutzes – der so dringend erforderlich war – warnten, wäre alles anders geworden. Aber wir haben nicht auf diese Stimmen gehört.

Es wurde mir gesagt, dass uns wegen des Fehlens der spirituellen Intervention nichts vor einer Umweltkatastrophe retten wird. Glücklicherweise wurde mir gezeigt, wie das spirituelle Eingreifen erfolgen könnte, und ich hatte zahlreiche Gelegenheiten, mit dieser Art von Technologie zu experimentieren, um ihre enormen Kräfte zu nutzen. Deshalb habe ich mich entschieden, die folgenden Geschichten in das Buch aufzunehmen als Beispiele dafür, *wie spirituelle Interventionstechniken in den vor uns liegenden Jahren einen Plan darstellen können, um unsere Erde zu heilen.*

DIE VERLETZUNG DES GRÜNGÜRTELS

Highlands, North Carolina: Spätes Frühjahr

Ein geheimer Informant teilte meiner früheren Partnerin Marilynn und mir mit, dass ein gewisser Bauunternehmer sich darauf vorbereitete, eine Gegend zu bebauen, die als Teil eines Grüngürtels vorgesehen worden war. Als er Teile des Grundstücks abgab, hatte er den Besitzern der Häuser versprochen, dass dieser Bereich nicht bebaut werden würde, damit sich alle daran freuen könnten. Jetzt war er kurz davor, sein Versprechen zu brechen. Er plante, ganz früh am nächsten Morgen mit seinen Maschinen zu kommen, um den Platz kahl zu schlagen. Bis es die Hausbesitzer in der Umgebung erfahren würden, würde es zu spät sein für einen organisierten Widerstand.

Als wir von den heimlichen Arbeitsvorbereitungen hörten, erkannten wir, dass uns keine Zeit mehr blieb für den Versuch, das Vorhaben mit normalen Mitteln zu stoppen. Wir mussten einen anderen Weg beschreiten.

Als sich mein Freund und Mentor, Rolling Thunder, einmal einer ähnlichen Situation gegenübersah, drückt er es so aus: »Wenn sie List anwenden, dann habe ich das Recht, ihnen mit meiner Medizin entgegenzuwirken.« Und er tat das ziemlich wirkungsvoll.

Am Abend, bevor die Bulldozer anrücken sollten, fuhren wir zu dem Baugrundstück hinüber und begannen mit den Vorbereitungen für ein einfaches Ritual. Wir gingen in einen Zustand der inneren Stille und boten den Erdelementen und dem Großen Geist Tabak und Maismehl als Opfergaben dar. Wir verwendeten eine Medizinpfeife, die uns unser Freund Ken gegeben hatte, und appellierten an die Unterstützung dieser Wesen, um diesen Grüngürtel, der in Gefahr war, zerstört zu werden, zu schützen.

Durch unseren Versuch, eng mit den unsichtbaren Kräften zusammenzuarbeiten, hofften wir, ein kleines Stück unbebautes Land zu erhalten. Es gab noch ein sensibles ökologisches Gleichgewicht in unserer Gegend trotz der Tatsache, dass sie von den Mächten der Gier und der Ausbeutung belagert worden war. Als wir die letzten Worte gesprochen hatten, hörten wir im Westen das Geräusch eines entfernten Donners. Wir fühlten eine deutliche Veränderung in uns und wussten, dass unserer Bitte entsprochen werden würde. Die Welt um uns herum spiegelt uns das wider, was wir aussenden.

Am nächsten Morgen, als wir zum Grundstück zurückkehrten, fühlten wir uns ganz entschieden als Beschützer von Mutter Erde. Irgendjemand musste das sein, weil das Land, die Tiere und die Bäume keine Einspruchsmöglichkeit hatten.

Aus einer Entfernung von mehreren Hundert Metern beobachteten wir, wie die große Planierraupe anfuhr und sich anschickte, den ersten Baum umzufahren. Als sie nur noch knapp zwei Meter von dem Baum entfernt war, brach die riesige Schaufel plötzlich auf mysteriöse Weise ab. Wir waren verblüfft!

Der Bauunternehmer war so entschlossen, die Arbeit auszuführen, bevor sein Wortbruch die Runde machte, dass er seinen Tieflader losschickte, um eine andere Planierraupe zu holen. Das Fahrzeug blieb auf dem Rückweg liegen und die Planierraupe musste auf ein anderes Fahrzeug verladen werden. Als dann die

Planierraupe endlich auf dem anderen Fahrzeug ankam, sprang sie nicht an. In der Zwischenzeit hatten seine Subunternehmer mehrere Versuche unternommen, nach Wasser für Brunnen zu bohren, aber ohne Erfolg. Sein geplantes Feriendomizil würde keine Wasserquelle haben. In einer Region, die pro Jahr eine Niederschlagsmenge von fast 1.800 Millimeter verzeichnet, war das praktisch noch nicht da gewesen. Schließlich war alles vorbei. Der frustrierte Bauunternehmer gab auf und beschloss stattdessen, auf einem Grundstück in der Nähe des örtlichen Country-Clubs zu bauen, das er vor Kurzem gekauft hatte. Wir dachten, das sei eine gute Idee. Was für ein Pech, dass er nicht zuerst nach unserer Meinung gefragt hatte. Wir hätten ihm viel Zeit und Geld sparen können.

Später, als ich nochmals über die Reihe von Ereignissen nachdachte, die die Bebauung des Grüngürtels verhindert hatten, erkannte ich, dass die Chancen, das all das zufällig geschehen war, unendlich klein gewesen seien. Die Kraft unseres Vorhabens und unsere Liebe zur Erde, die wir durch das Ritual auf einen kleinen Bereich von bedrohtem Land gerichtet hatten, sowie die Kräfte, die uns die unsichtbare Welt schickte, waren genug, um den Ausgang des Vorhabens zu verändern.

Wir machten uns keine Illusionen darüber, dass es in diesem Szenario nur gute oder böse Jungs gab. Es wäre der Gipfel ›spirituellen Stolzes‹ gewesen zu glauben, dass unsere Seite alleine die ›richtige‹ Seite war. Das Wohlwollen des Unternehmers war auch wichtig. Er hätte zweifellos beharrlich bleiben und seinen Plan schließlich ausführen können. Ich sah, dass er dadurch, dass er an der Durchführung seines Planes gehindert wurde, Gelegenheit erhielt, eine ehrlichere und angemessenere Art zu wählen, um seinen Lebensunterhalt zu verdienen. Unsere Absicht hatte ihm geholfen, so wie auch das Land selber.

ooo

Ich lernte aus dieser Erfahrung, dass ein Eingreifen zugunsten der Erde möglich ist, indem man eine Zeremonie einsetzt und den festen Vorsatz dazu hat. Bezeichnenderweise hat sich unsere Zeremonie nicht über den freien Willen hinweggesetzt. Stattdessen wurden neue Möglichkeiten gezeigt, die eine andere Wahl möglich machten.

Dies war unser erster Versuch, in komplexe Situationen einzugreifen, die sowohl menschliche Angelegenheiten als auch die Erde betrafen. Wir zogen es vor, für uns zu behalten, was wir getan hatten. Einer unserer Jungen im Teenageralter erzählte jedoch einem Freund, was er gesehen hatte, und dieser Freund war zufälligerweise das Kind eines unserer Freunde. Folglich vergingen nur ein paar Wochen, bevor wir gerufen wurden, um wieder einen solchen Dienst zu leisten.

DIE RETTUNG DES BERGES

Highlands, North Carolina:
Sommer

Es war eine Szene, die an ein anderes Zeitalter erinnerte, sie passte irgendwie nicht in den Kontext der Ära von Dow Jones, Fast Food und Computertechnologie. Wie die Druiden der alten Zeiten hatten wir uns in einer Sommernacht auf dem Berg zusammengefunden, trommelten, chanteten und riefen die Mächte an, uns dabei zu helfen, das unterhalb von unserem Versammlungsort liegende Land zu schützen. Obwohl unsere Requisiten aus der heutigen Zeit stammten, hätte die Szene auch aus einem Film über Merlin zu König Artus' Zeiten stammen können.

Im Mittelpunkt unseres Kreises hatten wir das heilige Feuer traditionell in Richtung Osten gebaut und angezündet. Die Abenddämmerung war gekommen, diese geheimnisvolle Pause zwischen dem Ein- und Ausatmen der Erde. Es war eine Zeit der Kraft und erhöhten Sensibilität für die inneren Ebenen.

Im Osten stieg der Vollmond über den Baumwipfeln hoch. Im Westen, wo die Sonne gerade hinter dem Horizont versunken war, braute sich ein Sturm zusammen. Obwohl der Sturm noch einige Bergketten entfernt war, bewegte er sich schnell auf uns zu und inszenierte eine brillante Vorstellung mit Donnergrollen im

Hintergrund. Ich erkannte, dass wir wenig Zeit hatten, die Zeremonie vollständig auszuführen.

Marilynn und ich waren dort mit einem Ehepaar, bei dem beide Partner als Biologen und Professoren am örtlichen College arbeiteten. Beide waren engagierte Umweltschützer und wir hatten mit ihnen zusammengearbeitet, um auf die Verabschiedung der örtlichen Gesetze zum Schutz der angeschlagenen Umwelt in der Region einzuwirken. Aber die Zeit für politischen Aktivismus war vorüber. Spirituelle Mittel würden vollenden müssen, was politischer Druck und Umweltbildung nicht erreichen konnten.

Unsere engen Freunde hatten uns gebeten, ihnen zu zeigen, was spirituell getan werden konnte, um die Bergspitze zur retten. Viele Menschen in dieser Gegend glaubten, dass dies ein heiliger Ort mit speziellen, magnetischen Heilenergien sei.

Wir schätzten unsere Freunde sehr. Sie waren Krieger für die Erde, die viele Kämpfe für die Umwelt ausgetragen und versucht hatten, andere darin zu unterweisen, in Einklang mit den Naturgesetzen zu arbeiten. Aber sogar in Highlands, an dem Ort, den sie so leidenschaftlich liebten, hatten sie erlebt, wie eine wunderschöne Parzelle nach der anderen den Weg der Bebauung nehmen musste. Es schien so, als ob dies nicht aufzuhalten sei. So viele Menschen lebten nur für den gegenwärtigen Augenblick. Niemand hielt es für wichtig, an die Zukunft zu denken. Es gab diejenigen, die es besser wussten und keine Verantwortung übernehmen wollten. »Wir wissen, dass das Land in dem wunderschönen natürlichen Zustand bleiben sollte, aber wenn wir es nicht erschließen, dann tut es jemand anderes!«, brachten sie als verstandesmäßige Erklärung vor. Das waren die Menschen, die mich am wütendsten machten.

Highlands, eine Gegend, die vom Schöpfer mit verhangenen alten Wäldern, Kreidefelsen und unzähligen Flüssen und Wasserfällen ausgestattet worden war, stellt einen Mikrokosmos des gesamten Planeten dar. Die Kämpfe zum Schutz der Umwelt, die hier toben, werden in der ganzen Welt ausgetragen. Manchmal sage ich zu Schülern: »Wenn ihr an einem Wald vorbeigeht, der gerodet worden ist, und nicht das Leid und den Schmerz des Landes spürt, dann seid ihr nicht mit dem Geist der Erde verbunden.«

Das Gefühl von Heiligkeit ist nicht einfach eine willkürliche Entscheidung oder ein romantisches Ideal. Kraftplätze gibt es tatsächlich überall auf der Welt; sie dienen der jeweiligen Umgebung als Auflade- und Verteilungszentren für kosmische Energien. Alles würde aus dem Gleichgewicht gebracht und Chaos würde herrschen, wenn diese Orte nicht in ihrem natürlichen Zustand erhalten blieben.

Jedes Jahr hielten wir auf diesem Berggipfel eine Sommersonnenwendzeremonie ab, zu der große Gruppen von Menschen sowohl aus der hiesigen Gegend als auch von vielen anderen Orten kamen. Unglücklicherweise war dieses Grundstück, von dem viele dachten, es sei in öffentlichem Besitz, vor Kurzem von einem Bauunternehmer erworben worden, der entschieden hatte, es zu erschließen. Wenn das geschehen würde, ginge nicht nur der heilige Ort verloren, sondern die gesamte Umgebung, in der bereits ein instabiles ökologisches Gleichgewicht herrschte, würde gestört. Trotz der Protestbriefe, Telefonate und Zeitungsartikel hatte sich der Bauunternehmer unerbittlich geweigert, seine Einstellung zu ändern.

Nachdem wir eine Weile getrommelt hatten, beteten wir um den Schutz des Landes vor der Ausbeutung. Als wir unsere Zeremonie durchführten, glitten wir ganz natürlich in eine tiefere Einstimmung mit den Elementarkräften. Jedes heilige Ritual ist von Natur aus ›alchemistisch‹. Da gibt es keinen Unterschied zu einem Chemiker, der verschiedene Chemikalien verbindet, um ein gewisses Produkt herzustellen. Im Ritual werden verschiedene Energien verbunden, um spezielle Ergebnisse zu erreichen.

Günstigere Bedingungen hätte es kaum geben können. Zusätzlich zu dem Sturm, dem Vollmond und den mächtigen

Energien der Abenddämmerung waren da noch das heilige Feuer, der Herzschlagrhythmus der Trommeln und vier Menschen mit der unbeugsamen Absicht, einen heiligen Teil der Erde zu schützen. All dies waren zeremonielle Objekte der Natur, die auf dem Altar unserer Liebe für die Erde dargeboten werden sollten. Dies war einer dieser Glück verheißenden, aber seltenen Momente, in denen sich viele verschiedene Ströme zu einem geheimnisvollen Meer magischen Bewusstseins verbinden.

Durch eine außergewöhnliche Synchronizität hallte der Donner jedes Mal wie ein Echo wider, wenn irgendjemand von uns sprach. Wir waren derart verflochten mit den Elementen, dass wir das Gefühl hatten, dass unsere Absicht, das Land zu heilen, auch uns heilte.

Als wir noch über diese Synchronizität nachdachten, begannen die Regenfälle genau in dem Moment, als die letzten Worte gesprochen worden waren. Wir rannten alle los, um Schutz zu suchen, aber dennoch wurden wir durch und durch nass. Es war uns völlig egal. Wir wussten alle, dass die benötigte energetische Veränderung geschehen war. Es war Zeit, dass die heilenden, reinigenden Regenfälle sich der Sache annahmen.

Am nächsten Tag verbreitete sich schnell die Nachricht, dass der Besitzer des Landes nach Monaten des Mauerns gegenüber der Opposition in der Gemeinde seine Meinung plötzlich geändert hatte. Er kündigte an, dass er das Land für immer für Bauvorhaben sperren würde. Der Berggipfel sei einfach zu wunderschön in seinem natürlichen Zustand, fügte er hinzu. Er ließ den Zugang zum Berg für alle offen, damit sie sich daran erfreuen konnten. Alle waren erstaunt über seine plötzliche Kehrtwendung, außer uns vieren, die wir in der Nacht zuvor die heilige Zeremonie abgehalten hatten.

Es war fast eine Enttäuschung für mich. Es war viel zu einfach. Wer würde glauben, dass eine einfache Zeremonie das erreicht hatte, was Monate des organisierten Widerstandes nicht geschafft hatten? Bei der Zeremonie auf dem Berggipfel gab es genug spirituelle Kraft, um nicht nur den Verstand, sondern auch das Herz eines Menschen zu öffnen. In diesem Sinn war unser Eingreifen sogar noch mächtiger als bei der Sache mit dem Grüngürtel vor mehreren Wochen. Die Augen und das Herz des Bauunternehmers waren offen und er sah zum ersten Mal die Auswirkungen eines Bauvorhabens an solch einem Ort. Ich konnte mir gut vorstellen, wie er am Morgen nach unserer Zeremonie die ausgewaschene Straße zum Berggipfel hinaufgefahren war.

Vielleicht war er von dem Panorama der vom Dunst verhangenen Berge gefangen genommen worden oder vielleicht hatte er einfach nur den Frieden dieses Stückchens Erde gefühlt. Vielleicht war es die unverdorbene Schönheit der Wildblumen und einiger alter Laubbäume in der Nähe. Was immer es gewesen war, etwas war geschehen, das ihn veranlasste, seine Pläne schnell fallen zu lassen und den Berg ›für immer in seinem natürlichen Zustand zu belassen, damit sich alle an ihm erfreuen können‹.

ooo

Die Episoden, die in *Verletzung des Grüngürtels* und *Die Rettung des Berges* beschrieben wurden, waren meine ersten Versuche, spirituell in menschliche Angelegenheiten einzugreifen, mit dem Ziel, die Umwelt zu schützen. Ich sah, dass es Zeiten gibt, in denen eine spirituelle Herangehensweise schneller und effektiver Veränderungen bewirken kann, als dies politische Aktionen oder Umweltschutzmaßnahmen zu tun vermögen. Während politischer Aktivismus und Umweltbildung für die Rettung unserer Erde äußerst notwendig sind, müssen sich auch die Herzen der Menschen für eine dauerhafte und umfassende Veränderung öffnen. Ich fühlte das enorme unerschlossene Potenzial der heiligen Zeremonien, positiven Affirmationen und die Macht der Absicht, den Missbrauch und die Zweckentfremdung von heiligen Plätzen und Gebieten zum Wohle aller zu vereiteln. Der erstaunliche Erfolg unserer Bemühungen lieferte die Inspiration und Grundlage für mich, die Technologie der spirituellen Intervention zu erarbeiten, die in dieser Sammlung von Geschichten beschrieben wurde.

HEILIGE QUELLE

Oak Creek Canyon, Arizona:
Mitte Februar

Eine meiner Schülerinnen namens Kathy hatte freundlicherweise angeboten mir zu helfen, mein Auto, einen Pathfinder, nach Oak Creek Canyon in Arizona zu fahren. Dort würde ich in den nächsten Monaten einen Forschungsurlaub verbringen. Kathys Mann, Denny, würde mit dem Flugzeug nachkommen und die beiden würden mir helfen, mich in meinem gemieteten Haus einzurichten. Sie sind beide Seelenverwandte und ich freute mich auf die gemeinsame Zeit.

Nach vier Tagen Autofahrt kamen Kathy und ich in der atemberaubend schönen Landschaft von Oak Creek an. Zehn Kilometer südlich von uns öffnete sich der Canyon in die roten, wie behauen anmutenden Sandsteinfelsen von Sedona. Sedona ist zu einer Art Mekka geworden für Menschen, die sich auf einem spirituellen Pfad befinden, dabei aber nicht den traditionellen Wegen folgen. Wir bogen ab und fuhren nach Osten auf einer schmalen Kiesstraße, überquerten den Oak Creek auf einer hölzernen Brücke und fuhren dann die sich mehr als hundert Meter den Berg hinaufschlängelnden Straße zum Gipfel eines Tafelberges hinauf, wo die Vegetation wüstenähnlich war. Das Gästehaus war klein, aber angemessen. Es war hell und luftig und man konnte von anderen Häusern aus nicht hineinsehen. Perfekt!

Kathy und ich wollten früh aufbrechen, um die nähere Umgebung zu durchwandern und zu erkunden, und Denny wollte sich in Sedona umsehen. Es war spät und wir waren nach einer eilig zubereiteten Mahlzeit reif fürs Bett. Der nächste Tag erwartete uns.

Nach einem leichten Frühstück mit Bagels, Frischkäse und Kräutertee machten Kathy und ich uns beim ersten Licht des Tages auf den Weg. Wir gingen über den Tafelberg, von dem aus man auf der einen Seite über den Oak Creek blicken kann, und der auf der anderen Seite steil abfällt. Es gab keine Wege, nur Trampelpfade, die kreuz und quer verliefen, oft im Nichts endeten und uns keine andere Wahl ließen, als es mit den stacheligen Wüstengewächsen aufzunehmen.

Die Vegetation in dieser Region besteht aus Buschwerk und Süßhülsenbäumen, in die sich dornige Feigen- und Fasskakteen sowie Wüstendornenbüsche einfügen. Wir waren zu aufgeregt und zu beschäftigt mit dem Erkunden und Erforschen, als dass wir uns darum kümmerten, ob unsere Beine zerkratzt wurden, aber ich bemerkte, dass meine Knie und Waden bluteten und dass es Kathy kaum besser ging als mir.

Wir setzten unseren Weg fort und kamen bald an einen steilen Hang aus Sandstein und Schiefergestein, der in eine enge Schlucht überging, die wiederum in ein trockenes Flussbett führte. Wir beschlossen, dem Flussbett zu folgen in der Hoffnung, ein weiteres Gemetzel an unseren Beinen zu vermeiden.

Bald wurde das Laubwerk viel dichter und wir wurden kurz darauf gezwungen, vorsichtig durch ein dichtes Brennnesselfeld zu laufen – und die Brennnesseln machten ihrem Namen wirklich alle Ehre. Meine Beine fühlten sich an, als ob sie mit Feuerameisen bedeckt seien. Die Landschaft kannte kein Erbarmen.

Wir folgten dem Flussbett und fanden den ersten Hinweis auf Feuchtigkeit, was mir sagte, dass es auf dem weiteren Weg Wasser und Pappelgehölze geben würde. Wir waren jetzt durstig und wollten unsere Beine abwaschen. Bald lief das Flussbett in eine wunderbare Lichtung mit Farnen, Totholz und großen Pappeln aus, durch das ein Wasserlauf mit großen Becken floss. Das Wasser darin war so klar, dass man nur schwer seine Tiefe bestimmen konnte.

Das Wasser war einfach zu einladend, als dass wir bei diesem Indian Summer-Wetter Mitte Februar hätten widerstehen können. Wir zogen Schuhe und Oberbekleidung aus und stiegen vorsichtig ins Wasser, das kühl genug war, um uns den Atem zu rauben. Es brachte Erleichterung für unsere geschundenen Beine und überhitzten Körper. Wir hatten das Gefühl, das dies unsere Belohnung dafür war, dass wir die Strafe für unsere Körper von vorhin erduldet hatten.

Nach einem erfrischenden Bad trockneten wir innerhalb weniger Minuten in der trockenen Luft. Wir beschlossen, ein bisschen weiter den Wasserlauf hinauf auf Entdeckungsreise zu gehen. Ich hatte angenommen, dass er noch etliche Meilen den Canyon hinaufging, da er viel Wasser führte. Aber zu meiner Überraschung fanden wir die Quelle dieses Wasserlaufs nur knapp hundert Meter weiter. Ich konnte einen Sturzbach unter einem riesigen Felsbrocken hervorsprudeln sehen und aus dem Felsen wuchs eine alte Pappel. Wegen der großen Wassermenge kam mir der Gedanke, dass dies bestimmt Schneeschmelzwasser von den viele Kilometer entfernten San Francisco Peaks war. Das Wasser musste viele Kilometer unter der Erdoberfläche zurückgelegt und dabei weit mehr als tausend Höhenmeter überbrückt haben.

Wir fühlten beide die Heiligkeit dieses Ortes. Wie viele Quellen in Wüstenregionen hatte auch diese mächtige spirituelle Energien, die uns schnell zum Schweigen brachten. Es gibt gewisse Orte, an denen sich menschliche Stimmen fremd anfühlen und die reichlich vorhandenen Energien stören.

Wir fanden beide bequeme Plätze zum Meditieren. Ich fühlte, wie mein Bewusstsein mit der Aura des Frühlings verschmolz. Es war, als ob ich selbst zu Wasser geworden war. Ich kannte sein Wesen, als ob ich mit allem Wasser überall verbunden wäre.

Nach unserer Meditation schlug ich Kathy vor, dass wir den Magnetismus dieses Ortes nutzen sollten, indem wir ein Ritual zur Heilung des Landes ausführten. Im Februar 1990 befanden sich Teile von Nordarizona immer noch unter dem Einfluss einer lange anhaltenden Trockenperiode. Flüsse und der Grundwasserspiegel hatten einen gefährlich niedrigen Stand. Quellen trockneten aus. Wir brauchten Winterstürme, damit es wieder Schneeansammlungen in den Höhenlagen gab.

Unsere Zeremonie war einfach und direkt. Wir riefen die Sturmgeister an und baten sie, Regen und Schnee in dieses ausgedörrte Land zu bringen, damit das Gleichgewicht wiederhergestellt würde. Das Fehlen eines Zeremonieobjekts, z. B. Maismehl oder Pfeife, stellte kein Problem dar. Ich war unabhängig von diesen Dingen geworden, als ich erkannt hatte, dass sie nur insofern hilfreich waren, weil sie halfen, unsere Absicht zu fokussieren. Obwohl wir mit wenig Gepäck gereist waren, hatten wir das Schwert der reinen Absicht, den Kelch der Hoffnung und den Zauberstab des magischen Bewusstseins bei uns. Am späten Nachmittag des gleichen Tages erzählten Kathy und ich Denny von unserer Erfahrung. Er war von der Idee einer Zeremonie zur Beendigung der Trockenheit fasziniert, aber auch etwas skeptisch.

Ich wachte am nächsten Morgen bei Tagesanbruch zum scharfen Ton eines brechenden Astes auf, auf den schnell ein Zweiter folgte. Ich öffnete die Vorhänge des Schlafzimmers und blickte auf eine Winterlandschaft in der Wüste. Die Landschaft war geradezu verwandelt! Der Sturm musste sich schnell entwickelt haben. Kein Zweifel, dass es bereits oben im Norden in den San Francisco Peaks heftige Schneefälle gab.

Alle eventuellen Zweifel, die noch bezüglich der Zeremonie des vorherigen Tages bestanden hatten, waren zerstreut. Es stellte sich heraus, dass es sich nicht nur um einen einzelnen Schneefall handelte. Er sollte der Vorläufer einer größeren Wetterveränderung sein.

Einige Tage später kam ein zweiter Sturm – dieses Mal mit heftigem Regenfall in der Wüste und mehr Schnee in den höhergelegenen Regionen. Es stellte sich heraus, dass der erste Sturm der größte dieses Jahrzehntes gewesen war.

Wir hatten einen äußerst nassen Frühling, der ungewöhnlich für diese trockene Gegend war. Die Grundwasserspiegel waren wieder auf Normalstand gestiegen und die Brunnen waren voll. Ich war dankbar für die Ehre, einen kleinen Anteil an all dem gehabt zu haben.

ooo

Meine Intuition erwies sich als richtig: Diese spezielle Quelle in der Wüste konnte als Hilfsmittel für die mächtige Verbindung mit den Sturmdevas benutzt werden und eine anhaltende Trockenperiode beenden. Als ich fühlte, wie ich selbst Wasser wurde, erkannte ich, dass das Wasserelement in mir es mir möglich machte, mit der Quelle und allem anderen Wasser zu verschmelzen. Ich verstand, dass das Wasserelement überall die physische Manifestation eines großen universellen Wesens ist, das, wie jeder von uns, der wunderbaren Schöpfung, zu der es gehört, dient.

ooo

EIN BLITZ BUCHSTÄBLICH AUS HEITEREM HIMMEL

Grand Canyon National Park: Sommer

Nach unserer erfolgreichen Regenzeremonie und nachdem der starke Sturm die Gegend im nördlichen Arizona heimgesucht hatte, erzählte mir Kathy eine bemerkenswerte Geschichte über eine ihrer Freundinnen, Jean. Jean hatte eine Woche in der Schlucht des Colorado River im Grand Canyon gecampt. Während dieser Zeit war das Wetter idyllisch gewesen. Sie stellte fest, dass der natürliche Rhythmus des Canyons in scharfem Kontrast zu dem rasenden Tempo stand, das in Südkalifornien vorherrschte, wo sie lebte. Jean war fast sofort, als sie ihr Lager aufgeschlagen hatte, in eine meditative Stille gefallen.

Am letzten Tag, als sie sich zutiefst erneuert fühlte, hatte sie ein überwältigendes Bedürfnis, eine Heilungszeremonie für die Erde durchzuführen. Es würde eine Möglichkeit sein, dem Land etwas für die Segnungen, die sie erhalten hatte, zurückzugeben.

Die ganze Woche über hatte sich Jean von einem ungewöhnlichen Felsen in der Nähe ihres Lagerplatzes angezogen gefühlt. Der riesige Felsen schien das Zentrum eines natürlichen Energiewirbels zu sein und es lag für sie nahe, dass sie den Ort für ihre Zeremonie wählte.

Die Zeremonie selbst dauerte nicht länger als 15 Minuten. Danach verließ Jean diesen Ort gerade noch so rechtzeitig, dass sie von dem Blitz, der den Felsen traf, selbst nicht getroffen wurde. Über ihr war blauer Himmel. Einen Moment lang stand sie schweigend und schockiert da. Sie fühlte eine Verbindung zwischen ihrer Zeremonie und dem Blitz und spürte, dass gerade etwas von unbegreiflicher Bedeutung geschehen war. Aber was konnte dieses mysteriöse Phänomen bedeuten? Sie musste nicht lange warten, um es herauszufinden.

Als Jean nach Hause zurückkehrte, fing das Telefon in dem Moment an zu läuten, als sie die Haustür öffnete. Sie war noch von der überwältigenden Erfahrung im Grand Canyon gefangen und hatte kein Verlangen, diesen Zauber zu brechen, indem sie mit irgendjemandem sprach. Als das Telefon jedoch weiterhin klingelte, zwang sie etwas, dranzugehen. Eine unbekannte männliche Stimme sagte: »Wir möchten Ihnen für die Zeremonie danken, die Sie durchgeführt haben. Südkalifornien stand ein größeres Erdbeben bevor. Das, was sie getan haben, hat das Gleichgewicht wieder insoweit hergestellt, dass das Beben verhindert werden konnte. Diese Art von spiritueller Arbeit, die sie und andere tun, wird derzeit dringend benötigt.«

Bevor Jean antworten konnte, ertönte das Freizeichen. Sie hielt den Telefonhörer noch eine Weile ans Ohr in der Hoffnung, dass die Stimme irgendwie wieder zurückkommen würde.

In Jeans Kopf wirbelte eine ganze Flut von Fragen, die wahrscheinlich nie beantwortet werden würden. Sie wusste, dass sie bei der Rückkehr weder jemandem gesehen noch mit jemandem gesprochen hatte. Und sie hatte sich vergewissert, dass andere Camper im Canyon nicht gesehen hatten, wie sie ihr privates Ritual durchführte.

Wer dann war diese mysteriöse Person, die sie so tiefgehend zu kennen schien, und wer waren die anderen, die er so neutral erwähnt hatte? Wie war es möglich, dass etwas, was sie mehrere hundert Kilometer entfernt tat, eine Auswirkung auf die geologische Stabilität des Gebietes haben konnte, in dem sie lebte? In Anbetracht dieses Blitzes und des mysteriösen Telefonanrufs hatte sie jetzt das Gefühl, dass alles möglich sei.

OOO

Als ich diese bemerkenswerte Geschichte hörte, war ich voll Verwunderung darüber, dass zwei einfache Zeremonien, die von gewöhnlichen Menschen in weniger als hundert Kilometer Entfernung voneinander ausgeführt wurden, doch solch eine enorme Auswirkung auf die Umwelt haben konnten. Ich erkannte, dass wir nie wissen können, welche Wirkung wir auf die Welt um uns herum haben können. Ein winziger Kieselstein, der in einen Teich geworfen wird, verursacht kleine Wellen, die sich in sich ausweitenden konzentrischen Kreisen nach außen bewegen. Eine perfekt ausgeglichene Waage wird durch das Gewicht einer kleinen Feder bewegt. Eine einzelne Tat mit reiner Absicht hat eine unfassbare Kraft. Ein einfaches Gebet, eine gute Tat, ein mutiges Einstehen für ein Prinzip oder ein Ritual zur Heilung der Erde können Auswirkungen haben, die weit über den Bereich der Wahrnehmung hinausgehen. Niemand von uns kann zu Recht sagen: »Was kann ich als Einzelner schon erreichen? Wer bin ich unter so vielen? Es gibt andere, die besser dafür geeignet sind, dies zu tun.«

Immer wenn ich über die verändernde Kraft dieser beiden Zeremonien nachdenke, erkenne ich, welch wundervoll ausgestattete Kreaturen wir Menschen sind und über welche grenzenlosen Möglichkeiten wir verfügen, um in der Welt etwas zu verändern. Ich wusste im tiefsten Innern meines Herzen, dass ich einen Weg finden musste, diese Ideen anderen mitzuteilen. Wir müssen nicht hilflose Bauern in einem Schachspiel sein. Wir müssen nicht wirtschaftliche oder politische Macht haben, um machtvoll in der

Welt zu handeln. Uns bleibt keine Zeit mehr, um die möglichen Umwelttragödien, die bevorstehen, allein durch physische Mittel zu lösen. Es muss sich etwas verändern, wenn immer mehr Menschen die heilende Kraft ihrer Absicht und die Macht erkennen, die wir erhalten, wenn wir wieder mit dem Geist der Erde vereint sind.

DER KREIS SCHLIEẞT SICH

Tennessee, Utah und Wyoming

Zwei Wochen bevor Astrid und ich Tennessee wegen einer Visionssuche im Canyonlands-Nationalpark verließen, die in der Geschichte *Sonnenzeremonien* beschrieben ist, erfuhr ich von zwei meiner Schüler, die in der Nähe des Parks lebten, dass das Gebiet seit zweieinhalb Jahren eine Trockenheit erlebte. Die Plätze im Hinterland, die wir immer als Wasserquellen genutzt hatten, waren fast ausgetrocknet.

Damit wollte ich während unserer Visionssuche nichts zu tun haben, weil es bedeutete, dass wir mehrere Fahrten zur nächsten Stadt und zurück machen mussten, um genug Wasser für eine Woche und ein Dutzend Menschen dorthin zu bringen. Das war unangenehm und störend für die Visionssuche. Ich wusste außerdem, wie wichtig diese Wasserquellen für die Fauna in der Wüste waren und wie sehr die Vegetation wegen der Trockenheit leiden musste. Die hochgelegenen Wüsten des amerikanischen Südwestens sind weit davon entfernt, ›leere‹ Wüsten zu sein. Selbst wenn sie auf den ersten Blick öde erscheinen, so wimmelt es dort in Wirklichkeit doch von allen möglichen Lebensformen und viele von ihnen gedeihen im Geheimen oder sind Nachtpflanzen. Ich erkannte, dass es nicht nur für die Menschen auf ihrer

Visionssuche, sondern auch für Fauna und Flora ein Segen sein würde, wenn die kostbare Gabe des Wassers wieder in diese durstige Wüstenregion zurückgebracht werden konnte. Ich besprach den Vorschlag mit Astrid, die von der Idee begeistert war. Wir wussten beide, dass Entfernung keine Bedeutung hat, wenn man mit einer der Elementarkräfte arbeitet. Wie so oft bat ich Astrid, mit mir zu arbeiten, da es immer so schien, als ob unsere gemeinsamen Energien jede Zeremonie, die wir ausführten, noch kraftvoller werden ließen.

Früh am nächsten Morgen, nachdem wir den mächtigen Sturmdevas Opfergaben dargebracht hatten, baten wir speziell um den Segen des Regens in Canyonlands. Wir dachten dann nicht mehr daran. Zwei Wochen später, Mitte September, kamen wir in Canyonlands an und waren überrascht über einen für die hochgelegene Wüste und die Canyonregion des Südwestens ungewöhnlichen Anblick: Viele der natürlichen Senken waren über die gesamte Landschaft hinweg mit stehendem Wasser gefüllt.

Wir erfuhren von unseren Freunden im ›Hinterlandladen‹ in der Nähe des Eingangs zum Park, dass die Gegend gerade eine ganze Woche sintflutartiger Regenfälle hinter sich hatte und dass die Trockenheit offiziell vorbei war. Als wir diese Nachrichten hörten, fühlten meine Frau und ich, wie die Freude in uns hochstieg. Obwohl wir um keinen sintflutartigen Regenfall gebeten hatten, hatte ich dieses Phänomen bereits bei einer Reihe anderer Gelegenheiten erfahren. Wenn eine längere Trockenzeit durch eine Zeremonie korrigiert wird, hat das Wetterpendel die Tendenz, in das gegenteilige Extrem zu schwingen, als ob der fehlende Regen wieder ausgeglichen werden müsse. Wir erfuhren, dass sich der Sturm gerade verzogen hatte und klarer Himmel vorhergesagt worden war. (Wie ich in *Sonnenzeremonien* beschrieben habe, zeigte sich, dass wir keinen völlig klaren Himmel hatten. Wir erlebten zwei Stürme kurz nach unserer Ankunft mit der Gruppe, bevor dann das schöne Wetter kam.)

Dass es geregnet hatte, war eine wundervolle Nachricht. Wir würden im Hinterland Wasser zum Trinken und für die Körperpflege haben und – was noch wichtiger war – es bedeutete Erleichterung für die Wüstenflora und -fauna. In mir wuchs ein neues Vertrauen darin, mit jeder der Elementarkräfte egal über welche Entfernung hinweg arbeiten zu können.

Als der folgende Sommer kam, hatte ich die Gelegenheit, diese Theorie nochmals zu testen. Eines Morgens bat Astrid mich, eine Zeremonie durchzuführen, um einigen Freunden in den nordöstlichen Staaten eine Atempause vom nassen Wetter zu verschaffen. Laut Astrids Aussage hatte es so viel Dauerregen gegeben, dass die Anpflanzungen in den Gärten bereits zu faulen begannen. Am Morgen nach der Zeremonie veränderte sich die bisherige Wetterlage und alle erhielten eine zwei Wochen lange, dringend benötigte Regenpause.

Offensichtlich war dies ein El Niòo-Jahr und bei drei weiteren Gelegenheiten drohte ein Übermaß an Regen. Trotz der Tatsache, dass die offiziellen Wetterberichte Dauerregen für mehrere Tage ankündigten, führte ich Zeremonien durch und es gab immer eine Atempause vom Regen. Während dieser Zeit erhielt meine Beziehung mit den Naturelementen einen neuen Grad der Verantwortung.

Eines Morgens während meiner Meditation wurde mir gesagt, dass ich als in dieser Region lebender Schamane regelmäßig Opfer für die Kräfte der Erde, der Luft, des Feuers und des Wassers darbringen müsse, und nicht nur, wenn die Notwendigkeit bestand, irgendwo einzugreifen. Es wurde mir gesagt, dass es immer die Aufgabe der örtlichen Schamanen oder Medizinmänner war, die Kanäle offen zu halten, um das richtige Gleichgewicht der Elementarkräfte zu erhalten. Mit anderen Worten, als Vermittler zwischen der Welt der Menschen, der Welt der Natur und der Welt der Elementargeister sollte ich sowohl eine Brücke sein zwischen den Welten also auch ein Anker, um dabei zu helfen, die Kräfte der

Elementargeister in der materiellen Welt zu erden. Es wurde mir gesagt, dass es eine solche gegenseitige Abhängigkeit zwischen diesen Königreichen gibt, dass die Elementargeister respektiert und geehrt werden müssen, um das empfindliche Gleichgewicht der universellen Kräfte aufrechtzuerhalten. Es wurde mir auch gesagt, dass es dringend notwendig sei, dass überall Einzelpersonen wie Gruppen diese Verantwortung übernehmen, um die wachsende Unausgewogenheit im Wetter, die bei uns und in anderen Teilen der Welt herrscht, wieder ins Gleichgewicht zu bringen.

ooo

Ich begann meine übliche Reise in die mysteriöse Welt der Naturdevas und der Elementargeister Mitte der 80er Jahre im Monat Juli mit einer Zeremonie zur Beendigung der Trockenheit im Westen von Wyoming. Im Juli des Jahres 2003 gingen Astrid, ihr elfjähriger Sohn Aidan und ich in der Zeit, als mein Buch redigiert wurde, auf einen neuntägigen Campingausflug in den Grand Tetons. Bei unserer Ankunft entdeckten wir, dass die Gegend wieder einmal unter Trockenheit und unter für die Jahreszeit ungewöhnlich hohen Temperaturen litt. Darüber hinaus wütete ein riesiger Waldbrand ca. 50 Kilometer weiter südlich vom Park in der Nähe von Hoback Junction. Ich hatte sofort ein Déjà-vu-Erlebnis.

Da ich wusste, dass Feuer Teil eines natürlichen Zyklus der Erde ist, widerstrebte es mir, während der ersten Woche unseres Ausfluges einzugreifen. Schließlich führte ich zwei Tage vor unserer Abreise am späten Nachmittag eine Zeremonie durch und bat um kühlere Temperaturen und Regenschauer. Zum ersten Mal bat ich darum, dass der Wetterwechsel nicht zu extrem sein würde, da ich mich daran erinnerte, dass die Antwort auf eine solche Zeremonie manchmal sehr heftig war.

Am nächsten Morgen beobachteten wir die Gewitterwolken, die sich aus den Gipfeln der Tetons herausschoben, und bald ruhten wir uns unter einer Wolkendecke aus, die einen Temperaturwechsel von 32 auf 21 Grad Celsius brachte. Mit dem Eintreten der Regenschauer und der kühleren Temperaturen, hatte ich das Gefühl, mit dem Eingriff in den natürlichen Zyklus zu diesem Zeitpunkt das Richtige getan zu haben, denn die Trockenheit hatte viel Leid für die Pflanzen und das Leben der Tiere mit sich gebracht.

Wieder einmal hatte sich der Kreis für mich geschlossen. Es ist vielleicht passend, meine Geschichten über das spirituelle Eingreifen mit der oben erzählten Episode zu beenden, da das alles fast auf den Tag genau vor zwei Jahrzehnten an diesem gleichen herrlichen Ort mit dem wunderschönen Rundblick begann. Ich erkannte, dass die Veränderungen in meiner Beziehung zu den Elementargeistern exponentiell wuchsen und dass die Einsichten, die ich jetzt habe und die ich gewann, während dieses Manuskript redigiert wurde, als Ergebnis weiterer Offenbarungen weiterhin an Umfang und Tiefe zunehmen. Dennoch vertraue ich darauf, dass mein derzeitiges Wissen, das ich hier kundtue, wahr ist und hilfreich sein wird.

Während ich diese Absätze schrieb, erinnerte ich mich auch zum ersten Mal seit Jahren an eine Geschichte, die mir von einem tibetischen Lama erzählt wurde, mit dem ich vor 25 Jahren zusammen studiert hatte. Er erzählte von einer Zeit, als die chinesische kommunistische Armee in sein Land einfiel. Eine große Gruppe tibetischer Mönche beschloss, auf gefährlichen Wegen aus Tibet nach Nepal zu fliehen. Die chinesische Armee hatte bereits Kontrollstellen entlang der wenigen Straßen errichtet, die aus Tibet herausführten, um zu vermeiden, dass irgendjemand flüchten konnte. Dieser Lama sagte, dass einige der mächtigen Schamanen eine Nebelbank entstehen ließen, um die Mönche auf ihrem Weg aus den Bergen zu schützen und ihren Abstieg zu verhüllen. Es war fantastisch anzusehen, sagte er, wie diese Nebelwolke langsam den Bergabhang hinabglitt. Diese Unsichtbarkeit, für die der Nebel sorgte, ermöglichte es ihnen, sicher aus Tibet herauszukommen.

Als er mir seine Geschichte erzählte, war ich von Ehrfurcht erfüllt, dass irgendjemand eine derartige Gewalt über die Elemente haben konnte. Heute bin ich immer noch beeindruckt von dieser Geschichte, aber ich weiß, dass sie nicht unglaublich ist, weil mir bewusst ist, dass eine derartige Gewalt über die Elementarkräfte sehr wohl möglich ist.

Ich weiß, dass meine Beziehung mit diesen großartigen Wesen weitergehen und neue Dimensionen annehmen wird. Ich hoffe, dass diese Geschichten einzelne Menschen wie Gruppen inspirieren werden, die Initiative zu ergreifen, diese heilige Arbeit in diesen feinstofflichen Bereichen auszuführen. Ich werde Ihnen ein Geheimnis erzählen. Diejenigen unter Ihnen, die in ihrem Innern eine Resonanz mit diesen Geschichten spüren, erleben das so, weil sie die Fähigkeit haben, ähnliche Dinge zu tun. Das, was Sie erfahren, ist ein ›Wiedererkennen‹, eine von den Ahnen übernommene ›körperliche‹ Erinnerung an eine Zeit, in der Sie mit solchen Praktiken zu tun hatten. Wenn diese Beschreibung auf sie passt, rate ich Ihnen, nicht mehr zu zaudern und anzufangen!

Unser eigener Erdengeist, Gaia, ist eine schwangere Mutter, die kurz vor der Geburt steht. Das Kind, das sie gebären wird, ist das einer neuen Menschheit. Aber derzeit erlebt sie eine sehr schwierige Geburt. Ohne eine ausreichende Zahl von Hebammen, die ihr bei diesem Übergang helfen, könnte sie eine Fehlgeburt erleiden.

Christus sagte einmal zu seinen Jüngern: »Ein neues Gebot gebe ich euch, dass ihr euch untereinander liebt, wie ich euch geliebt habe ...«[18] Trotz der riesigen Probleme in unserer Welt gibt es heute mehr Liebe als je zuvor. Diese Liebe hat die Kraft, unsere Menschlichkeit zu transformieren.

Was, wenn Christus heute leben würde? Was wäre sein Anliegen? Ich denke, er wäre besorgt über unsere fehlende Verbindung mit der Erde und über die Probleme, die sich daraus ergeben. Meiner Meinung nach liegt das größte Versäumnis der organisierten Religion unserer Zeit darin, dass sie die massiven Umweltprobleme, die die Lebensqualität unserer Kinder und Enkel und aller Lebewesen auf diesem Planeten bedrohen, nicht erkannt und ihnen nicht entgegengewirkt haben. Als Antwort auf diese beunruhigende Situation hätte Christus vielleicht in etwa das Folgende gesagt: »Ich gebe euch ein neues Gebot für dieses Jahrtausend. Liebt die Erde von ganzem Herzen, von ganzer Seele und mit ganzem Verstand. Liebt, ehrt und wertschätzt sie. Gehorcht ihren Gesetzen! Denn sie ist die wahre Mutter und verantwortlich dafür, dass ihr hier seid. Sie hat euch Leben, Segen und Fülle gegeben.«

Beginnt die euch zugewiesene Aufgabe als Hüter im Garten dieser Welt zu erfüllen. Verunreinigt oder nutzt die Erde nicht mehr aus, als ihr es bei eurer biologischen Mutter tun würdet. Wenn ihr etwas von ihr nehmt, dann gebt etwas in Übereinstimmung mit dem ›universellen Gesetz des Ausgleichs‹ zurück, das von gleichem oder höherem Wert ist. Bietet eurer wirklichen Mutter mit euren Gebeten, heiligen Liedern und Tänzen Heilung an! Führt Zeremonien an natürlichen Kraftplätzen durch! Bringt Heilung nicht nur in physischer Form, sondern auch auf den geistigen Ebenen und durch das Vertreiben der ›schlechten Medizin‹, die an so vielen Orten überall in unserer heutigen Welt vorhanden ist.

Diejenigen von euch, denen die Macht gegeben worden ist, leistet Hilfe, indem ihr Regen in die ausgetrockneten Regionen bringt und hellen Sonnenschein zu den Orten, die überschwemmt sind. Stellt an den heiligen Orten wieder das Gleichgewicht in der Umwelt her und schützt sie, denn wenn ihr das tut, sorgt ihr auch für euren eigenen Schutz und den Schutz alles Lebendigen.

Zu guter Letzt: Legt nicht nur ein Lippenbekenntnis für die Verantwortung gegenüber der Umwelt ab. Seid wirklich gute Hüter der Erde, indem ihr auf Worte Taten folgen lasst. Ich beende diese Reihe von Geschichten deshalb mit einem Hilferuf. Ich fordere diejenigen auf, die Resonanz mit diesen Geschichten verspüren, sich auf diese Art und Weise voll einzusetzen für die große Arbeit der Heilung unseres Planeten, der wie ein kostbarer Edelstein von außerordentlicher Schönheit in der unendlichen Schöpfung hängt.

SPIRITUELLES EINGREIFEN

Niemand war erstaunter als ich, als ich erkannte, dass die Dutzende von Zeremonien für die Heilung oder den Schutz des Landes, die wir während der letzten zwei Jahrzehnte durchgeführt hatten, alle erfolgreich gewesen waren. Darüber hinaus waren die Ergebnisse oft dramatisch. Als mir schließlich dieser phänomenale Rekord bewusst wurde, wünschte ich, dass ich diese Art des spirituellen Eingreifens mehr in den Vordergrund gerückt hätte, als ich es getan habe. Von einem rein pragmatischen Standpunkt aus brachten sehr geringe Anstrengungen oft außergewöhnliche Ergebnisse. Die Größe des Landes und sogar der Grad des Widerstandes schienen kein Faktor dabei zu sein.

Bei meiner ersten Ankunft in Canyonlands waren überall im Park Schilder der Regierung angebracht, die die Besucher informierten, dass dieses Gebiet vom amerikanischen Energieministerium für die Lagerung radioaktiver Abfälle in Betracht gezogen wurde. Ich war entsetzt. War dies nicht ein heiliger Ort?

In den folgenden zwei Jahren führten wir mit meinen Gruppen von Schülern kraftvolle Zeremonien durch, um zu versuchen, diese Entweihung aufzuhalten. Als ich im dritten Jahr wieder nach Canyonlands kam, waren die Schilder verschwunden. Ich erfuhr, dass eine Aktivistengruppe in diese Gegend gezogen war und nicht nur erreicht hatte, dass der Vorschlag zurückgezogen wurde, sondern auch Erfolg damit gehabt hatte, dass der Tagebau, der jahrelang praktiziert worden war, verboten wurde.

Jahre später erfuhr ich, dass ein riesiges Stück wunderschönen Landes, das an den Park angrenzte, an Bauunternehmer verkauft werden sollte. Dieses Land, das zum Besitz der Dugout Ranch gehörte, stellte eine Pufferzone zum Park selbst dar. Da unser Basislager dort gewesen war, hatten wir eine starke Beziehung zu dem Gelände. Wir führten Zeremonien durch und baten um Schutz für diese Ehrfurcht gebietende, wunderschöne Landschaft. Ein paar Jahre später wurde das Land zu meiner großen Erleichterung, aber dennoch nicht überraschend für mich, an den Naturschutz verkauft und wird dadurch für immer in seinem natürlichen Zustand bleiben.

Ich behaupte nicht, dass wir alleine für die obigen Vorgänge zuständig waren. Vielleicht gab es andere Gruppen und Einzelpersonen, die daran arbeiteten, das Land zu schützen. Was ich jedoch sagen möchte, ist, dass heilige Zeremonien oder Rituale für die Erde, die von ein paar Menschen mit reiner Absicht durchgeführt werden, die enorme Kraft haben, etwas in Bewegung zu bringen. Ich habe auch gesehen, wie es einigen meiner früheren Schüler gelungen ist, diese Philosophie des spirituellen Eingreifens in die örtliche Umweltschutzbewegung einzubringen und effektiv Veränderungen zu bewirken.

Wir können nicht weiterhin nur auf der physischen Ebene arbeiten, um unsere Erde zu heilen und zu schützen. Das spirituelle Eingreifen muss in den vor uns liegenden Jahren dazugehören.

Diese Methode wirkt, weil wir höhere Energiefelder und Denkformen einsetzen, um zweidimensionale Zustände zu überwinden. Dieser Ansatz zur Bewahrung unserer Umwelt bedeutet eine radikale Abkehr von den Methoden, mit denen die meisten Menschen vertraut sind. In der Vergangenheit sir

Umweltschützer dem Feind auf seinem eigenen Boden gegenübergetreten, wo dieser am stärksten war. Verfolgt man nur diesen Ansatz, ist man Begrenzungen unterworfen, denn diejenigen, die in der Umweltschutzbewegung engagiert sind, können nicht erwarten, dass sie über die gleichen wirtschaftlichen und politischen Mittel oder den Zugang zu den Medien verfügen wie die Geschäftswelt. Es wurden zwar schon wichtige Kämpfe gewonnen – oftmals durch heroisch anmutende Anstrengungen –, aber der Krieg geht verloren und die Zeit wird möglicherweise knapp.

Es gibt jedoch eine Alternative: Bringt den Konflikt auf eine höhere Ebene. Mit anderen Worten: Die Energien von Ritualen und Zeremonien, die Ausdruck einer konzentrierten Absicht sind, und Gebete, die Liebe zu Gaia und Leidenschaft für das Königreich der Natur ausdrücken, können sich über die bestehende Situation hinwegsetzen. Situationen, die festgefahren sind oder gerade schlimmer werden, können verändert werden. Dies sollte noch nie da gewesenen Erfolg mit sich bringen, da, um es nochmals zu sagen, die feinstofflichen Ebenen die physische Ebene steuern.

Das ist keine idealisierte Behauptung. Das ist ein Naturgesetz. Höhere magnetische Felder können ausnahmslos die dichteren außer Kraft setzen. Mein Rat an Gruppen ist jedoch, nicht einfach meine persönlichen Aussagen zu akzeptieren, sondern selbst auszuprobieren. Spirituelles Eingreifen wird das Engagement der Umweltschutzbewegung revolutionieren und bekräftigen und dazu beitragen, eine Reihe von GAUs abzuwenden. Diese Herangehensweise sollte auch dazu beitragen, die vielen verschiedenen Gruppierungen, die sich über der Frage zerstritten haben, wessen Projekt Vorrang hat und welche Gelder wohin fließen sollten, zusammenzubringen.

Spirituelles Eingreifen kann ein kraftvolles Werkzeug sowohl für die Heilung des Landes als auch für seinen Schutz sein. Ich erkannte, dass *jede* Regenzeremonie, die ich durchgeführt habe, gewirkt hat. Das Gleiche gilt für die Sonnenzeremonien. So erstaunlich diese Geschichten klingen mögen, wenn wir beginnen zu akzeptieren, dass es ein Bewusstsein gibt, das die Welt der Natur durchzieht, und dass es Mittel und Wege gibt, sich mit diesem Bewusstsein zu verbinden, dann scheinen diese Taten weniger außergewöhnlich zu sein. Eine meiner Absichten beim Schreiben dieses Buches war, einige der alten schamanischen Prinzipien, die vor langer Zeit von unserer Kultur als bloßer Aberglaube abgetan wurden, zu entmystifizieren.

Ich habe festgestellt, dass viele Menschen, die zeremonielle Praktiken einsetzen, so etwas wie ein ›Wiedererkennen‹ erleben; sie wissen plötzlich, dass sie diese Art von Dingen früher schon getan haben. Zweifelsohne gibt es eine atavistische Erinnerung an Rituale und zeremonielle Praktiken, die in früheren Zeitaltern das Herzstück des Dorf- und Stammeslebens waren. Wenn der heilige Raum geöffnet wird, erleben viele Praktizierende eine fast greifbare Präsenz einer nicht alltäglichen Realität, die zugleich magisch, nicht linear und jenseits der Syntax liegt. Dieser greifbare heilige Raum hat die Kraft und die Macht, Ereignisse in der alltäglichen Realität zu beeinflussen.

Wenn ich diese alten Praktiken durchführe, bin ich wahrhaftiger ich selbst als meistens sonst. Derartige Praktiken ziehen nichts Geringeres an als die Energien aus der Welt der Strahlenenergie, die die grundlegende Realität für alle Wesen ist. Dies ist ein starker Kontrast zu der Illusion, die wir physische Realität nennen und der wir so zugeneigt sind. Zeremonielle Praktiken können deshalb mächtige Kräfte in unserem Leben sein, nicht nur wegen unserer Fähigkeit, die physische Realität zu beeinflussen, sondern auch, weil sie dazu beitragen, uns wieder mit der transzendentalen Realität zu verbinden, zu der wir alle gehören.

Angesichts der zunehmenden Umweltkrisen bin ich sicher, dass wir, falls wir die vor uns liegenden Jahre überleben wollen, aufhören müssen, diese Probleme linear, auf eine von der linken Gehirnhälfte gesteuerte Weise zu betrachten. Die spirituellen

Verfahren, die ich zur Heilung der Erde empfehle, basieren nicht auf einer Art utopischem, wirklichkeitsfremdem Idealismus, sondern auf bestimmten, wenn auch wenig bekannten, Naturgesetzen. Sie haben in meinem Fall immer wieder funktioniert. Sie können auch für andere funktionieren.

Manchmal fragen mich Menschen: »Wie kann ich diese Fähigkeiten erlangen, die Sie haben?« Ich sage ihnen, dass es da nichts zu ›erlangen‹ gibt! Jeder hat das Potenzial, genau diese Kräfte zu erwecken. Sie sind bereits in jedem Menschen vorhanden. Unsere angeborene Natur ist, dass wir alle magische Wesen sind.

Wenn wir uns der Erdgöttin hingeben, wird sie sich wiederum uns hingeben. Entscheidend ist, unser Leben einem höheren Ziel zu überlassen. Wenn wir unser Leben hingeben, um IHR zu dienen, so wie ich es getan habe, gibt SIE uns unvorstellbare Segnungen und Gaben über alle Maßen hinaus.

Die Menschen haben Schwierigkeiten, mir zu glauben, wenn ich ihnen sage, dass es Gegenkräfte gibt, die nicht wollen, dass man Zugang zu dieser Kraft und diesem Wissen bekommt. Diese Kräfte sind sehr gut organisiert und haben viel Kontrolle darüber, was in den Medien dargestellt und an den Hochschulen gelehrt wird. Sie versuchen, alle Informationen über spirituelle und natürliche Gesetze, die an die Öffentlichkeit kommen, in Verruf zu bringen. Sie kämpfen mit bewusst falschen Informationen, um Verwirrung zu stiften und damit wir machtlos und unwissend bleiben. Vielleicht werden sie versuchen, dies auch mit mir so zu machen, es sei denn, sie beschließen, dass ich so ›weit abgedreht‹ bin, dass ich für sie ein harmloser Exzentriker oder ein völlig Irrer bin.

KAPITEL 7

DER WEG ZURÜCK

○○○

EINE RÜCKKEHR IN DEN GARTEN EDEN

In den vorherigen Kapiteln habe ich einige von vielen Ausflügen beschrieben, die ich in die östlichen und westlichen Berge sowie die abgelegenen Canyons und Wüsten des amerikanischen Südwestens gemacht habe. Manchmal ging es dabei um eine persönliche Suche. Zu anderen Zeiten fanden sie als Vorbereitung für Gruppen von Visionssuchenden und für andere heilige Reisen in die Wildnis statt. Dies waren wegweisende Momente für mich.

Durch Tage der Einsamkeit, durch Zeremonien und Visionssuchen und durch die Verbindung mit der Welt der Natur fühlte ich mich auf die tiefste, intimste Art, die man sich vorstellen kann, mit dem Leben um mich herum verbunden. Ich wurde eins mit den zerklüfteten Canyons, den verhangenen Bergen, der leeren Wüste und den fließenden Gewässern, kühlenden Brisen und lodernden Versammlungsfeuern. Ich wurde ein Bruder der Pflanzengeister, des stillen Waldes, der Hirsche und des Präriewolfs.

Ich entdeckte eine Welt, die erheblich persönlicher, komplexer und älter ist, als ich mir je vorgestellt hätte – eine Welt, die nicht linear, sondern magisch und jenseits der Sprache unserer Kultur ist. Zu meiner großen Freude stellte ich fest, dass – wann immer ich Gruppen mit in die Wildnis nahm – sie sich ebenfalls wieder mit der Welt der Natur verbinden konnten. Wenn wir zusammen waren, bei Workshops oder Retreats in der Wildnis, in Klassenzimmern oder in Canyons und Wäldern, so waren wir als Gruppe in der Lage, etwas von der Magie der Schöpfung, die mein eigenes Leben so tief und persönlich berührt hatte, zu erfahren.

Unsere Welt ist mehr als die nach vorherrschender Meinung existierende Realitätswelt unserer Kultur. Sie ist weit und unbegreiflich, jenseits jeglicher Definition – eine magische Welt, die am Leben und voller Schönheit und Liebe ist. Wenn der durchschnittliche Mensch eine Vorstellung davon hätte, was ihn umgibt, würde er nichts anderes mehr wollen, als sich der größeren Realität zu öffnen.

Das Zusammenleben als große Familie an diesen Orten der Wildnis war so natürlich und grundlegend für mich und unsere Gruppenmitglieder geworden, dass es mit jeder Erfahrung schwieriger für uns wurde, zu dem Wahnsinn zurückzukehren, den wir als unsere Welt kennen – einer Welt, die getrennt ist von der Erde und ihren Kreaturen und dazu im Gegensatz steht. Ich verstand, dass dies die Situation der Menschheit unserer Zeit ist.

Ich hatte erkannt, dass die meisten Menschen von einem akuten Gefühl der Einsamkeit ergriffen werden, das nicht von Beziehungen, von der Hingabe an die Kunst oder von humanitären Dingen befriedigt wird. Diese Einsamkeit ist das Ergebnis unserer Trennung von der Erde.

Ich sah, dass im Gegensatz zu unseren üblichen Überzeugungen, das Problem der Menschen nicht allein in Hunger, Krankheit oder in der Unmenschlichkeit zwischen den Menschen begründet liegt. Es ist tatsächlich so, dass die Probleme in neuen und noch schrecklicheren Formen zurückzukommen scheinen, wenn wir sie ansprechen und versuchen, sie zu beseitigen. Ich sah, dass dies nur Symptome einer Konstellation waren, die zu uns als Spezies gehört und die die Wurzeln unseres Bewusstseins betrifft. Es wurde mir klar, dass wir eine uralte, echte und ursprüngliche Verbindung mit der Erde verloren haben. Wenn meine innere Vision richtig war, war eine energetische Nabelschnur, die jeden von uns mit der Erde verbindet, durchtrennt oder beschädigt worden. Als dies geschah, verloren wir unsere ungeborene magische Natur.

Diese Entdeckung versetzte mich in einen Schockzustand. Ich wusste, dass die biblische Geschichte des ›Sündenfalls‹ eine Urerinnerung an solch eine Katastrophe war. Sie hatte ein solch mythisches Ausmaß angenommen, dass wir keinen Anhaltspunkt mehr hatten, was das wirkliche Problem war, und noch weniger, was man dagegen tun könnte. Was immer geschah, die Menschen hörten auf, die magischen Wesen zu sein, die sie sein sollten, und wurden stattdessen zu diesen engstirnigen, eigennützigen, egozentrischen Kreaturen, die sie heute sind.

Ich sah, dass die Trennung von Mutter Erde uns dazu bringt, uns wie heimatlose Kinder zu benehmen: ängstlich, widerspenstig und verloren. Aber hier hört die Analogie auf, denn erwachsene Kinder können im Gegensatz zu kleinen Kindern ziemlich gefährlich sein, weil sie gefährlichere Spielsachen und viel größere Spielplätze haben.

Es war eine weitere beunruhigende Wahrnehmung, als ich erkannte, dass vieles von dem, was wir als normal akzeptieren und sogar für das richtige Benehmen halten, in einer Gesellschaft, die nicht ihre direkte Verbindung mit der Erde verloren hat, als anomales Verhalten angesehen würde. Ein Beispiel dafür ist unsere westliche Ethik des ›Besitzes von Land‹. Wenn wir mit der Erde verbunden sind, verstehen wir instinktiv – so wie ein Indianer dies tut – dass die Erde nicht uns gehört; wir gehören der Erde. Sie ist nicht etwas, das wir rechtmäßig kaufen und verkaufen, aufteilen und parzellieren können. Es ist kein Wunder, dass die Indianer Amerikas die europäischen Werte fast unverständlich fanden.

In der Tat sind wir wie Bäume, deren Pfahlwurzeln gekappt wurden, die aber weiterhin durch Seitenwurzeln leben. Wir sind verkrüppelt, weil wir nicht länger die Nahrung tief im Inneren der Erde erreichen können. Bis unsere tiefe Verbindung mit dem Geist der Erde wiederhergestellt worden ist, können wir nie die vollständigen Wesen sein, die wir sein sollen. Genau dieses Gefühl der Unvollständigkeit bringt uns dazu, uns an materielle Dinge und Werte zu hängen, die keine spirituelle Kraft oder Substanz besitzen und die weder Leben geben noch lebenserhaltend sind. Dies ist derzeit unser einzig größtes Problem.

Die größte Herausforderung für uns besteht darin, die Erde als ein lebendes, fühlendes Wesen anzuerkennen und mit ihr auf einer vertrauten Ebene eine Beziehung einzugehen, so als ob sie unsere Mutter, unsere Schwester und unser Kind wäre. Die Erde selbst bietet uns einen unfehlbaren Weg zu Ganzheit und Transzendenz, weil sie uns Leben gegeben hat und die Quelle all dessen ist, was wir haben und was wir sind.

Ich glaube, dass unsere alte Verbindung mit der Erde und ihren Kreaturen noch im tieferen Bewusstsein jedes Einzelnen vorhanden ist. Diese Verbindung kann in jedem von uns wieder erneuert werden. Solch eine Erneuerung wird uns in den Zustand im Garten Eden, einen Zustand der Harmonie und der Einheit mit ihrer Schöpfung, zurückführen.

Die Parabel vom Garten Eden und andere Schöpfungsmythen sind Erinnerungen an den Verlust eines ursprünglichen Zustandes, in dem wir in glückseliger Harmonie mit dem Schöpfer und der

Schöpfung lebten. Ob wir dieses Zeugnis der biblischen Schriften als wahr anerkennen oder nicht, so spüren wir doch im Innern eine Resonanz zu der Geschichte vom Sündenfall und vom Vertriebensein aus dem Garten. Wir spüren sie im Mark unserer Knochen und erleben sie auf Zellebene. Jeder von uns hat schon zum einen oder anderen Zeitpunkt dieses undefinierbare Verlangen nach dem ›verlorenen Guten‹ gespürt.

Der Engel mit dem Feuerschwert, der die Rückkehr des Menschen in den Garten Eden versperrte, ist das Symbol für unseren logischen Verstand. Wir können nie durch diese Fähigkeit in den Garten der Natur zurückkehren. Wir können weder Zugang zur höheren Weisheit bekommen, noch können wir Gott mit unserem Verstand begreifen. Da unser analytischer Verstand keine direkte Verbindung mit den Dingen des Geistes hat, müssen wir ein anderes Mittel finden, um uns wieder mit unserer Quelle zu verbinden. Durch unsere Herzen und tiefste Intuition werden wir zur Erde zurückgeführt – zum Göttlichen.

Ohne eine Veränderung im Bewusstsein der Menschen werden alle Umweltschutzgesetze der Welt nicht ausreichen, um die Erde zu schützen und die Menschheit zu retten. Alle Proteste und Demonstrationen werden umsonst sein. Wir können nicht hoffen, die physische Welt ohne eine damit einhergehende spirituelle Transformation ändern zu können. Dies ist eine außergewöhnliche Forderung, aber wir leben in außergewöhnlichen Zeiten mit außergewöhnlichen Problemen. Außergewöhnliche Lösungen durch außergewöhnliche Menschen werden benötigt, um die unbeschreiblichen Szenarios abzuwenden, die sich als sehr reale Möglichkeiten in einer ungewissen und nicht fassbaren, nicht zu weit entfernten Zukunft bedrohlich abzeichnen.

In gewissen Visionen, die begannen, als ich noch ein Gemeindepriester war, sah ich Zukunftsszenarios, die ein Requiem für die Menschheit und vielleicht für die Erde selbst einleiten könnten. Ich sah jedoch auch, dass ein Requiem vermieden werden könnte, wenn wir unseren verloren gegangenen Garten Eden wiederentdecken. Eden liegt an den Wurzeln unseres Bewusstseins. Es ist ein Seinszustand, in dem wir in Harmonie mit unserer Mutter, der Erde, und dem gesamten Leben sind.

Es ist nicht zu spät, zu unserer ursprünglichen Quelle, der Erde, zurückzukehren. Wenn es zu spät wäre, würde ich dies nicht schreiben. Die wirkliche Bedeutung der Parabel vom verlorenen Sohn und die der Verbannung des Menschen aus dem Garten Eden ist die eines Sinnbilds für die Situation des Menschen. Wir *sind* die verlorenen Kinder, die sich verirrt haben, irgendwie enorm verirrt haben.

Die Erde ruft uns kontinuierlich als Teil ihrer selbst zu sich zurück. Es ist Zeit, wieder nach Hause zu kommen! Wie der verlorene Sohn, sind wir ein Volk, das spirituell bankrott ist, und wenn so etwas geschieht, ist es nur eine Frage der Zeit, bevor der ökonomische, soziale und politische Bankrott folgt.

Als der verlorene Sohn nach Hause zurückkehrte, gab es eine Feier und es herrschte große Freude. Das wird auch für uns so sein, wenn wir zu unserer Quelle zurückkehren. Die Engel selbst werden unsere Rückkehr feiern und die gesamte Schöpfung wird jubeln.

Und wenn das geschieht, werden wir uns zum ersten Mal daran erinnern, worum es im Lied des Buckelwals wirklich geht oder was der Ruf des Timberwolfs oder das Lied des Wiesenstärlings uns zu sagen haben. Wir werden das Gelächter der Delfine, die Verspieltheit der Fischotter und die Ekstase des Sturms verstehen. Wir werden wissen, dass all das nur ein Ausdruck der ekstatischen Freude ist, eins mit der Schöpfung zu sein. Wenn wir das schließlich entdeckt haben, dann werden wir auch unseren eigenen Platz im großen Medizinrad des Lebens kennen.

EIN AUFTRAG FÜR DIE MENSCHHEIT

Viele der Geschichten in diesem Buch geben Episoden wieder, die so weit entfernt von unserer nach allgemein vorherrschender Meinung geltenden Realität sind, dass sie übernatürlich zu sein scheinen, doch sie sind genauso Teil des Rhythmus aller Dinge wie Sonnenaufgang und Sonnenuntergang, wie Ebbe und Flut und wie der Wechsel der Jahreszeiten. Wenn diese Erfahrungen als Ganzes gesehen werden, weisen sie hin auf das Vorhandensein eines einzigen, alles durchdringenden Bewusstseins, das hinter der physischen Welt ist, in der wir leben.

Wo immer ich hingereist bin, vom Polarkreis bis in den Süden Mexikos, von den San Juan Islands bis zur felsigen Küste von Maine, habe ich dasselbe bewusste Leben erlebt, das von Pol zu Pol und überall auf der Erde fließt. Ich habe die Verbindung allen Lebens mit diesem einen Wesen gespürt, das sich – wie ich erkannt habe – meiner bewusst ist und das mich nährt und für mich sorgt, so wie eine Mutter sich um ihr eigenes Kind sorgen würde.

Wo immer ich in die isolierte Welt der Menschen gehe, werde ich daran erinnert, wie getrennt wir von allem sind, was Natur ist. Ich weiß, dass es diese Trennung ist, die das Gefühl des Nichtverbundenseins und der Beziehungslosigkeit mit sich gebracht hat, das so viele Menschen von heute erleben. Man kann ein menschliches Wesen aus der Wildnis herausnehmen, aber man kann nicht die Wildnis aus dem menschlichen Wesen entfernen. Wir haben uns von der natürlichen Welt isoliert. Immer mehr Asphalt bedeckt die Erde, hohe Gebäude versperren den Blick auf den Horizont und wegen der Umweltverschmutzung in unseren Städten können wir die Sterne in der Nacht nicht mehr sehen. Unsere Fernsehapparate, Radios und Stereoanlagen plärren ohne Unterlass und übertönen die natürlichen Geräusche des Windes, des Donners und des Regens, das Gezwitscher der Vögel und den nächtlichen Gesang der Kojoten. Die überall vorhandenen Energien der elektronischen Umweltbelastung von Hochspannungsleitungen, Computern und Mikrowellen haben tödliche Auswirkungen auf unsere Gesundheit – sie sind stille Mörder (unerkannt vom menschlichem Auge).

Und dann ist da noch die Verwüstung unserer bewaldeten Gebiete. Jeder, der unsere kultivierten, ›gewinnorientierten‹ Wälder besucht hat, die nichts weiter als Baumanbaugebiete sind, hat aus erster Hand die abnehmende Kraft und das Fehlen von Vielfalt an solchen Orten erlebt. Sie sind ein armseliger Ersatz für die Möglichkeiten der Heilung, die ein Wald mit altem Baumbestand, unberührte Bergflüsse und Wasserfälle, Alpenwiesen und Marschlande haben.

Wir haben heutzutage den Geist vergessen, der in uns und in allen Dingen lebt und sich bewegt. Unser logischer Verstand, auf den wir uns heutzutage so stark verlassen, hat keine direkte Verbindung mit der intuitiven Weisheit oder unserem magischen Bewusstsein, das Teil unseres natürlichen und ursprünglichen Zustandes ist, worauf diese Geschichten hinweisen.

Unsere kulturelle Konditionierung hat uns blind, taub und dumm gemacht. Wir sind blind für die wahre Natur der Welt um uns herum. Wir sind taub für die Stimmen der Schöpfung, die uns so viel beizubringen haben. Unsere Dummheit besteht darin, dass wir nicht in der Lage sind, mit der Gewissheit zu sprechen, die auf einer direkten spirituellen Erfahrung der Schöpfung basiert. Wir wissen nur das, was durch die Vermittlung des logischen Verstandes kommt und deshalb keine direkte Verbindung mit den spirituellen Realitäten hat. Informationen, die von unserem normalen Verstand wahrgenommen werden, stellen immer Wissen aus zweiter Hand dar, das Zweifel, Mehrdeutigkeiten und Verdrehungen mit sich bringen kann.

Wir schauen, sehen aber nicht, und hören, hören aber selten zu. Wir berühren, fühlen aber nicht, und sammeln immer mehr Wissen, aber wenig Weisheit. Wir sind schlau, nicht aber weise.

Wir können die spirituellen Realitäten nicht durch das Denken wahrnehmen, sondern durch Träume und Visionen, durch Zeichen und Symbole, Gefühl und Intuition und Synchronizität. Spirituelle Entfaltung geschieht durch innere Visionen und das Phänomen, das als direkte Erfahrung oder Enthüllung bekannt ist. Durch unseren spirituellen Verstand lernen wir zu sehen ohne Augen, zu hören ohne Ohren und zu wissen ohne Denken.

Der spirituelle Verstand ist die Fähigkeit, uns mit dem weiteren universellen Bewusstsein zu verbinden, das in unserem modernen Verständnis der Quantenphysik zum Ausdruck kommt. Der spirituelle Verstand existiert in der Quantenüberlagerung der Welt um uns herum. Wegen dieser Überlagerung und dem Phänomen, das als ›verschränkte Photonen‹ bekannt ist, transzendiert er die Ort-Zeit-Realität. Wenn der spirituelle Verstand angezapft wird, hat er das Potenzial, mit jedem Teil der Schöpfung oder gar mit der ganzen Schöpfung verbunden zu sein. Er kann sich über alle Zeit erstrecken. Wenn dies geschieht, erfahren wir das, was als direkte Erfahrung der Schöpfung bekannt ist. Das macht wahres Wissen aus – eine Kunst, die weitestgehend verloren ging.

Das Ungleichgewicht auf der Welt kann nicht länger allein durch ökologische Maßnahmen ausgeglichen werden. Wir haben nicht auf frühere Warnungen gehört und haben zugelassen, dass das Werk der Zerstörung zu weit fortgeschritten ist. Spirituelle

Methoden sind nötig, um die technischen und fassbaren Methoden des Umweltschutzes zu ergänzen und zu verstärken, wenn wir unseren kränkelnden Planeten heilen wollen.

Dies bedeutet eine radikale Veränderung im Bewusstsein, eine Veränderung unserer Haltung und unserer Beziehung zur Erde. Sie ist die Quelle all dessen, was wir haben und sind. Wenn wir in einer harmonischen Beziehung mit der Erde leben, ist die Beziehung nie statisch. Sie ist offen und fließend, dynamisch und verändernd. Und auch unsere Liebe für sie ist nicht passiv, sondern wild, leidenschaftlich und kühn.

In unserer Verbrauchermentalität herrscht das Denken vor, dass das Land etwas ist, das wir benutzen können und mit dem wir tun können, was wir wollen. Derartige Annahmen zeigen nur, wie sehr wir uns von unserer Ursprungsquelle abgekoppelt haben.

Als Hüter und Bewahrer versuchen wir nie, über die Erde zu herrschen, sondern stehen in einer Beziehung zu ihr. Wir nähern uns ihr mit dem Bewusstsein eines guten Gärtners, der ihren Garten liebt und zu ihm eine Beziehung hat. Auf einer anderen Ebene kommen wir zur Erde wie ein Kind, das zu seiner Mutter kommt, leer und offen für alles, das ihm gegeben wird. Darum ist ein Kind immer ausgefüllt, genährt und zufrieden.

Die Flächennutzungsprogramme für unsere Nationalforste sind, wie der Name schon impliziert, zum Scheitern verurteilt, weil sie auf Gier und persönlichem Gewinn basieren. Das Land ist nicht ein weiterer Gebrauchsgegenstand. Wenn wir etwas von ihm nehmen, müssen wir etwas zurückgeben, das von gleichem oder höherem Wert ist. Wenn wir das tun, leben wir in Übereinstimmung mit dem universellen Gesetz des Ausgleichs. Dies ist ein Weg, wie wir gute Verwalter der Erde werden können.

Eine proaktive Liebe für die Erde kann sich nicht nur durch unsere Fürsorge ausdrücken, sondern auch durch Heilungszeremonien, heilige Tänze und Musik, Gebete und Meditation und sogar spirituelles Eingreifen, wie in diesen Geschichten beschrieben. All das kann sehr effektiv an den heiligen Plätzen und Orten mit starken Magnetfeldern ausgeführt werden, die sich in jedem Teil der Erde finden; an diesen Orten wird die Kraft enorm verstärkt. Dabei sind Gruppenbemühungen effektiver als individuelle, weil die Kraft der Gruppe mit jedem neuen Mitglied exponentiell und nicht sequenziell steigt.

Wenn man dieses Prinzip kennt, kann man sehen, dass die Kraft von Massengebeten fast unermesslich ist. Wenn eine Regenzeremonie, die von einer oder mehreren Personen durchgeführt wird, eine Trockenperiode beenden kann, oder eine Heilungszeremonie für die Erde ein mögliches Erdbeben verhindern kann (wie ich es in diesem Buch beschrieben habe), was könnte da nicht eine große Anzahl von Menschen mit reiner Absicht, die beten oder eine Zeremonie durchführen, erreichen?

In meinen Visionen habe ich vorhergesehen, dass eine Zeit kommen wird, in der Massengebete für unsere Welt absolut notwendig sein werden. Dies wird zu einem Zeitpunkt kommen, wenn die seit langer Zeit dokumentierten Muster des Wetters nicht mehr verlässlich sind, wie es schon hier und da der Fall ist. Lebenserhaltende Systeme, wie z. B. die Ozonschicht, beginnen zusammenzubrechen, und die Erde verliert ihre Fähigkeit, sich selbst zu heilen. Die den Elementarkräften innewohnenden Prüf- und Ausgleichssysteme sind verloren gegangen.

Dennoch halte ich weiterhin hartnäckig an der Hoffnung für uns fest, weil ich glaube, dass unsere Gattung, mit all ihren idiotischen Fehlern und blinden Flecken, die Fähigkeit hat, über sich hinauszuwachsen und sich zusammenzuschließen; dadurch kann sie sich letztendlich gegen anscheinend überwältigende Widrigkeiten durchsetzen. In vergangenen Jahrhunderten haben die Menschen oft in ihren dunkelsten Stunden am hellsten geleuchtet.

In diesem Buch habe ich beschrieben, wie einfache Zeremonien für die Erde, die von ein paar Menschen ausgeführt werden, in der Lage waren, das zu erreichen, was politische

Aktivisten und Umweltschutzmaßnahmen alleine nicht erreichen konnten. Hin und wieder brachten diese Zeremonien so schnell und wirksam Heilung oder Schutz für das Land, dass wir erstaunt waren. Die wahren Geschichten in *Seelenfeuer* und die ihnen innewohnenden Lektionen können einen radikal neuen Weg aufzeigen, diese alte Einheit, die wir einmal mit der Erde, dem Königreich der Natur und mit allem Leben hatten, wiederzuentdecken und zu heilen. Wie die Ureinwohner dieses Landes zurecht gesagt haben, wurde der heilige Reif des Lebens zerbrochen und muss wieder erneuert werden, wenn wir eine sinnvolle Zukunft haben wollen. Wenn diese Erneuerung beginnt, dann gibt es Hoffnung. Eine würdige Zukunft für unsere Enkel und deren Enkel ist uns dann sicher.

KAPITEL 8
TRANSFORMATIONEN

Es gibt heilige Verbindungen, die sich über jede Distanz erstrecken und sowohl vorwärts als auch rückwärts in der Zeit gehen können. Dies sind Verbindungen, die auf der Ebene des Wesentlichen existieren. Es gibt jedoch Zeiten, in denen sich die Kraft einer der Verbindungen in der physischen Welt manifestiert und wir etwas erfahren, das ein göttliches Eingreifen zu sein scheint. Die Wahrheit ist, dass es Abmachungen gibt, die wir auf anderen Ebenen getroffen haben. Sie besagen, dass wir gegenseitig in das Leben des jeweils anderen eingreifen können, wenn es nötig ist. Ein solches Eingreifen vermittelt uns immer ein Gefühl von Ehrfurcht und Mysterium und wird immer zu einem mächtigen Werkzeug für unsere Transformation.

GEBET FÜR EINE ZUKÜNFTIGE LIEBE

Tennessee

Dan und Helen waren seit sechs Monaten verheiratet und – man kann es nicht anders beschreiben – lebten in einem Zustand der Glückseligkeit. Ab dem Moment, in dem sie sich begegnet waren, hatten sie gewusst, dass sie füreinander bestimmt waren und sie waren innerhalb von ein paar Monaten verlobt und bald danach verheiratet.

Eines Nachmittags, als sie zusammen im Auto fuhren, erzählte Helen Dan eine Geschichte von einem besonderen Vorfall, der sich zwei Jahre bevor sie sich begegnet waren, ereignet hatte. Sie wachte gegen zwei Uhr nachts mit einem Gefühl großer Angst auf. Sie hörte dann eine Stimme, die ihr sagte, das der Mann, den sie eines Tages heiraten würde, in großen Schwierigkeiten stecke und dringend ihre Gebete benötige. Zu dem damaligen Zeitpunkt ging Helen mit niemandem aus und war nicht einmal auf der Suche nach einem Lebenspartner. Aber die Dringlichkeit der Nachricht überzeugte sie, dass es das Beste sei, diesem mysteriösen Ratschlag zu folgen. Sie lag danach eine Stunde lang wach im Bett und betete inbrünstig für jemanden, von dem sie sich nicht einmal sicher war, dass es ihn gab.

Ab einem gewissen Zeitpunkt verschwand ihre Angst und sie fühlte, dass ihre Gebete irgendwo ankamen und die Krise vorbei war. Dennoch fragte sie sich, was das alles zu bedeuten hatte, und sie fragte sich auch, ob die Stimme nur in ihrer Einbildung existiert hatte. Deshalb schrieb sie das Erlebnis in ihrem Tagebuch auf, falls sich später herausstellen würde, dass es etwas für sie zu bedeuten hätte.

Während Dan Helen zuhörte, wurde er ganz bleich und begann zu zittern. Er fragte sie eindringlich, wann diese Episode stattgefunden hatte. Helen, die immer ihr Tagebuch mit sich herumtrug, hatte keine Schwierigkeiten, den Eintrag zu finden. Als sie Dan das Datum und die Zeit mitteilte, kamen derartig starke Gefühle in ihm hoch, dass er an den Straßenrand fahren musste und nicht mehr weiterfahren konnte.

»Das ist die Nacht, in der ich die Entscheidung meines Lebens traf«, sagte er. »Ich hatte eine Pistole gekauft und war bereit, mich zu erschießen. In der allerletzten Minute fühlte ich eine tiefe Liebe und einen tiefen Frieden über mich kommen. Ich hatte noch nie in meinem Leben so etwas gefühlt. Das ist der einzige Grund, warum ich noch hier bin.«

Ich war tief bewegt, als meine beiden Schüler mir diese Geschichte erzählten. Es ist für mich eine grandiose Wahrheit, dass Liebe keine Grenzen kennt. Wir haben Seelenbeziehungen, die über dieses Leben hinaus existieren, und zu Menschen, von denen wir nicht einmal wissen, dass es sie gibt. In diesem Fall ging eine Liebe über die Grenzen des Raumes und der Zeit hinaus und half jemandem in der Stunde der größten Not. Vielleicht werden wir nie ganz die Macht unserer Liebe oder unserer Gebete kennen und wissen, was sie bewegen oder verändern – sogar im Leben derjenigen, denen wir nie begegnet sind.

ZU VIEL PROTEST

Ketchum, Idaho: Anfang Frühjahr

Der Ort für meinen Workshop war ein geräumiges Blockhaus, das ca. zehn Kilometer nördlich von Ketchum, Idaho, in der Abgeschiedenheit in der Nähe des malerischen Wood River stand. Ungefähr 60 Meter östlich vom Blockhaus erhob sich ein Berg mehrere hundert Meter steil in die Höhe bis zu einer hochgelegenen Bergwiese, auf der eine große Wapitiherde und Maultierhirsche einen Großteil des Jahres verbrachten. Diese wunderschöne Landschaft hatte wahrscheinlich seit dem Rückgang der letzten Eiszeit diese Herden sowie Antilopen und natürlich die verschiedenen Raubtiere beherbergt, die dazu beitragen, dass die Herden gesund bleiben.

Abgesehen von einem wunderschönen Gartenstück mit größtenteils einheimischen Pflanzen war dieses Gelände mit mittelgroßen Espen bewachsen, deren Blätter sich Mitte September golden verfärbt hatten und aussahen, als stünden sie in Flammen, wenn sie von der Herbstsonne beschienen wurden. In einer Ecke des Grundstückes stand eine vor Kurzem erbaute Schwitzhütte. Ich hoffte, dass die fast 30 Personen, die sich für den Kurs angemeldet hatten, in das Wohnzimmer passen würden.

Durch den noch in der Luft hängenden Nebel und das verhangene frühmorgendliche Licht erhielt die Landschaft einen schimmernden Effekt, der mich an ein Bild von Monet erinnerte. Durch ein großes Panoramafenster sah ich die Mitglieder unserer Gruppe umherlaufen. Das war ein Land der Fülle – und das sollte Arbeit sein? Ich wusste, ich wollte mein Leben mit niemandem tauschen.

Aber es war nicht alles so, wie es schien. Die Ruhe der Szenerie war täuschend. Kurz nachdem ich das Haus betreten hatte, sprach mich ein sehr ärgerlicher Mann an, den ich nie zuvor gesehen hatte. Die Tönung seiner Haut und seine Gesichtszüge verrieten mir, dass er ostindischer Abstammung war und wahrscheinlich in meinem Alter. Mit lauter Stimme sagte er mir, dass sein Name Moksha sei und er gerne sein Geld zurückerhalten würde, weil er wider besseres Wissen gekommen sei. Er beklagte sich, dass gemeinsame Freunde von uns ihn gedrängt hätten mitzukommen. Ich konnte seine Gefühle verstehen, da mehrere meiner ortsansässigen Schüler ziemlich missionarisch sein konnten. Ich behielt im Hinterkopf, dass ich ihnen empfehlen wollte, ihren Eifer etwas zu dämpfen.

Ich sagte Moksha, dass seine Voranmeldung nicht verbindlich sei und dass er gerne eine Rückerstattung bekommen könnte. Aus irgendeinem Grund war er damit nicht zufrieden. Er redete weiter, so als hätte er mich nicht gehört, und sagte, dass er an nichts von all dem glaube, was ich unterrichte und dass er nicht hierher gehöre.

Ich stimmte Moksha zu, erklärte, dass ich kein Interesse daran hatte, ihn zu meiner Weltanschauung zu bekehren und dass es in dem Seminar nicht um Indoktrination und Unterweisung, sondern um Forschen und Erkunden ginge. Ich sagte ihm nochmals, dass er sein Geld zurückbekommen würde.

Aus irgendeinem Grund kamen meine Worte nicht bei ihm an. Moksha begann darauf zu bestehen, dass er sich nicht wünschte, sein persönliches Leben zu verändern und dass er so wie er war, mit sich zufrieden sei. Oberflächlich betrachtet wirkte Moksha arrogant und voreingenommen, aber irgendetwas an diesem Bild stimmte nicht. Je mehr ich darauf bestand, dass er sein Geld zurückerhalten würde, umso aufgeregter wurde er. Ich bot ihm das an, was er seiner Aussage nach wollte, aber er hörte mich nicht. Ich begann zu vermuten, dass dahinter eine versteckte Botschaft lag. Und dann erkannte ich es. Wie Lady Macbeth begehrte Moksha zu sehr auf.

Auf einer bestimmten Ebene wollte er dazu gezwungen werden, diesen Workshop zu besuchen. Es heißt, je größer der Widerstand gegenüber einer Erfahrung ist, desto größer ist die Kraft, die darin möglicherweise für den Einzelnen steckt. Wenn das stimmte, dann hatte er an diesem Tag das Potenzial für einen größeren Durchbruch in seinem Leben.

Es sah so aus, als ob Moksha eine Entschuldigung suchte, um bleiben zu können. Da ich gehört hatte, dass er Unternehmer war, beschloss ich, ihm ein Angebot zu machen, das er nicht ablehnen konnte. Moksha konnte sein Geld zurückbekommen und würde mein Gast beim Seminar sein. Falls er zu irgendeinem Zeitpunkt beschloss, dass er genug gehört hatte, konnte er einfach gehen, ohne zu bezahlen. Falls er schließlich doch am gesamten Programm teilnahm, konnte er mich bezahlen, wenn er das Gefühl hatte, davon profitiert zu haben. Moksha nahm diese Bedingungen bereitwillig an.

Nach einer kurzen Einführung eröffnete ich das Seminar mit einem gemeinsamen Trommeln, bevor ich mit dem Programm anfing. Zwanzig Minuten nach Beginn des Programms begann Mokshas Körper zu zittern. Ich war der Erste, der es bemerkte, und hörte sofort mit der Moderation auf. Als ich ihn fragte, was gerade geschah, wurde sein Zittern immer stärker. Dann brach er in Tränen aus, wie ich es vorhergesehen hatte.

Mehrere wohlmeinende Teilnehmer eilten ihm sofort zur Hilfe. Ich bat sie, an ihrem Platz zu bleiben. Er brauchte keinen Trost. Es würde ihn nur ärgerlicher machen. Er musste einen Schmerz auf Zellebene loslassen, den er meiner Meinung seit einer frühen Phase seines Lebens oder vielleicht sogar aus einer vorherigen Inkarnation mit sich herumtrug. Er schämte sich wegen seiner Tränen, bestand darauf, dass er nie zuvor in seinem Leben geweint hatte und überhaupt nicht wisse, was das alles bedeutete. Unter heftigem Schluchzen wiederholte er immer wieder, dass er nicht glauben könne, dass dies alles passiere. Moksha begehrte immer noch auf, aber ich wusste, dass ihm die Anlässe dafür ausgingen. Bald schüttelte es ihn so sehr, dass ich mehrere Männer aus der Gruppe bat, ihn zu halten, damit er sich nicht selbst verletzen konnte, da er wild mit den Armen und Beinen um sich schlug. Er hatte keine Ahnung, was geschah.

Ich wusste, dass die Gewalt in seinem Körper das Ergebnis seines eigenen Widerstandes war. Sein bewusster Verstand und sein Wille standen einem noch machtvolleren Unbewussten gegenüber. Wenn ich nur tief genug in sein Unterbewusstsein schauen konnte, könnte ich ihm vielleicht helfen. Fast sofort spielte sich vor meinem geistigen Auge eine Szene von unaussprechlichem Grauen ab.

Vor meinem geistigen Auge sah ich einen jungen ostindischen Knaben, der lebendig in einem Haufen verstümmelter Leichen vergraben war. Die deutlichen Einzelheiten waren fast zu entsetzlich, um wahr zu sein. Ich wollte nicht wahrhaben, was ich sah, und das Bild verscheuchen ... wollte glauben, ich bildete mir das nur ein. Aber das ging nicht, denn jetzt konnte ich seinen Schmerz, sein Grauen und seinen Ekel fühlen.

Es schien unmöglich, dass das, was ich sah, auf irgendeine Weise auf der Wirklichkeit basierte; ich hatte jedoch keine andere Wahl, als Moksha meine Vision mitzuteilen. Ich musste das tun, nicht nur für ihn, sondern auch für mich. Diese Vision hatte nichts mit mir zu tun, sondern mit Moksha, und damit ich frei davon wurde, musste ich sie ihm eröffnen, da sie sein Leben widerspiegelte.

Ich fragte Moksha, ob er als Kind jemals lebendig begraben

worden sei. Er antwortete wie vom Blitz getroffen. Zum ersten Mal seit Beginn des Programms begann er zu sprechen.

»Es war zur Zeit, als unser Land die Unabhängigkeit erlangte«, sagte er. »Die Briten hatten sich zurückgezogen und fast unser ganzes Dorf wurde von einer Gruppe pakistanischer Männer geplündert, die schließlich die Männer und Jungen unseres Dorfes mit riesigen Messern töteten. Meine Mutter, die in ihrer Verzweiflung meinen Bruder und mich retten wollte, versteckte uns in einem Haufen von Leichen. Bis heute erinnere ich mich lebhaft daran! Die Leichen waren blutig und schrecklich verstümmelt. Der Gestank war fürchterlich. Wir mussten viele Stunden unter den toten Körpern begraben bleiben, bis es sicher war, hervorzukommen.«

Angesichts dieses Massakers im Namen der Religion konnte ich gut seine lebenslange Animosität gegenüber allem Spirituellen verstehen. Ich sah auch, warum er all diese Jahre hinweg nicht in der Lage gewesen war zu weinen. Um zu überleben und diesen Albtraum, den er als Junge erlebt hatte, zu überstehen, musste er Tränen und Entsetzen unterdrücken. Stoischer Gleichmut bedeutete überleben. Der Junge trug diese unbewusste Lebenseinstellung mit in sein Erwachsenenleben hinein und schränkte damit seine Erfahrung als emotionales und spirituelles Wesen ein.

Meine Wahrnehmung der Ursache seiner Probleme erschütterte Moksha so tief, dass er aufhörte, seinen eigenen Heilungsprozess zu blockieren. Bis ich ihm mitteilte, was ich gesehen hatte, hatte er keine Vorstellung davon gehabt, was mit ihm nicht stimmte. Schließlich konnte er den Schmerz und den Schrecken dieser Erfahrung loslassen.

Innerhalb von Minuten war Moksha ganz ruhig geworden und irgendwie voller Bewunderung dafür, was gerade geschehen war. Der gesamte Vorfall hatte eine halbe Stunde gedauert, aber es war für uns andere keine verlorene Zeit gewesen. Ich habe gelernt, dass wann immer irgendjemand von uns einen Durchbruch erlebt, dies ein Triumph für alle ist. Immer wenn eine Person geheilt wird, wird jeder Einzelne von uns ebenfalls geheilt – jeder auf seine eigene Art. Dieses Wunder der kollektiven Heilung hängt mit der wundersamen ursprünglichen Einheit zusammen, an der wir alle jenseits der augenscheinlichen Dualität der erlebten Welt teilhaben.

Sechs Monate später kam ich wieder nach Sun Valley zu einem anderen Workshop. Am Tag meiner Ankunft war die erste Person, der ich in der Stadt begegnete, Moksha. Während unseres Gesprächs wirkte er viel gelöster und schien mehr innere Ruhe zu haben. Ich wusste jedoch, dass ihn etwas quälte. Schließlich sprach er es aus.

»Peter«, sagte er, »ich möchte, dass du weißt, dass du mein Leben wirklich verändert hast. Ich bin ein besserer Mensch, seit ich dich getroffen habe. Aber ich möchte mich im Voraus entschuldigen, weil ich an diesem Wochenende nicht zu deinem Seminar komme. Ich möchte nicht wieder in Zuckungen verfallen.«

Ich war sprachlos. Glaubte er wirklich, dass man in solchen Seminaren immer in Zuckungen verfällt? Ich versicherte ihm, dass dies nicht der Fall war. Der schreckliche tiefe Schmerz aufgrund seines Kindheitstraumas war freigesetzt worden und verschwunden und er würde diese Erfahrung niemals wieder durchleben müssen, aber ich sah, dass Moksha nicht zu überzeugen sein würde. Vielleicht würde er immer gegen etwas aufbegehren. Das war einfach seine Natur. Abgesehen davon war er daran gewöhnt, dass es nach seinem Willen ging. Er hatte über die Jahre hinweg in der Geschäftswelt ein Vermögen erarbeitet, weil er das Sagen hatte.

Einen Augenblick lang schauten wir uns voll gegenseitigem Respekt an. Wir waren so unterschiedlich und doch so ähnlich. Wir waren beide Krieger – er in der konkurrenzbetonten, oft halsabschneiderischen Welt der Hochfinanzen und ich in der Welt des Geistes. Wie Krieger, deren Wege sich kurz gekreuzt hatten, damit sich ein einzelner Zweck erfüllte, wünschten wir uns alles Gute, umarmten uns ungestüm und setzten unsere unterschiedlichen Reisen fort.

Vielleicht tragen wir manchmal durch ein Trauma tiefe Wunden in uns, die zu einem früheren Zeitpunkt in unserem Leben entstanden, ja sogar Wunden, die vergessen wurden. Diese Bürden schränken unsere Fähigkeit ein, auf unserer Suche nach Glück frei und bewusst zu handeln. Während nach allgemeinem westlichen Wissen die Heilung derartiger Wunden manchmal durch einen langwierigen therapeutischen Prozess mit Unterstützung eines erfahrenen Mediziners erreicht werden kann, ist mir klar, dass Heilung durch einen ganz anderen Prozess in einem einzigen Augenblick stattfinden kann.

Als ich der Katalysator für Mokshas dramatische Heilung war, erkannte ich die Kraft, die Trommeln und Chanten haben können, um jemanden in die Lage zu versetzen, seine intellektuellen Glaubenssysteme und unbewussten Verteidigungsmechanismen zu umgehen und die Quelle des unterdrückten emotionalen Schmerzes anzuzapfen.

Unser Trommeln und Chanten hatte etwas in Moksha berührt. Die Gelegenheit, seine Verteidigungsmechanismen zu umgehen, und die liebevolle Unterstützung aus der Gruppe der Seminarteilnehmer gaben Moksha die Erlaubnis, sich mit seinem Kindheitstrauma zu verbinden. Mein ›Sehen‹ der Quelle von Mokshas Protest und Schmerz war ein mächtiger Auslöser für das Loslassen seiner ungeweinten Tränen und seines Schmerzes, den er unterdrückt hatte, seit er ein kleiner Junge war.

Diese dramatische Episode zeigte mir einen schnelleren und viel kraftvolleren Ansatz, um sich mit einem inneren Schmerz zu verbinden und ihn loszulassen – einem Schmerz, der so tief unter unseren natürlichen Verteidigungsmechanismen vergraben ist, dass man mit den herkömmlichen Methoden fast keinen Zugang zu ihm findet.

○○○

DAS VERMÄCHTNIS DES JÄGERS

Idaho

Eines Morgens erhielt ich einen Telefonanruf von Ron, einem Bewohner des Erholungsortes Idaho Springs, in dem ich damals arbeitete; Ron drängte auf ein Treffen. Da ich am frühen Nachmittag in Boise sein musste, das vier Autostunden entfernt liegt, sagte ich ihm, dass es leider keine Gelegenheit zu einem Treffen gäbe. Der Mann war hartnäckig und erzählte, dass etwas in seinem Leben passiert war und dass er verzweifelt sei. Mit einigem Unbehagen stimmte ich einem Treffen eine Stunde später in meinem Hotelzimmer zu.

Es verwunderte mich, warum er meine Hilfe suchte. Er hatte anderen Menschen in der Gemeinde erzählt, dass er denke, ich sei ein Schwindler, und dass das, was ich tat, keinen Bezug zur Realität habe. Natürlich fragte ich mich, warum er mich plötzlich treffen musste.

Als er ankam, bemerkte ich einen gehetzten Ausdruck in seinem Gesicht, den ich zuvor noch nicht an ihm gesehen hatte. Er kam schnell auf den Punkt und erklärte, dass er seit drei Tagen emotional aufgewühlt sei und oft in Tränen ausbreche. Er beteuerte, dass er seit seiner Kindheit nicht mehr geweint habe, und hatte keine Idee, was nicht stimmen könnte. Er wollte wissen, ob es irgendeinen Weg gab, wie ich mich auf ihn einstimmen könne, um festzustellen, was sein Problem war. Er erinnerte mich an seine skeptische Einstellung gegenüber meiner Arbeit, aber er sagte, dass er schon alle anderen Möglichkeiten ausprobiert habe.

Ich brauchte nicht lange, um mich innerlich auf ihn zu fokussieren. Ich sah das Bild eines großen Hirsches in seiner Aura und wies darauf hin, dass dieser die Quelle seines Problems sein könnte. Überrascht gestand er ein, dass er vor drei Tagen auf der Jagd einen Wapitihirsch erschossen hatte, aber er konnte nicht erkennen, in welchem Zusammenhang dies zu seiner emotionalen Aufgewühltheit stand.

Ich kommunizierte mit dem Geist des Wapitis und konnte sehen, dass es da ganz deutlich eine Verbindung gab. Ich erhielt die Information, dass er den Hirsch nicht auf heilige Art getötet hatte und dass der Geist des Wapitis mit seinem Leiden und seiner Furcht versehentlich in seinem Energiefeld eingeschlossen worden war. Ich erklärte ihm, dass der Hirsch noch unglücklicher über die Situation war als er selbst.

Dieses ganze Konzept war neu für Ron. Aber da ich mich erinnerte, dass er Vorfahren unter Indianern Nordamerikas hatte, ergriff ich die Gelegenheit, um ihm zu erklären, wie die Indianer sich bei dem Tier, das sie getötet hatten, entschuldigten, indem sie ihm sagten, dass sie Essen für ihre Familien benötigten. Sie halfen dann, den Geist des toten Tieres freizulassen, indem sie ihm dankten und für seine gute Heimreise zur Quelle beteten.

Ich wies darauf hin, dass er die Emotionen und die Verwirrung des Wapitis gefühlt hatte, der sich an ihn gehängt hatte. Rons aktuelles Dilemma zeigte ganz offensichtlich, dass diese Tradition der Indianer mehr als ein romantisches Ideal war. Diese Praxis diente dazu, sowohl den Jäger als auch den Gejagten vor einer schädlichen symbiotischen Verbindung zu schützen, die sich als sehr besitzergreifend erweisen konnte.

Während ich mit Ron sprach, entdeckte ich eine Veränderung in ihm. Zum ersten Mal ließ ein Teil von ihm zu, die Gültigkeit meiner Ansichten zu akzeptieren. Unser nächster Schritt war, den Geist des Wapitis wirklich freizusetzen. Ron war mehr als bereit dazu. Unter meiner Anleitung sprach Ron laut zu dem Geist des Wapitis, sagte, dass er es bedauerte, ihn getötet zu haben, und dass es sein Wunsch sei, dass der Geist des Wapitis frei sein möge, um seinen Weg fortzusetzen, unterstützt von seiner Liebe und seinem Segen. Dann beteten wir zusammen darum, dass der Wapiti wieder mit seiner eigenen Gruppenseele vereinigt würde.[19]

Als ich meine Hände auf Rons Kopf legte, um die Befreiung des Geistes zu unterstützen, fühlte ich, wie sich etwas fast physisch Greifbares aus seinem Energiefeld erhob. Sofort fühlte sich Ron zum ersten Mal seit drei Tagen wie er selbst, die überwältigende Traurigkeit und Verwirrung waren völlig verschwunden.

Ich wusste, dass diese Erfahrung eine tiefe Wirkung auf Ron haben würde. Zumindest würde er zweimal überlegen, bevor er spirituelle Konzepte, die er sich nie näher angesehen hatte, lächerlich machen würde, wie er es so hochmütig getan hatte.

Es war höchste Zeit für mich, mich auf den Weg zu machen, aber Ron wollte noch bleiben und mehr darüber sprechen, was gerade geschehen war. Da er das dramatische und plötzliche Verschwinden seines Kummers und seiner Verzweiflung nicht verstehen konnte, sagte er, dass er zum ersten Mal offen für die spirituelle Philosophie sei, die ich lehrte.

Wie oft habe ich festgestellt, dass es mit aufrichtigen Skeptikern einfacher ist zu arbeiten als mit ›wahrhaft Gläubigen‹, die mir manchmal Angst machen mit ihrem Eifer. Die Skeptiker werden meist die engagiertesten Schüler, wenn sie erst einmal überzeugt sind. Die ›wahrhaft Gläubigen‹ dagegen sind oft so festgefahren in ihren mentalen Konzepten von Spiritualität, dass sie Schwierigkeiten haben, ihre Glaubenssätze lang genug beiseite zu lassen, um wirklich spirituelle Erfahrungen zu machen.

Ron machte dann noch mehrere Jahre eine Ausbildung bei mir und wurde schließlich selber ein Heiler und Lehrer. Was für ein Geschenk hatte dieser Geist des Wapitihirsches ihm gemacht, denn er half Ron, seinen Weg zu finden.

ooo

Wenn wir ein Tier töten – ob vorsätzlich oder unbeabsichtigt –, können wir durch ätherische Fäden oder Lichtfäden mit seinem Geist verbunden werden. Dieses Phänomen kann Probleme sowohl für den Menschen als auch das betreffende Tier mit sich bringen. Der Mensch beginnt, die Verwirrung und den emotionalen Aufruhr des Tieres zu fühlen, ohne zu verstehen, warum, weil der Geist des Tieres im menschlichen Energiefeld gefangen ist. Wenn große Raubtiere getötet werden, kann das sogar gefährlich für Menschen werden, die für die psychische Kraft, die in der Frustration des Tieres liegt, sensibel sind.

So wie es die Ureinwohner unseres Kontinentes immer getan haben, wenn ein Tier getötet wird, halten wir eine Gedenkfeier sowohl für das Tier als auch für uns selbst ab, indem wir den Geist ehren, für seine Reise zu seiner Quelle beten und unsere Absicht äußern, dass er aus seinem Körper befreit wird. Das ist etwas, was ich oft tue, wenn ich ein Tier sehe, das erst vor Kurzem auf der Straße oder der Autobahn getötet wurde, weil ich fühlen kann, dass der Geist des Tieres oft noch an sein physisches Gefährt gebunden ist und nicht verstehen kann, was ihm widerfuhr.

Jeder von uns hat einen ›inneren Schamanen‹, der all das bereits weiß und versteht. Wenn es nötig ist, können wir unseren inneren Schamanen anrufen, damit er uns bei derartigen Vorhaben beisteht und uns leitet.

ooo

EINE SCHLECHTE ART, DEN TAG ZU BEGINNEN

San Diego, Kalifornien: Frühjahr

Während meines Besuches in der Gegend von San Diego war ich zu Gast im Haus von Robyn, meiner örtlichen Förderin und Schülerin. Als ich an jenem Abend in ihrer Wohnanlage ankam, war ich erstaunt, sie krank vorzufinden. Ich bot an, irgendwo anders zu wohnen, da ich viele Schüler in dieser Gegend hatte, aber Robyn bestand darauf, dass ich meine Pläne nicht änderte. Sie hatte das Bedürfnis, ihre Situation mit mir zu besprechen in der Hoffnung, dass ich etwas erkennen könne. Ich sagte, ich wolle versuchen, ihr zu helfen.

Später, nachdem ich mich von meiner Autofahrt erholt hatte, setzte ich mich mit Robyn zusammen. Sie hatte schon seit mehreren Tagen ein Gefühl der Übelkeit und grippeähnliche Symptome. Außerdem war sie immer aufgewühlter geworden. Während ich Robyn zuhörte, wie sie ihre Symptome beschrieb, begannen die Alarmglocken in meinem Kopf zu schrillen. Ich hatte bereits einmal eine solche Situation erlebt. Dennoch benötigte ich weitere Informationen.

Während meine Schülerin weiter sprach, begann ich vor meinem geistigen Auge einen dunklen, rot-orangefarbenen

Energiewirbel zu sehen, der sich in ihren Solarplexus hineindrehte. Ich begann mich ebenfalls krank zu fühlen und musste mich schnell herausnehmen. Ich wusste, was dieses Gefühl des Krankseins bedeutete, und dass Robyn in größeren Schwierigkeiten steckte, als sie wusste. Meine schlimmsten Befürchtungen wurden bestätigt. Sie wurde angegriffen.

Ich teilte meiner Freundin meine Wahrnehmung mit, aber keiner von uns hatte auch nur die geringste Vorstellung vom Ursprung dessen, was auf sie gelenkt wurde und warum. Ich wusste jedoch, dass sie schnell geschützt werden musste. Ich begann sofort, Maßnahmen zu ergreifen. Zuerst zündete ich etwas Kopalharz an (eines der kraftvollsten Räuchermittel), das ich mitgebracht hatte, und führte ein einfaches Schutzritual durch. Danach hielt ich meine Hände ein paar Zentimeter über dem Bereich, der gestört zu sein schien und den ich als den Bereich des Solarplexus identifiziert hatte, den Sitz des emotionalen Kraftzentrums.

Während ich meine Hände dort hielt, spürte ich eine dunkle negative Energie, die auf Robyn gelenkt wurde. Aber von wem und zu welchem Zweck? Während ich meine Hände über Robyns Solarplexus hielt, begann ich ein unangenehmes Gefühl von Hitze zu spüren, die aus ihr herausgezogen wurde. Es fühlte sich wie eine Kugel von der Größe eines Volleyballs an, deren Temperatur und Intensität zunahmen. Diese Energie fühlte sich äußerst negativ an.

Während die Heilung voranging, beklagte sich Robyn über beträchtliche Schmerzen und Übelkeit. Meine Hände waren inzwischen ziemlich heiß geworden, so als ob sie in Flammen stünden, und der unsichtbare Feuerball schien riesig zu sein. Ich erklärte Robyn, dass die negative Energie durch die eifersüchtige Wut von jemandem entstand und dass diese Energie wieder zu dieser Person zurückgelenkt werden musste, in der reinen Absicht, dass dem Absender kein Unheil geschehe. In diesem Moment wussten wir beide sofort, wer der Absender war.

Als ich mit dem Vorgang des Zurücksendens des Feuerballes begann, geschah zuerst nichts, aber dann war der Feuerball verschwunden und ich wusste, er war wieder zum Absender zurückgekehrt. Robyn war jetzt frei von den Schmerzen und der Übelkeit, die sie die ganze vergangene Woche über gefühlt hatte. Stattdessen war sie äußerst schläfrig geworden, und ich wusste, dass ihre eigene natürliche Heilenergie am Werk war. Ich verließ sie, damit sie ihren dringend benötigten erholsamen Schlaf bekommen konnte.

Am nächsten Morgen war die Hölle los! Die Frau, die Robyn sowie zwei meiner anderen Studenten physisch angegriffen hatte, fuhr mit dem Auto zu der Softwarefirma, in der sie arbeitete und eine wichtige Position innehatte. Sie fuhr dabei auf Nebenstraßen und erschrak plötzlich durch den Knall und den hellen Blitz von einem Transformator, der vor ihr explodierte. Danach fiel eine Stromleitung vor ihrem Auto auf die Straße, bewegte sich aber weiterhin hin und her und sprühte Funken und Flammen. Erschrocken begann sie mit dem Auto rückwärts zu fahren, hörte aber, wie ein weiterer Transformator hinter ihr in Flammen aufging und ein weiteres tanzendes Kabel blockierte ihren Rückweg. Da sie sich nicht sicher war, wie gefährlich es sei, mit dem Auto über eine unter Strom stehende Leitung zu fahren, beschloss sie, im Auto zu bleiben, bis ein paar Minuten später ein Lastwagen des Energieversorgers auftauchte.

Als Robyn und ich hörten, was geschehen war, wurde uns klar, dass meine Strategie wirksamer gewesen war, als wir es erwartet hatten. An diesem Punkt konnten wir uns nicht mehr zurückhalten, wir bogen uns vor Lachen. Die Bilder waren zu lustig. Das, was ausgedrückt werden sollte, war so perfekt. Später hörten wir, dass ihre Freundin die seltsame Lektion, die ihr erteilt worden war, richtig interpretiert hatte. Ich war zutiefst dankbar, weil ich diese Person kannte und ihr zuvor begegnet war: Ich wusste, dass sie ein ganz besonderer Mensch war. Ich dankte meinen Freunden und

Verbündeten, den Feuerelementen, für ihren Beistand und die wunderbare Kreativität bei der Inszenierung dieser unglaublichen Szene, die weit über meine Vorstellungen hinaus gewirkt hatte.

ooo

SEI VORSICHTIG, WORUM DU BITTEST

Tucson, Arizona: Spätherbst

Es gibt ein Sprichwort, das besagt, dass wir vorsichtig sein sollten, worum wir bitten, weil wir es bekommen könnten. Eine Freundin von mir entdeckte eines späten Abends die Weisheit dieser Worte.

Monica war 50 Jahre alt, von Beruf Künstlerin und nachdem sie zwei reizende Töchter großgezogen hatte, lebte sie nun allein. Sie war eine auffallende Frau mit silbrigem Haar, einem feinen Sinn für Humor und eine ausgezeichnete Erzählerin. Sie erzählte mir eine außergewöhnliche und ziemlich traumatische Erfahrung, die sie kurz nach einem zehntägigen Retreat im ganzheitlich ausgerichteten Gesundheitszentrum in New Mexico gemacht hatte; ich hatte mit anderen zusammen dieses Retreat geleitet.

Monica hatte seit fünf Jahren enthaltsam gelebt, um ihr spirituelles Wachstum zu fördern. Sie hatte sich dem östlichen Weg des Kriya Yoga verschrieben, das von dem inzwischen verstorbenen Paramahansa Yogananda nach Amerika gebracht worden war. Nach dem Retreat mit uns hatte sie sich zögernd entschieden, ihr Experiment mit der Keuschheit aufzugeben. Sie dachte, es sei nicht mehr nötig, da sie die Ziele erreicht hatte, die sie sich gesetzt hatte, als sie zum ersten Mal dieses Versprechen ablegte. Monica hatte das Gefühl, dass es Zeit sei, nicht mehr völlig als Einsiedlerin zu leben, und begann, ein geselligeres Leben zu genießen.

Ich sagte nichts, als sie mir ihre Entscheidung mitteilte, da ich die potenziellen Probleme fühlte, sollte das Feuer ihrer Leidenschaft zu schnell erweckt werden. Nachdem ich von ihrer Entscheidung gehört hatte, bat ich jedoch meine Verbündeten, die Feuergeister, sie vor dem möglichen Chaos zu schützen, das sich aufgrund ihrer Entscheidung ergeben könnte.

Es dauerte nicht lange, bis Monica von einem Mann gefragt wurde, ob sie mit ihm ausgehen wolle. Nervös nahm sie die Einladung zum Abendessen an. Der Abend verlief wundervoll und da sie nicht wollte, dass er endete, lud sie ihren Begleiter zu sich nach Hause zu einem Schlummertrunk ein. Eins führte zum anderen und binnen Kurzem landeten die beiden im Bett. Als ihre Leidenschaft wuchs, kamen Monica immer mehr Bedenken. Hatte sie die richtige Entscheidung gefällt? War das der richtige Mensch, ihr Liebhaber zu sein?

Sie betete um ein Zeichen – um irgendeine Offenbarung, die ihr die richtige Handlungsweise zeigen würde. Schließlich ließ sie trotz eines Gefühles banger Ahnung ihre Ängste los und beschloss, sich ihrem Verlangen zu überlassen.

In diesem Moment erschreckte sie und ihren erwartungsvollen Liebhaber ohrenbetäubendes Sirenengeheul und rote und blaue Lichter, die vor ihrem Fenster blinkten, und sie hörte ein hartnäckiges lautes Klopfen an ihrer Tür. Eine Leiter erschien vor dem Fenster ihres Schlafzimmers im zweiten Stock und ein Mann in feuerfester Kleidung kam mit einem Schlauch in der Hand zum Fenster herein. Einen Moment später zersplitterte eine Axt die Eingangstür und ein weiterer Mann stürmte ins Haus.

Für Monica war dies mehr als das Zeichen, um das sie gebeten hatte. Die Feuerwehrsirenen und die blinkenden Lichter sowie die Axt, die durch ihre Tür brach, symbolisierten alle die eindringende männliche Energie, die die Unverletzlichkeit ihres spirituellen Zuhauses bedrohten.

Monica hörte ungläubig zu, als der Einsatzleiter ihr von dem Anruf erzählte, den sie von einem Nachbarn erhalten hatten. Dieser hatte berichtet, er habe Rauch aus den Fenstern ihrer Eigentumswohnung kommen sehen. Da er auf sein Klingeln und auf das kräftige Klopfen an der Haustür keine Antwort erhalten hatte, vermuteten die Feuerwehrleute, dass Monica vom Rauch ohnmächtig geworden war, und brachen deshalb ins Haus ein. Sie waren erleichtert, als sie sahen, dass der Ursprung des Rauches nur ein Topf war, der auf dem Ofen stand und angebrannt war, weil Monica vergessen hatte, den Herd abzustellen.

Die Verlegenheit der Feuerwehrleute war nicht mit Monicas Verlegenheit zu vergleichen. Sie gelobte erneut, ihre sexuelle Energie in ihre Spiritualität zu lenken, und zwar zumindest so lange, bis sie absolut sicher war, dass es an der Zeit sei, ihr Gelöbnis der Enthaltsamkeit aufzugeben.

Als Monica mir dieses Erlebnis auf ihre unnachahmliche Art erzählte, brach ich in schallendes Gelächter aus. Auch noch Tage danach musste ich immer wieder lachen, wenn die Bilder von dieser unglaublich lustigen Szene wieder auftauchten.

Erst Monate später erinnerte ich mich daran, dass ich die Feuerelemente gebeten hatte, bei Bedarf in Monicas Entscheidung einzugreifen. Als ich darüber nachdachte, wurde mir klar, dass die Feuergeister sich so wie im Fall von Jacks »brennendem Zwickel«[20] auf höchst unvergessliche Art durchgesetzt hatten.

ooo

Die Spiegelwelt um uns herum reflektiert unser inneres Leben. Ohne es zu bemerken, leben wir vielleicht symbolisch unsere tieferen Themen aus. Gelegentlich werden genau diese symbolischen Handlungen so offensichtlich dargestellt, dass es geradezu komisch ist; die Spiegelwelt prallt so auf unser Bewusstsein auf, dass es unmöglich ist, das Wesentliche nicht zu begreifen.

KAPITEL 9

DER WEG DES SCHAMANEN IN DEN TOD

○○○

FLÜSTERN IM WIND

An einem Nachmittag im Jahr 1973 waren Marilynn und ich im metaphysischen Zentrum in Atlanta, das wir gegründet hatten, kurz nachdem ich das Amt als Gemeindepfarrer aufgegeben hatte. Da erschien ein tibetischer Lama unangekündigt in der Tür. Er erklärte, dass ihm ein gemeinsamer Freund, der medial operierte, vorgeschlagen hatte, sich mit uns in Verbindung zu setzen.

Wir erfuhren, dass dieser Lama aus der Abstammungslinie der ›Rotmützen‹ war und den Titel ›Dugpa‹ trug, der vergleichbar ist mit dem Abt eines Klosters. Die Rotmützen-Lamas sind, wie wir bald herausfinden sollten, in Amerika und Europa nicht besonders beliebt. Sie sind mächtige Schamanen und Magier, die den Weg der

Macht gehen, im Gegensatz zu dem eher kontemplativen Weg der Gelbmützen-Lamas, zu denen der derzeitige Dalai Lama gehört.

Im Verlauf unseres Gespräches muss er gespürt haben, dass ich etwas skeptisch gegenüber seinen Aussagen war. Der Lama, dessen Name Dorje war, veränderte plötzlich seine Sitzposition und fuhr in den nächsten fünf Minuten fort, mir Dinge über meine Kindheit und mein Leben zu erzählen, die unmöglich jemand anderes wissen konnte.

Dorje erklärte, er sei als Heiler in den drei Hauptzweigen der tibetischen Medizin ausgebildet worden: Akupunktur, pflanzliche Medizin und mediale Operation. Nach und nach erkannte ich, dass er in all diesen Bereichen ausgebildet war und ein Meister der Kunst der medialen Operation.

Drei Stunden lang hielt uns Dorje in seinem Bann mit Geschichten über Tibet und seine Ausbildung als Mönch. Als er schließlich aufstand, um zu gehen, machte er die rätselhafte Bemerkung, dass er wieder mit uns Kontakt aufnehmen würde und dass dies eher sein würde, als wir annahmen.

Wir dachten über seine Bemerkung nicht mehr nach, bis wir am gleichen Abend plötzlich einen deutlichen Geruch in unserem Wohnzimmer wahrnahmen. Es roch nach süß-riechendem, aromatischem Tabak. Zu unserem Erstaunen schien der Geruch von einem leeren Platz mitten in unserem Wohnzimmer auszugehen. Wir hatten keine Erklärung für dieses Phänomen, bis die Wohnzimmerlampe und die Deckenleuchte zu flackern begannen. Fast gleichzeitig entdeckten wir die Gegenwart von Dorje in seinem ätherischen Körper.

Wir waren verblüfft! Wir hatten noch nie zuvor jemanden getroffen, der die Fähigkeit hatte, willentlich seinen Astralkörper auf die Reise zu schicken und in diesem Zustand physische Phänomene hervorzurufen.

Als wir Dorjes Gegenwart entdeckt hatten, merkten wir, dass er telepathisch mit uns kommunizierte. Wir waren uns über den

Inhalt seiner Nachrichten einig, einschließlich der, dass wir ihn am nächsten Morgen anrufen sollten.

Am nächsten Morgen riefen wir Dorje unter der Telefonnummer an, die er am Tag zuvor auf ein Stück Papier gekritzelt hatte.

»Gratuliere«, sagte er, bevor wir überhaupt den Mund öffnen konnten. »Ihr habt euren ersten Test bestanden. Ihr habt nicht nur meine Gegenwart entdeckt, sondern ihr habt meine telepathische Nachricht richtig interpretiert, einschließlich meiner Bitte, dass ihr mich als Erstes am nächsten Morgen anruft. Das ist, was wir in Tibet ›Flüstern im Wind‹ nennen. Es ist Teil eines Trainings, das ein Chela (Lehrling) mit seinem Lehrer durchläuft.«

Wir waren verblüfft über diese Enthüllung, nicht nur wegen des Phänomens, das wir erlebt hatten, sondern auch wegen unserer Erkenntnis, dass dies Dorjes Art war auszudrücken, dass er bereit sei, uns zu unterrichten. Während der folgenden Wochen waren wir immer wieder mit Dorje sowohl in seiner physischen als auch seiner Astralform zusammen. Ich erfuhr, dass ein Teil der Fähigkeiten des Flüsterns im Wind – neben dem Überwinden der widrigen Trennung durch Entfernung – darin bestand, dass abstrakte Konzepte, die sich mit Worten nur schwer erklären lassen, auf diese Art einfach verständlich und fassbar werden. Wir lernten durch Dorje, dass didaktisches Lehren Zeitverschwendung ist. In der echten Schamanentradition der ›Rotmützen‹ lehrte er lieber, indem er anscheinend gewöhnliche Vorfälle zu kraftvollen Lernerfahrungen machte.

Eines Tages informierte der Lama uns, dass er bald für ein paar Wochen die Stadt verlassen würde. Er fragte, wann ich meinen nächsten Kurs mit Schülern abhalten würde. Als ich Dorje mitteilte, dass für den nächsten Abend ein Kurs geplant sei, sagte er die rätselhaften Worte, dass er uns vielleicht besuchen würde. Da ich für einen Moment vergessen hatte, wer dieses Versprechen machte, war ich verwundert darüber, dass er meinen Kurs besuchen könnte, wenn er doch Hunderte von Kilometern entfernt war. Am Abend des Kurses sprach ich zum ersten Mal über unsere Erfahrungen mit Dorje. In dem Moment, als ich von seiner ›Flüstern-im-Wind-Kommunikation‹ mit uns sowie den physischen Begleitphänomenen sprach, begannen die Lichter zu flackern und wir nahmen den Duft von Tabak wahr. Zuerst waren einige Kursteilnehmer etwas erschrocken, aber dann wandelte sich ihre Furcht in Begeisterung, als sie erkannten, dass sie das Privileg hatten, eine Erfahrung zu machen, die wenigen Menschen zuteil werden würde.

Als Dorje wieder in der Stadt war, dankte ich ihm für seine bemerkenswerte Demonstration in meinem Kurs. Ich versicherte ihm, dass dies eine Erfahrung war, die keiner von ihnen je wieder vergessen würde. So wie es Marilynn und mir Monate zuvor gegangen war, hatte die Erfahrung mit Dorje in meinen Schülern ein Gefühl der Ehrfurcht erweckt und sie hatten das unangezapfte Potenzial erkannt, das in jedem von uns vorhanden ist.

ooo

Im Lauf der nächsten fünf Jahre hielten wir den Kontakt mit unserem Freund und Mentor und besuchten ihn gelegentlich an dem Ort, wo er lebte. Während unserer Besuche unterstützen wir ihn bei den organisatorischen Dingen seiner Heilpraxis; er empfing 15 Menschen pro Tag an mehreren Tagen in der Woche. Da Dorje einen Ruf als Heiler erlangt hatte, kamen die meisten seiner Patienten mit dem Flugzeug aus verschiedenen Teilen des Landes, aus Kanada und Europa zu ihm. Es handelte sich oft um verzweifelte Menschen, die die Möglichkeiten der modernen westlichen Medizin bereits ausgeschöpft hatten.

Während einer unserer besonderen Stunden mit Dorje erzählte er uns, wie er seinen eigenen spirituellen Weg begonnen hatte. Er sagte, dass er nach mehreren Jahren des Suchens seinen Lehrer damals in Sikkim, einem kleinen Land, das an Tibet angrenzt, gefunden hatte. Dorje erklärte, dass er sich zu diesem besonderen Lehrer hingezogen fühlte, weil er ein Außenseiter unter den Lamas war, der einen großen Teil des Formalismus und der rigiden Disziplin der meisten buddhistischen Mönche in Tibet ablehnte. Als Dorje seinem Lehrer zum ersten Mal begegnete, erkannten sich beide sofort. Sein Lehrer sagte, »Ich habe schon lange auf dich gewartet.« Erstaunt hatte Dorje ihn gefragt, was diese Bemerkung bedeute, und der Lama erklärte, dass er vor einigen Jahren Dorjes Gesicht in einer Meditation gesehen und ihn sofort wiedererkannt habe, als er ihn sah.

Als Dorje ihn fragte, warum er zugestimmt hatte, sein Lehrer zu werden, überraschte ihn die Antwort. Der Lama sagte, dass Dorjes Wesen ein wenig dem eines besonderen Lamas, der vor vielen Jahren gestorben war, ähnele. Dorje war sich der Bedeutung bewusst, die die Mönche dem, was sie ›Reinkarnationen‹ (von denjenigen, die im vergangenen Leben Lamas gewesen waren) nennen, beimessen.

Dorje wurde während seiner ersten Unterweisungen zu einem winzigen See hoch in den Bergen des Himalajas geführt. Der See war so klar, dass er den Himmel und die Wolken perfekt widerspiegelte und dennoch durchlässig für die Sonnenstrahlen war, die bis in seine Tiefen drangen.

Dorje war überrascht, als sein Lehrer einen Stock nahm und auf dem Grund des Sees herumrührte bis ihn der Schlamm und die Ablagerungen trübten.

»Was siehst du?«, fragte der Lama.

»Ich sehe Wasser, das trübe geworden ist«, erwiderte Dorje.

»Das ist der Geist der meisten Menschen auf dieser Welt. Sie sind so unklar und verunreinigt mit den Gedanken und Sorgen der Alltagswelt, dass kein Licht hindurchdringt.«

Die beiden Männer saßen vielleicht 15 Minuten ruhig am See und schauten in das Wasser, bis es wieder klar und durchlässig für die Sonnenstrahlen war.

»Was sieht du jetzt?«, fragte der Lama.

»Das Wasser ist klar und durchlässig für die Strahlen der Sonne geworden«, sagte er.

»Das ist der Geist des Lamas, eines heiligen Menschen!«, sagte der Lama. »Du wirst lernen, deine Gedanken zu kontrollieren, bis dein Verstand wie dieses Wasser ist, klar und durchlässig für die Strahlen des Unendlichen.«

Dorje vergaß diese erste Lektion nie. Daraufhin führte ihn sein Lehrer zu einer Höhle und sagte ihm, dass er dort bleiben solle, bis er gelernt habe, seinen Verstand zu kontrollieren. Der Lama häufte daraufhin Steine am Eingang der Höhle auf, bis sie völlig verschlossen war. Er ließ jedoch eine kleine Öffnung, durch die zwar kein Licht in die Höhle gelangte, aber durch die alle drei Tage Wasser und eine Schale Reis hindurchgereicht werden konnten.

»Zuerst dachte ich, das würde einfach sein«, erzählte uns Dorje. »Ich würde einfach die meiste Zeit schlafen, bis ich wieder aus der Höhle gelassen würde. Aber nach ein paar Tagen entdeckte ich, dass ich kaum schlafen konnte. An diesem Punkt begann ich in Panik zu geraten und musste das Gefühl bekämpfen, dass ich verrückt werden würde! Ich fühlte mich klaustrophobisch und mein Verstand schien völlig außer Kontrolle zu sein«, sagte er. »Ich wusste, dass ich jederzeit die Steine entfernen und einfach weggehen konnte, aber falls ich das getan hätte, wäre die Lehrzeit sofort beendet und meine Verbindung mit meinem Lama gekappt gewesen.«

Während Dorje sprach, war ich wie hypnotisiert von der Geschichte seiner Erlebnisse und Erfahrungen. Ich versuchte sogar, mich in seine Lage zu versetzen, und fragte mich, ob ich solch einen Test bestanden hätte. Ich hatte den Eindruck, dass das eher unwahrscheinlich gewesen wäre.

»Das Einzige, was es mir möglich machte, diese Zeit durchzustehen, in der ich auf die Probe gestellt wurde«, sagte er nachdenklich, »war das Wissen, dass es in der Vergangenheit andere gegeben hatte, die es auch geschafft hatten, auch wenn es die Minderheit war.« Dorje fuhr fort, »Eine meiner ersten Krisen war, die niedrigen Temperaturen ohne Decke und mit nur einem Lendenschurz bekleidet auszuhalten. Ich zitterte die ganze Zeit«, sagte er. »Und dann, fast wie durch ein Wunder, entdeckte ich, wie man den ›Tumo‹ anhebt. Das ist die innere Temperatur, die die Lamas zu beherrschen lernen. Von diesem Zeitpunkt an machte mir die Kälte nichts mehr aus und sogar jetzt noch fühle ich mich bei den extremsten Minustemperaturen wohl.«

Dorje erklärte, dass einige ihrer Lamas während der Wintermonate Wettbewerbe durchführen, um zu sehen, wer das meiste Eis um sich herum zum Schmelzen bringen kann. Zu anderen Zeiten geht es darum, wer die größte Zahl von nassen Tüchern, die um sie herum drapiert sind, während sie ohne Kleidung draußen im Schnee sitzen, trocknen kann. Er sagte, dies sei ein erstaunlicher Anblick.

Während dieser Zeit lernte Dorje sein inneres Feuer, das als ›Kundalini‹ bekannt ist, zu erwecken und nach oben zu leiten; dies setzte er später in großem Umfang bei seiner Heiltätigkeit ein. Er wurde auch geschickt darin, seinen physischen Körper zu verlassen. Er erklärte, dass es kein Problem mehr für ihn war, in einer kleinen Höhle eingeschlossen zu sein, als er schließlich seinen physischen Körper verlassen konnte. Mit seinem feinstofflichen Körper konnte er gehen, wohin er wollte.

Dorje blieb die unglaublich lange Zeit von elfeinhalb Monaten in der Höhle, bis sein Lehrer eines Tages wieder auftauchte und damit begann, die Steinbarriere wieder abzutragen.

»Jetzt bist du so weit, die Unterweisungen zu den tieferen Aspekten unserer Lehre zu hören«, stellte er fest.

Dorje erklärte, dass der tibetische ›kurze Weg‹ für die meisten Westler viel zu hart und streng sei. »Westler sind einfach psychisch nicht geeignet für diese Art der Strenge«, erläuterte er. Das hatte ich natürlich schon herausgefunden.

»Aber Westler können das gleiche Ziel erreichen, indem sie in kleineren Schritten vorgehen«, erklärte er weiter. »Das kann ich euch beibringen.« Meine Partnerin und ich staunten über die außergewöhnliche Ausbildung, die Dorje erhalten hatte, und wir waren dankbar, dass wir einen gemäßigteren ›mittleren‹ Pfad eingeschlagen hatten.

Ich hatte immer ein tiefes Gefühl der Liebe für Dorje empfunden und lernte viel aus den Informationen, die er uns gegeben hatte. Andererseits schien sein besonderer Weg für mich persönlich zu streng und deshalb hatte ich nie das Gefühl, dass ich mich seiner Lehre in allen Aspekten widmen könnte. Dennoch blieb das aufrichtige Gefühl der Zuneigung zu ihm und dieses Gefühl wurde von ihm erwidert.

Dann vergingen zwei Jahre ohne irgendeinen Kontakt mit Dorje. Wir waren uns nicht einmal mehr sicher, wo er war, bis ich eines Abends ans Telefon ging und unser alter Freund und Mentor dran war. In seiner Stimme lag eine Traurigkeit, die ich nie zuvor bei ihm gehört hatte, aber der Grund für seinen Anruf schien eher ein sentimentaler zu sein.

»Ich wollte dir und Marilynn immer sagen, wie viel ihr beide mir in all diesen Jahren bedeutet habt. Ihr wart die ersten Menschen in Amerika, die mich willkommen hießen und aufnahmen. Ich habe das nie vergessen.«

Ich sagte ihm, wie viel es mir bedeutete, dass er uns diese Gefühle mitteilte, und dann ging Marilynn ans Telefon und sagte ihm fast das Gleiche. Schließlich verabschiedeten wir uns. Wir erkannten beide nicht, dass dies Dorjes Art war, seinen letzten ›Abschied‹ auszudrücken und dass wir nie wieder mit ihm in seiner physischen Form sprechen würden.

Am nächsten Abend erhielten wir einen Anruf von einem seiner Gefährten, in dem er uns mitteilte, dass Dorje in dieser Nacht gestorben war und dass der Arzt, der ihn untersucht hatte, keinen offensichtlichen Grund für seinen Tod finden konnte. In

Wirklichkeit war sein Tod ein Mysterium für den Arzt, da es so aussah, als ob Dorjes Gesundheitszustand bestens gewesen war.

Wir wussten natürlich sofort, was geschehen war: Dorje hatte gefühlt, dass seine Arbeit im Westen vollendet war, und hatte beschlossen, seinen Körper freiwillig und für immer zu verlassen. Der Gefährte teilte uns mit, dass Dorje einige andere Freunde angerufen hatte und dass niemand den wahren Grund für seinen Anruf herausbekommen hatte.

Wir erfuhren, dass einige seiner Mitbrüder des Ordens der Lamas die Zeremonie aus dem Tibetischen Totenbuch ausgeführt hatte, als sie von seinem Tod hörten; damit unterstützten sie seine besondere Seele auf der Reise durch das ›Bardo‹ (die niedrigeren Welten) in die höhere Welt. Wir selbst erinnerten uns auf unsere eigene Art an unseren früheren Lehrer. Dabei erkannte ich, vielleicht deutlicher als je zuvor, wie viel er uns bedeutet hatte.

Zwei Wochen später hielt ich einen öffentlichen Vortrag in Charlotte, North Carolina, als mich liebevolle, schmerzliche und manchmal humorvolle Erinnerungen an die Zeiten mit Dorje überkamen.

Ich begann über das Erlebnis zu sprechen, als er vor Jahren meinen Kurs mit seinem Astralkörper besucht hatte. In dem Moment, als ich darüber redete, wie er sich mit dem flackernden Licht angekündigt hatte, gingen plötzlich die Lichter im Auditorium aus. Dann, nach einer Pause, gingen sie mehrmals an und aus. Ich konnte hören, wie die Menschen hörbar einatmeten und wie dann ein Raunen durch das Auditorium ging. Alle waren verblüfft und ungläubig. Später gestand mir jemand aus dem Auditorium, dass sie zuerst gedacht hatten, ich hätte das inszeniert. Aber dann brachen einige in nervöses Lachen aus und bald wurden alle Zuhörer mitgerissen und fanden Gefallen an diesem kosmischen Scherz. Das war natürlich der unnachahmliche Rothut-Lama, der wieder einmal seine alten Tricks zeigte.

SEQUOYAS LETZTER STREICH

Highlands, North Carolina

In der Zeit, als wir auf der Hochebene von Highlands lebten, entwickelten wir eine enge Beziehung zu Ken Two Trees, einem Medizinmann der Cherokee. Kens Arbeit als indianischer Medizinmann war in einer überregionalen Psychologiezeitschrift sowie im *National Geographic* als umfassende Geschichte veröffentlicht worden.

Obwohl Ken im Reservat der Cherokee in Oklahoma aufgewachsen war, hatte er gegen die alten Bräuche seiner Vorfahren rebelliert und eine Laufbahn beim Militär eingeschlagen. Um die Zeit herum, als er in Pension ging, führte ihn seine Suche zurück zu seiner eigenen Tradition.

Ken spürte ein brennendes Verlangen in sich, anderen durch alternative Heilmethoden zu helfen, indem er die westliche ganzheitliche Medizin mit der Philosophie und den Lehren der Indianer verband. Wir waren besonders beeindruckt von seinen hellseherischen Fähigkeiten und hatten Beweise seines Talents mit völlig Fremden erlebt, die Hilfe suchend zu ihm gekommen waren.

Wir erlebten seine Verbindung mit der Welt der Natur zum ersten Mal, als Marilynn und eine gemeinsame Freundin,

Elizabeth, eine freiberufliche Schriftstellerin, ihn besuchten. Nach einer kurzen Einführung führte er sie auf eine Lichtung in der Nähe seiner Ställe. Er verband beiden die Augen und bat sie, langsam vorwärts zu gehen und erst dann stehen zu bleiben, wenn sie eine Veränderung in ihrer Umgebung spürten. Nach ungefähr zehn Schritten blieben beide Frauen an fast der gleichen Stelle stehen; sie hatten gefühlt, dass sie an diesem Punkt durch eine Art Schleier getreten waren. Marilynn erlebte es als ein plötzliches Stillwerden der Welt um sich herum. Davor hatte sie die Geräusche der Pferde, Vögel, eines in einiger Entfernung bellenden Hundes und ein sanft wehendes Lüftchen wahrgenommen. Aber sobald sie diesen Punkt erreicht hatte, schien es, als ob alle Geräusche von dem Ort, den sie betreten hatte, in eine tiefe Stille hineingezogen wurden. Sie fühlte sich friedlich und weit entfernt von allem.

Als Marilynn ihre Erfahrung beschrieb, war Ken überaus begeistert. »Gratuliere«, sagte er, »du hast gerade den Test bestanden, den ich mit euch gemacht habe. Dies ist ein Ort, an dem die vier Himmelsrichtungen zusammenfließen. Es ist ein heiliger Ort. Ich freue mich, dass ihr das erkannt habt.«

Ken hatte auch eine enge spirituelle Verbindung mit den Elementarkräften. In einem Sommer erlebte das Highlands Plateau eine längere Trockenperiode, was ein sehr seltenes Phänomen in diesen grünen Vorbergen der Blue Ridge Mountains ist, die eine durchschnittliche Regenmenge von rund 1800 mm pro Jahr verzeichnen. Aufgrund der Trockenheit war seine Quelle ausgetrocknet.

Ken war von dieser Quelle abhängig, sie lieferte ihm Wasser für seine Pferde, seinen Garten mit Heilkräutern und sich selbst. Anstatt sich jedoch Sorgen darüber zu machen, tat er das Natürlichste der Welt in dieser nicht rationalen Welt der Schamanen. Er ging einfach zu der ausgetrockneten Quelle, opferte den Geistern, die die Wasserquelle bewachten, Tabak und Maismehl und bat darum, dass seine Quelle wieder sprudeln solle.

Nach Art der Schamanen erläuterte er den Grund, warum er das Wasser benötigte, und verpflichtete sich im Gegenzug, gewisse Dinge für die nähere Umgebung zu tun.

Als er am nächsten Morgen wieder zur Quelle kam, war Ken nicht überrascht, als er sah, dass sein Brunnen wieder Wasser hatte. Aber irgendetwas stimmte nicht. Sein Brunnen hatte sogar mehr Wasser als in Zeiten mit viel Regen. Da ihn diese neue übersprudelnde Quelle misstrauisch machte, machte sich Ken daran, oberhalb seiner Quelle auf einen entfernten Bergkamm zuzugehen. Als er zu einem Teich auf dem Gelände seines Nachbarn kam, fand er die Antwort. Der Erddamm hatte eine undichte Stelle. Das Wasser, das durch den defekten Damm kam, lief mehrere Meter den Berg hinunter in Richtung auf Kens Anwesen und verschwand dann im Boden.

Als Ken zu seinem Grundstück zurückkam, opferte er den Wasserelementen noch einmal und sagte: »Danke, dass ihr meinen Brunnen gefüllt habt, aber bitte, tut dies nicht auf Kosten meines Nachbarn.« Am nächsten Morgen entdeckte Ken, dass die Situation bereinigt war, denn er hatte viel weniger Wasser in seinem Brunnen und der Damm seines Nachbarn war nicht mehr leck.

An einem Sonntagmorgen hatten Marilynn und ich das starke innere Gefühl, dass unser Nachbar Ken uns sehen wollte. Dieses Gefühl war mit einer besonderen Dringlichkeit verbunden.

Ken hatte kein Telefon. Wir wussten einfach immer, wenn er uns sehen wollte. Genauso fühlte er für gewöhnlich, wenn wir ihn in seinem Reitstall, in einer Entfernung von zwölf Kilometern den Berg hinunter, besuchen wollten.

Obwohl ich in diesen ersten Jahren noch nicht das gleiche Vertrauen in meine telepathischen Fähigkeiten hatte wie jetzt, war diese Art von Beziehung mit Ken nichts Besonderes. Ich hatte die gleiche Art der Kommunikation mit Dorje sowie mit Rolling Thunder, dem verstorbenen Shoshone/Cherokee-Schamanen, erlebt, der mir sagte, dass dies die Art sei, in der die Medizinmänner miteinander kommunizierten, wenn sie räumlich getrennt waren. Meine begrenzten Erfahrungen mit dieser Art der Kommunikation mit diesen befähigten Personen hatte mir gezeigt, dass es eine tiefere Ebene der Kommunikation gibt, die die gewöhnlichen Schranken der Entfernung umgeht.

Es ist nicht so schwierig wie es aussieht, diese Fähigkeit der Kommunikation zu entwickeln. Es ist eher eine Art des ›Sich-Erinnerns‹ an etwas, was man einmal wusste, aber einfach vergessen hat. Die Möglichkeit dieser Art von Kommunikation scheint tief im Gehirn verwurzelt zu sein und bezieht eine verborgene und sehr urtümliche Ebene des Seins mit ein.

Als wir den zwölf Kilometer langen Weg auf einer sich dahinschlängelnden, steilen Bergstraße zu den Pferdeställen zurückgelegt hatten, waren Marilynn und ich überhaupt nicht überrascht, Ken zu sehen, der an der Straße stand und uns erwartungsvoll entgegensah. »Gut«, sagte er, »ich dachte mir, dass ihr mich rufen hört. Wir müssen sofort nach Cherokee fahren. Amaweeti (Sequoyah) erschien mir in der vergangenen Nacht im Traum. Er ist in irgendwelchen Schwierigkeiten und bat um unsere Hilfe.«

Niemand von uns hatte auch nur den geringsten Zweifel, dass die Traumbotschaft wahr war, und bald waren wir auf der 90-minütigen Fahrt nach Cherokee, North Carolina. Marilynn und ich hatten bereits viel gehört von Sequoyah, dem alten Medizinmann, der im Osten von Cherokee ansässig war. Wir wussten von Sequoyahs wunderbaren Heilungserfolgen bei vielen körperlichen Erkrankungen, wobei er sein breitgefächertes Wissen im Bereich der Heilpflanzenmedizin anwandte. Es hieß, er sei mehr als hundert Jahre alt.

Sequoyah verfügte als Heilpraktiker und Cherokee über ein breitgefächertes Wissen über die Heilpflanzen. Viele Menschen suchten ihn auf, darunter auch Weiße, und baten ihn um Hilfe. Er konnte auch gewisse Arten der Krebserkrankung und andere

Krankheiten heilen, die immer noch nicht von der Schulmedizin geheilt werden können. Ich sprach mit einem weißen Mann aus einer großen Stadt, der nach Monaten des Leidens und nachdem er bei den amerikanischen Schulmedizinern keine Hilfe gefunden hatte, vor Kurzem durch Sequoyahs Pflanzenmedizin von seiner Gürtelrose geheilt worden war.

Niemand wusste genau, wie alt er war, aber wir hatten von Ken und anderen gehört, dass er Buffalo Bills ›Eagle Dancer‹, der Adlertänzer, in seiner fahrenden Wildwestshow gewesen war. Später sahen Marilynn und ich einen Beweis für dieses Gerücht, als wir ihn in seinem winzigen Container im Reservat besuchten. An einer Wand hingen tatsächlich Fotografien von ihm, wie er damals neben Bill Cody, einem jungen Indianer, stand und seine Tanzkleidung trug. Es bestand kein Zweifel, es war der junge Sequoyah. »Welche Art von Hilfe benötigt der alte Medizinmann wohl?«, fragte ich mich. »Was kann irgendeiner von uns für jemanden wie ihn tun?«

Als wir in Cherokee ankamen, erfuhren wir, dass Sequoyah ernsthaft krank war und in der Nacht zuvor ins Krankenhaus für die indianische Bevölkerung gebracht worden war. Als wir im Krankenhaus ankamen, sagte man uns, dass der alte Schamane im Koma gelegen und niemand erwartet hatte, dass er überleben würde. Offensichtlich hatte er vor ein paar Stunden sogar aufgehört zu atmen und war für tot erklärt worden. Dann kam er zum Erstaunen aller wieder zurück ins Leben und alle seine Lebensfunktionen waren wieder da.

Als wir dies hörten, war mir klar, dass er gewusst haben musste, dass wir kommen würden, und ich fragte mich, ob dieses Wissen ausgereicht hatte, ihn wieder ins Leben zurückzubringen. Im Krankenhaus begegnete man uns mit großer Achtung. Offensichtlich wird es als eine Ehre angesehen, von einem Medizinmann besucht zu werden, aber es ist eine seltene Ehre für jemanden, von drei Medizinmännern besucht zu werden. Da ich als Krankenhausseelsorger in der Vergangenheit in vielen Krankenhäusern gewesen war, war es eine neue Erfahrung für mich, so empfangen zu werden. Tatsächlich hörten wir später, dass Sequoyah selbst sich mit dem Besuch von drei Medizinmännern gebrüstet hatte.

Als wir in Sequoyahs Zimmer kamen, war das Erste, was ich bemerkte, dass seine Haut so glatt wie die eines Kindes war, obwohl seine Muskeln geschrumpft waren; und sein langes, schwarzes Haar hatte nur wenige graue Strähnen. Ich fragte mich, ob sein Kräuterwissen irgendetwas mit seiner unglaublichen Jugendlichkeit zu tun hatte.

Wir begannen sofort mit Heilungsmaßnahmen bei dem alten Mann. Unser gemeinsames Energiefeld und die Absicht zu heilen genügten, um Sequoyah aus seinem Koma zu holen und innerhalb weniger Minuten saß er im Bett und lachte und erzählte Geschichten. Obwohl Marilynn und ich von der Veränderung völlig verblüfft waren, schien Ken dies erwartet zu haben und ging locker damit um.

Sequoyah lebte weitere sechs Monate bei guter Gesundheit. Wie alle in der Tradition lebenden Indianer hatte er das Gefühl, dass es nicht die Art eines Kriegers sei, in einem Krankenhaus oder an einer schleichenden Krankheit zu sterben. In seiner Vorstellung war dies tatsächlich das Schlimmste, was geschehen könnte.

Während der Monate nach seiner Entlassung aus dem Krankenhaus besuchten Marilynn und ich ihn mehrere Male. Ich traf auch das sehr nette junge Paar, das bei Sequoyah lebte und sich um ihn kümmerte im Austausch dafür, dass die beiden das alte Wissen der Indianer lernen durften. Die Frau war schwanger und sie hatte die Absicht, das Kind mit dem spirituellen Wissen, das ihr Sequoyah gelehrt hatte, aufzuziehen.

Eines Abends bat Sequoyah das Paar, das sich um ihn kümmerte, alle seine Kraftobjekte zusammenzutragen und ihm zu bringen. Dann, als er auf seinem Bett lag, bat er sie, vorsichtig seinen Adlerflügel, die Medizinpfeife, den Beutel und andere Objekt in einer bestimmten Anordnung auf seinem Körper oder um ihn herum anzuordnen. Sequoyah wandte sich an die Frau, die jetzt im achten Monat schwanger war, und sagte: »Ich werde jetzt von euch gehen. Aber ich werde bald wiederkommen und das wird durch euch geschehen.«

Am nächsten Morgen entdeckten sie, dass Sequoyah in derselben Nacht gestorben war. Erst da wurde ihnen klar, dass Sequoyah sich von ihnen verabschiedet hatte. Sie vergaßen jedoch sein Versprechen zurückzukehren, bis ihr Kind geboren war. Sie bemerkten bald ein vertrautes Muttermal an ihrem Baby. Es war das gleiche Muttermal, das sie so viele Male an Sequoyah gesehen hatten, und es befand sich tatsächlich an der gleichen Stelle am Körper ihres Kindes. Sie hatten gewusst, dass die Cherokee Muttermale als ein Zeichen ansahen, dass ein Kind etwas Besonderes ist und dazu bestimmt, ein Schamane und Heiler zu werden. Sie hatten keine Zweifel, dass ihr Kind ihr früherer Mentor war, um den sie sich in seinen letzten Tagen gekümmert hatten.

Wir hatten keinen weiteren Kontakt mit dem Paar, aber einige Jahre später hörten wir, dass sie ihr Kind zu den Stammesältesten der Hopi gebracht hatten, um sicherzustellen, dass der Junge eine Ausbildung in der ›alten Tradition‹ erhielt, wenn er älter wurde. Die Stammesältesten bestätigten, dass ein verehrter Cherokee Schamane wiedergekehrt war, da ihre tiefe Intuition ihnen sagte, was das junge weiße Paar bereits wusste.

Bevor das junge Paar das Krankenhaus verlassen hatte, erzählten sie uns jedoch von einigen Erfahrungen, die sie mit Sequoyah gemacht hatten. Eine der Geschichten, die sich allerdings erst nach dem Tod ihres Lehrers ereignete, war unglaublich lustig. Es schien, als ob Sequoyah jahrelang von den fundamentalistischen christlichen Pfarrern, die Kirchen im Reservat hatten, verbal angegriffen worden war. Die Pfarrer hatten seine ›heidnischen‹ Bräuche und seine Weigerung zu konvertieren, aufs Schärfste missbilligt. Sequoyah hatte dem starken sozialen und politischen Druck, den die Geistlichkeit ausübte, unverwandt standgehalten. Das machte es noch schockierender, als entdeckt wurde, dass Sequoyah in seinem Testament verfügt hatte, dass genau diese Geistlichen, die seine schlimmsten Feinde gewesen waren, seine Sargträger sein sollten. Die Geistlichen selbst spekulierten mit einem Gefühl des Triumphes, dass Sequoyah auf seinem Totenbett konvertiert sein musste. Sie waren stolz darauf, dass sie diesen ›Sünder‹ vor einem erbärmlichen Leben nach dem Tod gerettet hatten.

Sie fingen jedoch an, sich Gedanken über die Bedeutung seines letzten Wunsches zu machen, als sie erfuhren, dass Sequoyah sich gewünscht hatte, auf dem Gipfel des höchsten, unbefestigten Berges im Cherokee Reservat im Herzen der Smoky Mountains bestattet zu werden. Wir hörten später, dass diese Männer enorme Schwierigkeiten hatten, sich den Berg hinaufzukämpfen, als sie den Körper ihres früheren Erzfeindes auf den Gipfel des Berges trugen. Einer der Männer musste sogar ins Krankenhaus gebracht werden wegen Überanstrengung.

Als ich diese Geschichte hörte, krümmte ich mich vor Lachen. Da ich Sequoyahs bizarren und manchmal leicht schwarzen Humor miterlebt hatte, hatte ich keine Schwierigkeiten, mir vorzustellen, wie dieser dickköpfige alte Schamane in seinem Sarg lag und über seine früheren Feinde lachte, die sich abkämpften, seinen Körper auf die Spitze des Berges zu tragen. Es war gegen Sequoyahs spirituelle Prinzipien gewesen, seine Verfolger als Antwort auf ihre Tiraden von ihren Kanzeln anzugreifen. Es war ihm jedoch erlaubt, diese unglaubliche Szene auszutüfteln. Es war der letzte Streich des alten Schamanen!

Der Tod von Dorje Chen und auch der von Sequoyah brachten Erinnerungen an einige der schwierigsten Momente während meiner Zeit als Priester zurück. Als Priester hatte ich erlebt, wie Mitglieder meiner Gemeinde beim Verlust eines geliebten Menschen zusammenbrachen. Es war nicht nur der persönliche Verlust, der diesen Zusammenbruch nach sich zog, sondern auch das dringende Bedürfnis nach Antworten. Sie hatten eine Bestätigung gesucht, die nicht nur auf blindem Glauben basierte, sondern auch auf konkreten Beweisen, dass es ein Leben jenseits des Todes gibt. Ich hatte mich immer unzulänglich gefühlt bei diesen Gelegenheiten, denn ich konnte ihnen nicht das geben, was sie brauchten und ganz sicher verdienten. Anders als einige meiner Mitpriester konnte ich mich nicht dazu überwinden, banale Tröstungen anzubieten, indem ich Kirchendoktrinen herunterbetete oder passende Stellen aus den Schriften rezitierte.

Obwohl wir jeden Sonntag zusammen das Glaubensbekenntnis gesprochen hatten: »… ich glaube an die Auferstehung der Toten und das ewige Leben …«, [21] erkannte ich zu meiner Bestürzung, dass diese Worte keine Kraft hatten, um in diesen Zeiten des persönlichen Verlustes Hoffnung zu geben. Immer wieder hatte ich gesehen, dass Glaubenssysteme nicht in der Lage waren, eine Person in einer persönlichen Krise wie beim Verlust eines geliebten Menschen zu unterstützen. Wahrer Glaube bedeutete für mich nicht den Rückgriff auf gewisse Glaubenslehren, sondern war für mich ein kindlicher Zustand der Offenheit und des Vertrauens.

Zwei bemerkenswerte Menschen in meinem Leben, ein buddhistischer Mönch und ein indianischer Medizinmann, lieferten mir einen greifbaren Beweis dafür, dass man den physischen Tod überlebt und dass das Leben nach dem Tod weitergeht. Welchen Trost hätte ich den trauernden Hinterbliebenen in meiner Gemeinde geben können, wenn ich in der Lage gewesen wäre, die erstaunlichen Geschichten dieser beiden Menschen, die keine

Christen waren, zu erzählen. Sie waren beide nicht nur den Tod eines Kriegers gestorben, sondern hatten das mächtigste Zeugnis des Weiterlebens nach dem körperlichen Tod geliefert, das ich je erlebt hatte.

Aus meiner Verbindung mit Dorje und Sequoyah lernte ich, dass Sterben eine mächtige und bewusste Erfahrung sein kann. Unglaublicherweise starben diese beiden Menschen nicht nur bewusst, sondern wählten Zeit, Ort und Art, in der sie starben. Sie zeigten beide auf ihre eigene Art und Weise, fast unwiderlegbar, dass der Tod keine Endgültigkeit hat und dass unsere Persönlichkeit die Reise über den Tod hinaus fortsetzt.

Als Ergebnis meiner Verbindung mit diesen beiden tief spirituellen und machtvollen Kriegern erhielten die Worte des Heiligen Paulus, die ich so oft bei unseren Begräbnissen vorgelesen hatte, eine neue Bedeutung für mich: »Der Tod ist verschlungen vom Sieg. Tod, wo ist dein Sieg? Tod, wo ist dein Stachel?«[22] Das war ein Verständnis, das nicht mehr auf ›Glauben‹ basiert, sondern auf dem Wissen, das aus einer gewaltigen persönlichen Erfahrung geboren wurde.

KAPITEL 10

DIE DUNKLE SEITE DES GEISTES

In den mehr als drei Jahrzehnten meines Lebens als Schamane und Heiler wären einige Menschen, die ohne es zu wissen Opfer angreifender übernatürlicher Kräfte waren, in den Selbstmord getrieben oder für den Rest ihres Lebens in eine Anstalt gesteckt worden, wenn man sie nicht an mich verwiesen hätte. Einige dieser Menschen wären dann an multiplen Syndromen oder Krankheiten gestorben, die ihnen ursprünglich nicht vorbestimmt waren.

Obwohl diese Geschichten nicht direkt das Thema dieses Buches betreffen, beschloss ich, sie mit aufzunehmen, weil sowohl die New Age- und Human Potential-Bewegungen als auch die klinische Psychologie übereinstimmend die Existenz der dunklen Seite des Geistes geleugnet haben. Menschen, die einem seelischem Angriff ausgesetzt sind, haben oft niemanden, den sie um Hilfe bitten können, da die New Age-Bewegung die Halbwahrheit vertritt, dass wir die Schöpfer unserer eigenen Realität sind, und die moderne Psychologie sich auf Klassifikationen wie Psychose konzentriert. In diesem Teil des Buches werden Symptome beschrieben, die in jeder schamanischen Tradition sofort von dem Dorf- oder Stammesheiler für das erkannt worden wären, was sie sind – Auswirkungen der dunklen Seite des Geistes – und er hätte sie entsprechend behandelt.

DIE KOJOTENFRAU

Boulder, Colorado:
Herbst

Ich erhielt einen Anruf von einer alten Freundin, Connie, die mich in die spirituelle Gemeinschaft in San Antonio eingeführt und dafür gesorgt hatte, dass ich dort Workshops geben konnte. Als Connie anrief, sagte sie nur, dass sie ein Problem habe, das sie besprechen müsse, und sie bat um einen kurzfristigen Termin mit Marilynn und mir. Da ich die Dringlichkeit in ihrer Stimme spürte, vereinbarte ich mit ihr, dass sie noch am gleichen Nachmittag vorbeikommen solle.

Als Connie ankam, war ich von ihrem Aussehen schockiert. Sie war erheblich gealtert, seit ich sie vor vier Jahren zum letzten Mal gesehen hatte. Sie gestand, dass sie seit Längerem depressiv sei und es ihr nicht gelungen war, diese depressive Phase zu überwinden. Sie hatte keine Idee, woher die Depression kommen könnte. Connie hatte das Interesse an den Dingen verloren, die sie früher fasziniert hatten, und sie war nicht mehr in der Lage zu arbeiten. Sie war dabei, das Interesse am Leben selbst zu verlieren.

Ich war bestürzt über die enormen Veränderungen bei meiner alten Freundin. Sie hatte normalerweise ein überschäumendes Temperament, das buchstäblich die Energie einer Gruppe verändern konnte. Sie war von Beruf Pflegerin und hatte die meiste Zeit ihres Lebens im Dienste der Menschheit verbracht.

Ein Gefühl der Schwere überkam mich. Ich war sehr betrübt über die Veränderungen bei meiner Freundin und Kollegin und fühlte, dass irgendetwas ganz und gar nicht stimmte, aber ich hatte keine Vorstellung, was es sein konnte.

Connie beschrieb ihren Zustand mehrere Minuten lang. Gelegentlich unterbrachen wir sie mit Fragen, die sie kurz beantwortete. Ich fühlte mich immer unwohler, da ich spürte, dass wir auf dem falschen Weg waren. Ich verstand die Traurigkeit in mir, aber die aufsteigende Beunruhigung schien nicht zu der Situation zu passen.

Plötzlich fühlte ich eine Veränderung in der Atmosphäre des kleinen Raumes, in dem wir uns zusammengesetzt hatten. Ich sah vor meinem geistigen Auge eine hochgewachsene Frau in Fellen hinter Connie stehen. Die Frau hatte einen Kojotenkopf auf ihrem Kopf festgebunden. Ich erkannte sofort, dass dieses Wesen Artemis, die Jägerin, war, der Ausdruck der weiblichen Urkraft. Sie war die Urgöttin, die nur ein paar Jahre zuvor zu mir im Traum gesprochen hatte. Ihr Kojotenkopfschmuck sagte mir, dass eine Art von Betrug, vielleicht sogar Verrat, im Spiel war. Ihre Lippen bewegten sich und ich hörte deutlich die Botschaft: »Sag Connie, dass sie nach Süden in die Wüste gehen muss, um ihre Kraft wiederzuerlangen. Ein böser Hexer nahm ihr die Kraft, während sie in der Wüste war.« Wieder einmal hatte Artemis, die mir vier Mal in meinen Träumen erschienen war, ganz präzise Informationen geliefert.

Als ich Connie die Nachricht weitergab, regierte sie auf meine Worte wie vom Donner gerührt. Merklich erschüttert begann sie von einer tragischen und erschreckenden Erfahrung zu erzählen, die sie vor zwei Jahren in New Mexico gemacht hatte. Sie und eine enge Freundin, die eine der spirituellen Führerinnen in Austin war, hatten etwas Land ca. 50 Kilometer außerhalb von Santa Fe gekauft, um ein spirituelles Retreat-Zentrum zu errichten. Sie waren von den dort ansässigen Hispanos davor gewarnt worden, dorthin zu ziehen; die Hispanos hatten erklärt, dass dort ein sehr böser ›Curandero‹ lebe, der weiße Menschen hasse und versuchen würde, ihnen Leid zuzufügen.

Da die beiden Frauen von ihrer idealistischen Vision besessen waren, ignorierten sie die Warnungen und kauften das Land dennoch. Drei Monate später beschloss Connies Partnerin, den Curandero zu besuchen, da sie hoffte, eine Art von Beziehung herzustellen. Ihre Entscheidung war ein fataler Fehler.

Gleich am nächsten Tag nach dem Besuch ereignete sich die Tragödie. Die Frau und ihr einjähriger Sohn wurden bei einem Frontalzusammenstoß mit einem betrunkenen Fahrer mitten in Santa Fe getötet. Connie war so betroffen von dem Verlust ihrer engen Freundin und Geschäftspartnerin, dass sie das Land sofort zum Verkauf anbot und nach Boulder zog. Seit diesem Erlebnis hatte sich Connie nicht mehr gefühlt wie zuvor und hatte sich sogar viele Male gefragt, ob der Hexer sie beide mit einem Fluch belegt hatte.

Da ich sicher war, auf dem richtigen Weg zu sein, fragte ich Connie, ob sie sich an den Namen des Curandero erinnere. Normalerweise wäre das eine ganz gewöhnliche Frage gewesen, weil der Name eines Menschen leicht dazu dienen kann, meine innere Vision zu verfeinern. Aber in diesem Fall war es das Schlimmste, was ich tun konnte. Ich hätte es besser wissen müssen. In den Stammestraditionen in der ganzen Welt ist es kein Geheimnis, dass das Aussprechen des Namens eines Schwarzmagiers solch unerwünschte Energie heraufbeschwören kann.

Kaum hatte Connie den Namen des Curandero ausgesprochen, als ein plötzlicher Windstoß die Hintertür unseres Zeremonienraumes aufstieß, rechts durch den Eingangsbereich abdrehte und dann mit großer Kraft die Tür zu unserem Zeremonienraum öffnete. Jetzt war es zu spät. Wir waren wie betäubt. Starke Winde, die von den nahegelegenen Bergen kamen, waren üblich in Boulder, aber es war ein ruhiger Tag gewesen.

Unsere Hintertür war noch nie vom Wind aufgestoßen worden, genauso wenig war dies bei der Innentür zu unserem Zeremonienraum der Fall gewesen. Das war kein gewöhnlicher Wind. Wir mussten schnell handeln. Es war klar, dass wir unbeabsichtigterweise die Aufmerksamkeit des Zauberers geweckt hatten, und das machte unsere Arbeit noch dringender und gefährlicher. Uns blieb nur wenig Zeit. Connie war zu Tode erschrocken. Niemand von uns musste etwas sagen; sie fühlte, was gerade geschehen war. Und dann geschah das, von dem ich gehofft hatte, dass es nicht passieren würde. Unsere Freundin begann zuerst leicht zu zittern und dann immer heftiger, so als ob sie kurz davor war, starke Zuckungen und Krämpfe zu bekommen. Marilynn und ich sahen uns an und – ohne zu sprechen – begannen wir mit Connie zu arbeiten. Wir legten zuerst einen medialen Schutzschild um sie und uns herum und begannen dann, Connies energetisches Magnetfeld zu reinigen.[23]

In kürzester Zeit konnte Marilynn herausfinden, wo der Riss in Connies Energiekörper war. Ich erkannte, dass der Curandero sehr viel Macht hatte und dass unsere Aufgabe nicht leicht sein würde. Wir hatten jedoch mehrere Vorteile auf unserer Seite. Die Tatsache, dass wir ihn auf uns aufmerksam gemacht hatten, beschleunigte den Vorgang, so wie wenn Fieber in den Kopf steigt. Außerdem befanden wir uns auf eigenem Terrain und aufgrund unserer engen spirituellen Verbindung hatten wir drei zusammen eine gute Energie.

Wie so oft bei spirituellen Notfällen glitt ich in einen Zustand tiefer Ruhe, anstatt hastig oder verzagt zu werden. Ich bin unendlich dankbar für diese Fähigkeit, das Bewusstsein zu verändern, wenn es dringend nötig ist, da mir dies erlaubt, Krisen erfolgreich zu bewältigen. Ich bemerkte, dass Marilynn ebenfalls extrem ruhig und wachsam geworden war. Sie hatte bereits begonnen, etwas aus

Connies Unterleibsregion herauszuziehen. Zum Glück löste sich das Objekt, das an Connies Energiekörper anhaftete, plötzlich nach langen Minuten. Es sah wie ein spitzer dreieckiger Stein aus. Sofort zeigte sich bei Connie eine dramatische Veränderung. Als die Zuckungen aufhörten, wirkte sie heiter und sah um Jahre jünger aus, so wie ich sie in Erinnerung hatte. Ein paar Momente später schluchzte sie und sagte, dies sei das erste Mal seit ihrem schrecklichen Erlebnis in der Nähe von Santa Fe, dass sie sich wieder wie sie selbst fühle. Jetzt wünschte sie sich nur noch, ihr Leben weiterzuleben und die verlorenen Jahre aufzuholen.

Aber nichts ist beendet, bis es wirklich abgeschlossen ist. Während Connie den ganzen Vorfall nochmals mit uns durchging, bezog sie sich wieder auf den Zauberer, indem sie seinen Namen aussprach. In unserer überschwänglichen Freude über die Heilung hatten weder Marilynn noch ich daran gedacht, Connie davor zu warnen, den Namen ihres schrecklichen Widersachers jemals wieder auszusprechen. Genau in dem Augenblick, als der Name ausgesprochen wurde, fielen mein 200 Jahre alter Blackfoot-Medizinbeutel und die Pfeife von der Wand, an der sie gehangen hatten, und landeten neben meinen Füßen. Eigentlich hätte uns das zu diesem Zeitpunkt nichts mehr ausmachen dürfen, aber Connie begann zu hyperventilieren.

Wir hatten das Problem noch nicht gelöst. Marilynn und ich versuchten wieder, den Schutzschild um Connie herum zu verstärken und sie zu beruhigen. Unkontrollierte Angst öffnet jemanden schneller für die Negativität als irgendetwas anderes. Glücklicherweise lösten sich die dunklen Kräfte des Curandero schnell auf und Connie war wieder ruhig.

Ich werde nie den dramatischen Auftritt der Elementargöttin als mächtige Beschützerin vergessen und den tödlichen Kampf mit der dunklen Macht des Curandero. Dies bestätigte mir, was ich viele Male zuvor gesehen hatte: dass einige Probleme, denen Menschen gegenüberstehen, außerhalb des Bereichs der Psychotherapie oder konventioneller religiöser Erklärungen liegen. Connies Veränderung war bemerkenswert: aus einer fast toten alten Frau wurde wieder eine junge und lebhafte Frau, die vor Leben glühte. Das war die wirkliche Connie, die Connie, die ich in Austin gekannt hatte, die so voller Freude und Spontaneität gewesen war. Ich war dankbar, dass Marilynn bei mir gewesen war. Unser beider Gegenwart war nötig gewesen. Es erstaunte mich, wie wir in solch schwierigen Situationen eins wurden.

Welch sonderbare Wendungen mein spiritueller Weg doch genommen hatte. Hätte ich diese Art der Heilung vorhersehen können, als ich zum ersten Mal beschloss, Priester zu werden? Wenn mir das jemand vorausgesagt hätte, hätte ich kein einziges Wort davon geglaubt. Vielleicht war es ein Segen, dass ich davor geschützt wurde, zu viel zu wissen. Ich konnte mir nicht vorstellen, dass jemandem diese Art spirituellen Eingreifens behagte.

Und dennoch wurde ich auf besondere Weise entlohnt. Ich wusste, dass Connie davor bewahrt worden war, geistig und körperlich so abzubauen, dass weder Ärzte noch Therapeuten eine Diagnose hätten finden oder dies hätten abwenden können. Mein Herz war voller Dankbarkeit.

ooo

Als Connie ging, verfolgte mich noch eine ungelöste Frage. Warum erlebten zwei solch weit entwickelte und positive Menschen, deren einziger Wunsch es war, ihren Mitmenschen zu helfen, eine derartig fürchterliche Tragödie? Als ich über die Frage nachdachte, war die Antwort klar.

Keiner der großen Lehrer hat je versprochen, dass der spirituelle Weg einfach oder sogar sicher sein würde. Der Weg kann in der Tat tödlich sein. Kein Wunder, dass der Weg der Initiation als Weg auf des Messers Schneide beschrieben oder mit dem Schwert des Damokles verglichen wurde, das an einem Faden über dem

Eingeweihten hängt. Es gibt Unfall- und manchmal sogar Todesopfer, so wie im Fall von Connie und ihrer Partnerin. Aber für diejenigen, die auf dem positiven Weg des Dienstes für andere sind, gibt es Schicksale, die schlimmer sind als Erfolglosigkeit oder Tod. Es ist weitaus besser, sein Leben zu verlieren, als spirituell an Boden zu verlieren oder dem eigenen Bewusstsein auf Dauer zu schaden, indem man einem anderen großen Schaden zufügt. Ich habe nie jemanden auf dem spirituellen Weg getroffen, der nicht der Meinung war, dass der Weg die Anstrengungen und das Risiko wert ist.

DER SCHUTZ DER TÖPFERIN

Nederland, Colorado:
Später Winter

Laura, eine junge Frau aus einer Bergarbeiterstadt in den Bergen nördlich von Denver war um Rat suchend zu mir gekommen. Sie war eine erfolgreiche Töpferin in ihrer Gegend, aber in den letzten Wochen hatte sie Schwierigkeiten mit ihrem Handwerk. Jedes Mal, wenn sie einen neuen Satz Töpferwaren im Brennofen brannte, kamen die Stücke ruiniert heraus. Obwohl sie den Brennofen mehrere Male hatte überprüfen lassen, wurde nichts gefunden, was der Grund für die Fehlfunktion hätte sein können. Sie erklärte mir, dass sie es sich nicht leisten könne, noch mehr ruinierte Töpferwaren aus dem Ofen zu holen, und hoffte, dass ich in der Lage sein würde, intuitiv zu fühlen, was die Ursache ihres Problems sein könnte.

Während ich mir ihren Bericht anhörte, wuchs in mir die Überzeugung, dass da noch etwas anderes war als das vordergründig Sichtbare. Meine innere Vision lieferte mir die Antwort. Ich sah, dass Lauras Probleme seelischer Natur waren und dass sie unter dem Einfluss von etwas stand, das ihr übelwollte. Sie bejahte dies schnell und sagte, dass vor Kurzem einige bekannte Drogendealer das Haus neben ihr gemietet hatten, und bald darauf war sie in einen Konflikt mit ihnen geraten. Während dieser Auseinandersetzung waren die Dealer wütend auf sie geworden und hatten tatsächlich ihr Leben bedroht.

In den folgenden Tagen schikanierten sie sie weiterhin und der Ofen funktionierte nicht mehr. Darüber hinaus fühlte sie sich zunehmend unwohler; sie hatte oft das Gefühl, dass etwas Finsteres in ihrem zuvor friedlichen Zuhause anwesend war. In der spirituellen Gemeinschaft wurde erzählt, dass diese Männer schwarze Magie praktizierten. Dies bestätigte mein eigenes Gefühl und ich wusste, dass Laura dringend sofortigen Schutz benötigte. Am folgenden Tag fuhr ich die eineinhalb Stunden nach Denver zu ihrem Haus in den Bergen, um zu versuchen ihr zu helfen.

Es gab zwei Gründe zur Besorgnis. Der erste war das Problem mit dem Ofen. In der Vergangenheit hatte ich oft eine Verbindung zwischen negativen übernatürlichen Energien und mechanischen oder elektrischen Fehlfunktionen in einer Wohnung beobachtet. Weitaus ernster war jedoch die geistige und körperliche Gefahr für die junge Frau selbst. Eine Todesdrohung von Drogendealern war etwas, was man unter keinen Umständen auf die leichte Schulter nehmen sollte. Sie mussten sofort aufgehalten werden. Laura war es nicht gelungen, die örtliche Polizei davon zu überzeugen, dass sie ein ernstes Anliegen hatte, und sie vermutete, dass sie von den Dealern bezahlt wurden, damit sie wegsahen.

Es widerstrebte mir, Laura zu sagen, in welcher Gefahr sie meiner Einschätzung nach schwebte. Die Angst hätte es ihr schwerer gemacht, mich bei meiner geplanten Strategie zu unterstützen. Es war nicht genug, das ›seelische Gleichgewicht‹ ihres Brennofens wieder herzustellen. Ein starkes Bauchgefühl sagte mir ganz sicher, dass ihre Nachbarn wegziehen mussten.

Ihnen entgegenzutreten hätte nicht nur auch mich in Gefahr gebracht, sondern Laura noch weiter gefährdet. Mein Besuch musste heimlich erfolgen. Sollte irgendeiner von ihnen den Zweck meines Besuches durchschauen, konnte das ernsthafte Auswirkungen haben. Es galt, keine Zeit zu vergeuden. Ich begann sofort, Lauras Zuhause zu reinigen, während ich einen Schutzschild um Laura und ihren Ofen legte. Dann legte ich einen medialen Umhang um das Haus der Drogendealer, um deren Negativität einzugrenzen, sodass sie uns nichts anhaben konnte. Durch dieses Eingeschlossensein mussten sie mit ihrer eigenen Negativität zurande kommen, denn was immer sie aussendeten, würde sofort zurückkommen. Schließlich zeigte ich Laura, wie sie weiterhin jeden Morgen und jeden Abend den Schutz mit den Methoden, die ich angewendet hatte, verstärken sollte. Ich fuhr wieder ab und ließ ihr Salbei da, von dem sie jeden Tag etwas in ihrem Haus räuchern sollte, und lehrte sie einige einfache Gebete zu ihrem Schutz.

Zehn Tage später erhielt ich einen Anruf von Laura, die mir freudig mitteilte, dass ihr Ofen wieder funktionierte und dass das friedliche Gefühl wieder in ihrem Zuhause eingekehrt war. Dann fügte die Töpferin etwas selbstgefällig hinzu, dass sich auch um die Drogenhändler gekümmert worden sei und dass sie kein Problem mehr darstellen würden.

»Was ist geschehen?«, fragte ich, nicht wirklich überrascht. Ich wusste, dass sie mir etwas Besonderes zu erzählen hatte.

»Also«, sagte sie, »nach deinem Wirken in meinem Haus verschwand die negative Energie vollständig. Ab diesem Zeitpunkt funktionierte mein Ofen plötzlich auf rätselhafte Weise wieder. Das war schon an sich eine unendliche Erleichterung. Aber ich war immer noch etwas angespannt wegen der einschüchternden Menschen im Haus nebenan.«

»Ich musste mir keine Sorgen machen«, fuhr sie fort. »Am vierten Tag, als ich meine Schutzzeremonien durchführte, brach der Boden des Hauses der Drogendealer ein, und zwar nicht nur ein kleiner Teil, sondern ungefähr drei Viertel des Bodens. Natürlich mussten sie da umziehen. Sie sind nicht mehr in der Gegend.«

»Zu schade«, sagte ich ironisch, »das Haus war alt; müssen einige Fußbodenbalken verfault gewesen sein.«

»Bestimmt«, kicherte sie, »viele sehr verfaulte Balken.«

Dann konnte ich nicht mehr an mich halten und lachte mich halb tot. Ich konnte kaum weiterreden. Laura brach ebenfalls in Gelächter aus. Ob es die unglaubliche, ausgleichende Gerechtigkeit oder die intensive Erleichterung war, die wir fühlten, konnte ich nicht sagen, aber wir lachten einige Zeit lauthals weiter.

Wie bei vielen anderen Gelegenheiten, bei denen Krisen im Leben meiner Klienten oder in meinem eigenen aufgetaucht waren, war es mir mit spirituellen Methoden gelungen, ein Problem zu beseitigen, nachdem äußerliche Methoden sich als unwirksam erwiesen hatten. Und in der Tat wurde durch eine Transformation spiritueller und psychischer Energien ein ernstes Problem auf eine Weise beseitigt, die schneller, effizienter und sicherer war, als eine physische Konfrontation es jemals gewesen wäre.

EINDRINGLING

Ft. Lauderdale, Florida:
Mitten im Winter

Eine gedämpfte Stille hatte sich in der gesamten Gruppe eines Workshops, den ich in Ft. Lauderdale abhielt, ausgebreitet. Ich war dabei, eine Heilung an einer 35 Jahre alten Frau mit systemischem Lupus erythematodes, einer Autoimmunerkrankung, zu demonstrieren. Sandy war eine attraktive Frau mit langem, braunem Haar und haselnussbraunen Augen. Ihre Größe von 1,80 Meter und ihr Aussehen insgesamt machten sie zu einer auffälligen Erscheinung. Diejenigen, die sie nicht kannten, hätten nicht gemerkt, was sie schon durchgemacht hatte.

In den vergangenen Monaten hatte sich Sandys Zustand verschlechtert und sie fragte sich besorgt, ob sie weiterhin im täglichen Leben ihren Aufgaben nachgehen konnte. Zusätzlich zu ihren Beschwerden war sie extrem lethargisch und depressiv geworden; die Ärzte schrieben dies der Krankheit zu. Das alles schien sehr ungerecht.

Wie immer bei der Durchführung einer Heilung gab es keine Gewissheit, ob die Person darauf reagieren würde oder nicht. Bei Sandy hatte ich tief im Innern ein gutes Gefühl und war optimistisch.

Ich bat Sandy, sich auf eine Decke in der Mitte unseres Kreises zu legen, und ich bewegte meine Hände mit magnetischen Bewegungen über ihren Körper. Zuerst geschah nichts, aber dann schien, völlig überraschend für mich, ein Schatten über ihren Körper zu gleiten. Ihr Gesicht schien sich zu verzerren und ihre Augen wurden hohl und sanken tief ein, was sie wie eine Leiche aussehen ließ. Das kam unerwartet. Ich konnte die Alarmglocken in mir läuten hören.

Ich sah die plötzliche Besorgnis in den Gesichtern um mich herum. Ich hoffte, dass die Gruppe ausreichend geschützt war. Dennoch entschied ich mich dagegen, die Heilung abzubrechen, denn wenn erst einmal ein besitzergreifender Geist an die Oberfläche gezwungen wurde, war oft bereits der schwierigste Teil erledigt. Das ist auch der Moment der größten Gefahr für alle. Aus vergangenen Erfahrungen wusste ich, dass so ziemlich alles passieren kann.

»Hier ist ein sehr böser Geist zu spüren«, verkündete ich. Einige der psychisch einfühlsameren Teilnehmer des Kurses nickten zustimmend. Ich fuhr fort, indem ich die Unterstützung aller Anwesenden erbat, dabei zu helfen, die Energie aufrechtzuerhalten. Man hätte eine Nadel fallen hören können.

Auch Sandy musste die Veränderung gespürt haben. Später erfuhr ich, dass sie das Gefühl erlebt hatte, als Tote in einem Sarg zu liegen. Ich weiß jetzt, dass auch sie genug wusste, um den Ernst der Lage zu erkennen, und dass sie sich hilflos gefangen fühlte in der Macht der Unterwelt. Ich konnte fühlen, dass Sandys ›Ich‹ fast völlig von diesem Eindringling überschattet wurde. Wie lange war er schon in ihr, fragte ich mich, und was war seine Beziehung zu Sandys Krankheit?

Schnell schätzte ich die Situation ein. Das negative Wesen hatte sich zu irgendeinem Zeitpunkt in Sandys Leben an sie geheftet und die magnetische Kraft der Heilung hatte es an die Oberfläche gebracht. Ich hatte das mehrfach erlebt. Jetzt hielt es sich mit schrecklicher Hartnäckigkeit an ihrem Energiefeld fest. Es hatte nicht die Absicht loszulassen. Nach einigen Minuten erkannte ich, dass wir in einer psychisch unentschiedenen Situation steckten. Das Wesen, das so mächtig wie negativ war, war entschlossen, seinen Besitz nicht aufzugeben. Ich bat darum, dass die Gruppe anfing zu trommeln, um die Energie im Raum zu erhöhen, während ich mit dem fortfuhr, was jetzt zu einem Exorzismus geworden war. Ich betete inbrünstig darum, dass die Kraft des Trommelns in Verbindung mit unserer fokussierten Absicht diese Macht zu unseren Gunsten aus dem Gleichgewicht bringen würde.

Nach einer, wie es mir schien, sehr langen Zeit – in Wirklichkeit waren es nur ein paar Minuten – fühlte ich eine Veränderung. Vor meinem geistigen Auge sah ich schließlich die Wesenheit, eine dunkle, formlose Masse, wie sie hervorkam. Die Pattsituation war vorbei. Jetzt erreichten wir den für uns alle gefährlichsten Zeitpunkt. Ich bereitete alle darauf vor.

Ich warnte mit Worten, die als eine meiner denkwürdigsten Untertreibungen in die Geschichte eingehen sollten: »Dann mal los!« Kaum hatte ich die Worte ausgesprochen, flogen wir alle fast durch die Decke. Eine 1,20 Meter mal 1,80 Meter große Holzbohle, die gegen die östliche Wand des Raumes gelehnt hatte, flog durch die Luft und landete mit einem ohrenbetäubenden Knall in der Mitte des Hartholzbodens.

In diesem Moment erinnerte ich mich an Rolling Thunders Warnung, immer eine Tür oder ein Fenster aufzulassen, wenn man versucht, böse Geister loszuwerden, denn sie benötigen einen Weg nach draußen. Es scheint, dass manche Geister durch das Aussaugen ihrer Wirte eine derartige Dichte bekommen, dass sie nicht mehr durch feststoffliche Oberflächen hindurchgelangen können. Einmal, als Rolling Thunder vergaß, dies zu tun, flog eine Falltür im Dachgeschoss auf und ging mit einem Knall wieder zu; das war damals der einzig verfügbare Ausgang.

Da ich nichts riskieren wollte, ließ ich schnell einen Schüler ein Fenster öffnen. Es ist vielleicht für manche schwer zu verstehen, aber unser Mitgefühl muss den Geist genauso wie das menschliche Opfer einschließen. Der Geist fühlt sich vielleicht verloren oder erschrocken. In der Bibel zeigte Christus selbst Mitgefühl für die Dämonen, die einen Mann bewohnten, den er heilte, indem er diese Geister in einen nahegelegenen Schweinestall schickte. Während die Schweine über die Klippe in den Tod rasten, wurde dennoch eine Art von Gesetz oder Verpflichtung erfüllt.

Die fliegende Bohle war das dramatischste Finale einer Heilung, das ich je erlebt habe. Keine Fanfare konnte dem gleichkommen. Sandy saß jetzt aufrecht und ein strahlender, glücklicher Ausdruck lag auf ihrem Gesicht, das vorher wie das einer Leiche ausgesehen hatte. Sie sagte, dass sie sich wundervoll fühle, und war voller Ehrfurcht.

In den folgenden Wochen besserte sich Sandys Krankheit zusehends und zum ersten Mal seit vielen Jahren hatte sie wieder ihre alte Energie wieder, war voll neuer Hoffnung und ihr Interesse am Leben war wieder aufgelebt. Sandys Gesundheitszustand blieb unverändert gut in den folgenden zwei Jahren, in denen ich Kontakt zu ihr hatte.

Was war wirklich geschehen während des Seminars in Ft. Lauderdale? Ich werde es wahrscheinlich nie wirklich wissen. Wurde Sandys Krankheit von dem Geist verursacht, der von ihr Besitz ergriffen hatte? Oder wurde der Geist aufgrund ihres geschwächten Zustandes angezogen und verschlimmerte dadurch das Problem? Zweifelsohne war dies keine Frage für die medizinische, sondern für die spirituelle Wissenschaft. Stieß der Geist wirklich mit dem Balken zusammen? Die Energie der bedingungslosen Liebe und des Lichtes, die uns erhöht, ist in der Tat schmerzhaft für jemanden, dessen Polarität im Großen und Ganzen negativ ist. Höchstwahrscheinlich wollte das Wesen, das schließlich im Kampf zweier Willen geschlagen worden war, einfach nur seinen Wirt so schnell wie möglich verlassen.

KAPITEL II

VOM RAND DES ABGRUNDS ZUR SCHWELLE DER UNENDLICHKEIT

Ich fand mich am Rande eines Abgrunds wieder. Ich war mit einer geschwächten Gesundheit und persönlichen Problemen konfrontiert, für die es keine Lösung gab. Ich fragte mich, wie es sein konnte, dass ich einerseits ein solch außergewöhnliches und gesegnetes Leben führen durfte und andererseits diesen Zustand von unglaublichem Schmerz und Auflösung erleben musste.

Einer meiner Kollegen meinte, mein Kampf sei vielleicht der Preis, den das Universums von mir dafür verlangte, dass ich gewisse Fähigkeiten als Gabe erhalten hatte. Schließlich gibt es nichts umsonst – besonders nicht auf dem spirituellen Weg. Zwei Mal bewegte ich mich, ohne es zu wissen, auf den sicheren Tod zu, dem ich nur in letzter Minute durch Informationen, die ich vor meinem geistigen Auge sah, entkommen konnte. Ich war auch bei zwei anderen Gelegenheiten vom Tod ins Leben zurückgekehrt, aber war das die Sache wirklich wert? Würde ich in der Lage sein, mein Leben und meinen Weg angesichts derartig widriger Umstände, die ich erlebte, fortsetzen können?

DER VERWUNDETE HEILER

Santa Fe, New Mexico

Im Frühherbst des Jahres 1980 hatte ich ein Erlebnis, das mich aufrüttelte. Es läutete das Ende einer Ära und den Beginn einer neuen ein. Mein Leben veränderte sich so drastisch, dass ich danach nicht mehr derselbe war. Das Erlebnis markierte einen Scheidepunkt für mich, an dem alles, was davor geschehen war, abgetrennt wurde von allem, was danach geschah.

Meine ehemalige Partnerin, Marilynn, und ich waren gerade von den Bergen außerhalb von Taos nach Santa Fe, New Mexico, gezogen. Wir hatten ein kleines Ziegelhaus in der Palace Street gemietet, einen Block entfernt vom berühmten Town Square, wo die ansässigen Hispanos und Angelsachsen ihre eleganten Boutiquen und Kunstgalerien hatten und die Indianer ihre Waren jeden Tag auf Decken auf den Bürgersteigen darboten.

Seit eineinhalb Jahren hatten wir vergeblich versucht, ein ganzheitliches Gesundheitszentrum aufzubauen. Jetzt war die Enttäuschung vorbei und wir waren aufgeregt wegen der neuen Möglichkeiten, die sich uns eröffneten. Marilynn hatte sich in der Massageschule von Santa Fe angemeldet, die sie ein Jahr lang besuchen würde. Ich würde auf eine Rundreise gehen und Vorträge halten. Unmittelbar nach unserem Umzug manifestierte sich bei mir eine ernsthafte Bewegungsstörung unbekannter Herkunft. Jeden Abend, wenn ich zu Bett gegangen war, fiel mir auf, dass ich andauernd meine Beine im Bett bewegen oder – was noch schlimmer war – ich sogar aufstehen und herumgehen musste.

Ich versuchte, in einem Stuhl zu sitzen und zu lesen, aber das half auch nichts. Darüber hinaus war es genauso unmöglich, mich willentlich zu zwingen, meine Beine nicht zu bewegen. Ich musste laufen! Tatsächlich musste ich die ganze Nacht hindurch laufen, ohne Pause. Selbst ein paar Momente des Schlafes schienen mir unmöglich. Der Schlaf entzog sich mir. Jahre später ging ich einmal in der Nacht eine ca. eineinhalb Kilometer lange Pferdekoppel auf und ab und rechnete später aus, dass ich mehr als 15 Kilometer zurückgelegt hatte.

Das verheerende Ergebnis war, dass ich das ganze folgende Jahr in Santa Fe keinen Schlaf fand. Ich konnte sogar während meiner Reisen in andere Staaten nicht schlafen. Das dauernde Laufen und die Schlaflosigkeit forderten langsam ihren Tribut, aber wenigstens konnte ich in Santa Fe während des Tages mehrere Nickerchen machen, die es mir erlaubten, gerade so zu überleben.

Während des frühen Stadiums dieser Störung war meine geistig-seelische Verfassung noch sehr gut. Ich fühlte, dass es eine vorübergehende Sache sein würde oder dass ich irgendwann einmal eine medizinische Erklärung und eine Behandlungsmethode finden würde. So seltsam das klingt, es schien so unwirklich. »Das passiert doch nicht mir!«, sagte ich immer wieder zu mir. Ich konnte mein seltsames albtraumartiges Problem nicht in der mir bekannten Welt einordnen.

Leider war es etwas, wovon die medizinische Welt noch nie gehört hatte. Die verschiedenen Ärzte, die ich aufsuchte, hörten mir oft mit erhobenen Augenbrauen zu, und schlossen für gewöhnlich, dass meine Probleme entweder psychischer Natur waren oder eine seltsame Folge von Anspannung.

Erst nachdem die Symptome monatelang anhielten, setzte bei mir die Verzweiflung ein. Schließlich, nach fast einem Jahr der Schlaflosigkeit, begann ich Schmerzen in der Brust zu bekommen. Sie waren nicht sehr stark in Anbetracht des Stresses, den ich ausgehalten hatte, aber meine Frau und ich waren besorgt. Als ich einen Kardiologen aufsuchte, erfuhr ich jedoch, dass mein Herz in ausgezeichnetem Zustand war. Wir waren nicht überzeugt. Der gesunde Menschenverstand gebot, dass irgendwann einmal etwas vorliegen musste.

Einige unserer psychisch sensiblen Freunde fingen an, aus allen Teilen des Landes anzurufen, um zu fragen, ob es mir gut ging. Jeder von ihnen hatte einen Traum, eine Vision oder eine Vorahnung gehabt, dass ich einen Herzinfarkt haben würde. Eine Person träumte, dass ich gestorben sei.

Schließlich hatte ich eines Morgens, als ich im Bett lag, eine spontane außerkörperliche Erfahrung. Ich stellte fest, dass ich in einem glühenden Nebel hing. Ich konnte ganz in der Nähe andere Anwesende fühlen, konnte aber nichts erkennen. Ich fühlte, dass darin eine Botschaft für mich enthalten war. Ich hatte recht, aber die Nachricht war keine gute.

Die unsichtbaren Anwesenden begannen mir zu erklären, dass ich eine Wahl treffen müsse. Die medizinischen Spezialisten würden nicht in der Lage sein, mein Gesundheitsproblem zu diagnostizieren oder zu behandeln. Meine Krankheit würde Instabilität in mein Leben bringen, erklärten sie, nicht nur physisch, so wie es bereits geschehen war, sondern auch emotional und mental. Damit dies nicht geschehen würde, empfahlen sie mir, meine Verbindung mit meinem physischen Körper zu beenden. Es sei nur eine Empfehlung, machten sie klar, und es sei meine Entscheidung.

Ich war fassungslos. Ich wusste, dass meine Lage ernst sein musste. Ich hatte jeden Morgen das Gefühl, ich könnte keinen weiteren Gehmarathon in der Nacht aushalten, aber ich hatte auch das Gefühl, dass ich früher oder später jemanden finden würde, der mir helfen konnte. Jetzt wurde mir mitgeteilt, dass keine Hilfe herannahen würde. Ich konnte jetzt diese Welt verlassen oder in der Zukunft ein persönliches Chaos erleben.

Ich war äußerst alarmiert. Der Ratschlag entsprach nicht meiner Vorstellung von Führung aus einer höheren spirituellen Region. Er war radikal, aber glaubwürdig. Ich fragte mich, ob ich ihm trauen konnte. Ich wollte diese Welt nicht verlassen. Ich bat um weitere Informationen: *Warum war all das geschehen? Was speziell konnte ich in der Zukunft erwarten? Gab es irgendeinen anderen Ausweg als den Tod?* Die Anwesenden sagten mir, dass dies alles sei, was sie mir sagen durften, ohne in meinen freien Willen einzugreifen. Die Entscheidung lag bei mir. Die Antwort müsse aus dem Herzen kommen.

Eine ganze Weile zögerte ich. Was sollte ich tun? Konnte ich überhaupt dieser Botschaft glauben? Die unsichtbaren Anwesenden schienen freundlich zu sein und ihnen schien mein Wohlergehen am Herzen zu liegen. Darüber hinaus schienen sie sehr vertraut zu sein, wie enge Freunde, aber keine Freunde, die ich in meiner Welt gekannt hatte. Ich fühlte, dass sie zu meiner spirituellen Familie in einer anderen Welt gehörten, aus der auch ich kam, an die ich mich aber nicht richtig erinnern konnte.

Als ich nach unten schaute, konnte ich eine silbrige Schnur sehen, die von mir aus in den Nebel führte. Ich wusste, dass sich am anderen Ende der Schnur in einer anderen Dimension mein physischer Körper befand. Ich wusste auch, dass für gewöhnlich diese Verbindungsschnur, die unser Bewusstsein mit dem physischen Körper hat, nicht zerstört werden kann, außer zum Zeitpunkt des Todes. Diese starke Verbindung war eine Sicherheitsvorkehrung gegen den Tod aus einer momentanen Laune heraus.

Ich wusste auch, dass es eine spezielle Möglichkeit der Manipulation gab, die diese Rückversicherung aufheben konnte.

Ein tibetischer Lama hatte mir von der Existenz einer solchen Methode erzählt, mir jedoch nie gesagt, wie man sie tatsächlich anwenden könne. Ich war deshalb überrascht, dass ich in meinem veränderten Zustand genau wusste, wie man die Verbindungsschnur zerstört. Und ich wusste, dass es funktionieren würde.

Ich wusste nicht, was ich tun sollte. Ich hoffte immer noch, von meinem Leiden befreit zu werden. Diese Hoffnung hatte es mir möglich gemacht, weiterzumachen angesichts der großen Bedrängnis.

Ich war gewarnt worden. Ich begann die Schritte einzuleiten, die mich für immer von meinem Körper trennen würde, und bereitete mich darauf vor, ins Unbekannte zu springen. Ich hoffte zu sehen, was jenseits lag und spähte wieder in den glühenden Nebel hinein. Ich riss mich zusammen in der verzweifelten Hoffnung, dass ich davon abgehalten werden würde, diese schreckliche und unwiderrufliche Tat auszuführen, so wie es Abraham geschehen war, der das Opfer seines Sohnes Isaak vorbereitete.

Im allerletzten Moment entschied ich mich, es nicht zu tun. Als ich diese Entscheidung getroffen hatte, befand ich mich sofort wieder in meinem Körper und war hellwach.

Meine Freunde im Nebel hatten recht; die Jahre, die folgten, waren genau so, wie sie es vorhergesagt hatten. Sie waren zwar schlimmer, aber auch auf andere Art besser, als ich es mir vielleicht hätte vorstellen können. Die nächsten zehn Jahre überlebte ich mit bloßer Willenskraft und in der Hoffnung auf Heilung. Ich suchte medizinische Spezialisten, Naturheilpraktiker, ein operierendes Medium, chinesische Akupunkteure, einen indianischen Medizinmann und sogar den persönlichen Arzt des Dalai Lama auf. In späteren Jahren unternahm ich zahlreiche Reisen zu zwei der führenden Kliniken des Landes.

Während der kühlen Monate war ich fast dauernd auf Lesereisen und führte während der warmen Monate Retreats in der

Wildnis durch. Ich fuhr mit meiner Praxis des intuitiven Beratens fort und es gelang mir, ohne Schlaf in der Nacht durchzuhalten. Bei normaler Schlaflosigkeit übermannt einen schließlich die bloße Erschöpfung und man schläft wieder. Bei meinem Syndrom intensivierte die Müdigkeit nur das Problem.

Ich konnte vor den Tagen, die mit Seminaren und der intuitiven Beratertätigkeit ausgefüllt waren, keine einzige Stunde in der Nacht schlafen. Während meiner zahlreichen Flüge musste ich während des gesamten Fluges hinten im Flugzeug stehen. Während einer meiner langen Autofahrten musste ich alle 15 Minuten anhalten, um auf der Stelle zu joggen, damit meine Beine vorübergehend entspannt wurden. Ich machte weiter, weil ich mich getrieben fühlte, meine Willenskraft war mein einziger Antrieb. Ich vermutete, dass mir wenig Zeit blieb. Rückblickend ist es mir immer noch kaum vorstellbar, wie ich so lange weitermachen konnte.

Ich fragte mich, ob ich durch die Ablehnung der Empfehlung aus der unsichtbaren Welt die Götter selbst herausgefordert hatte. Mein Leben wurde noch zerrissener, sofern das überhaupt möglich war. Ich hatte ein vollständiges physisches Fitnessprogramm ausgearbeitet, um den Stress zu kompensieren, aber wie mir vorhergesagt worden war, begann mein Körper abzubauen. Mit der Zeit wurde mein Immunsystem schwächer. Ich zeigte allergische Reaktionen auf verschiedene Nahrungsmittel, Haushaltsprodukte und Umweltgifte. Es schien, als ob ich allergisch auf das Leben selbst wurde.

Ich überlebte, indem ich während des Tages mehrmals kurz schlief und die Kundalini-Energie die Wirbelsäule hinaufleitete. Auf diese Art und Weise konnte ich mich für mehrere Stunden regeneriert und erfrischt fühlen.

Meine Arbeit florierte, entgegen aller Widrigkeiten, und meine spirituellen Fähigkeiten entfalteten sich weiter. Vielleicht war es die enorme Herausforderung der Gesundheitskrise, die für die Beschleunigung meiner Entwicklung sorgte. Während der meisten dieser qualvollen Jahre wusste ich wenig von den Überlieferungen zu ›verwundeten Heilern‹, die von einer physischen und psychischen Desintegration sprachen, die der Schamane und Heiler durchlaufen muss. Auch wusste ich nicht, dass in diesen Überlieferungen die Schamanen nie ihre Gaben dafür einsetzen können, sich selbst zu heilen. Genau diese ›Zerstückelung‹, wie dieser Zustand in der schamanischen Tradition genannt wird, soll die Quelle der speziellen Kräfte des Schamanen und Heilers sein.

Ich glaubte jedoch kaum daran, dass ich einen Archetyp lebte. Ich fühlte mich allein in der Welt, hoffnungslos gefangen in einer schwankenden Dualität zwischen der spirituellen Ekstase, die ich immer mehr in meinem Leben als moderner Schamane erfuhr, und der physischen Qual, die ich nachts durchlebte.

Es gab Zeitabschnitte, in denen ich fast täglich Wunder miterlebte, von denen viele auf diesen Seiten beschrieben sind. Das Wissen und die Fähigkeiten, die ich besaß, waren jedoch nutzlos für mich, was meine eigene Heilung angeht. Ich folgte meiner Vision und ich fühlte, dass ich meine Vision auslebte. Ich war in der Lage, anderen zu helfen, aber ich konnte nicht mir selbst helfen. Meine biologische Uhr lief ab.

Meine Symptome breiteten sich von meinen Beinen in den linken Arm und die linke Seite meiner Brust aus. Die anfangs nur nächtlichen Probleme traten mit der Zeit immer häufiger auch während des Tages auf und machten es unmöglich, mich von den schlaflosen Nächten zu erholen.

Nachdem ich jahrelang mit dieser Krankheit umgegangen war, konnte ich keinen zusätzlichen Stress mehr aushalten. Ich begann, andauernd falsche persönliche Entscheidungen zu treffen. Mein Verhalten wurde immer seltsamer. Ich war nicht länger ich selbst und verlor allmählich mein inneres Gleichgewicht.

Schließlich konnte ich nicht einmal mehr in begrenztem Umfang meiner Berufung folgen. Und deshalb gab ich nach zehn Jahren des Kampfes mit dieser mich schwächenden Krankheit meine Arbeit in der Öffentlichkeit vollständig auf. Ich wusste damals, dass mein Leben vorüber war. Ich war ernüchtert durch die Erkenntnis, dass die Information, die mir bei der außerkörperlichen Erfahrung vor zehn Jahren in Santa Fe mitgeteilt worden war, ein guter Ratschlag gewesen war. Die warnende Vorhersage, dass ich mein Gleichgewicht verlieren würde, hatte sich erfüllt. Wie vorhergesagt bot die Welt der Medizin keine Hilfe. Ich war ein gebrochener Mann. Ich wollte sterben! Ich war ein Narr gewesen zu glauben, dass ich mich über mein Schicksal hinwegsetzen konnte. War es Arroganz oder reine Dummheit gewesen, die mich veranlasst hatte, gegen die Götter selbst anzutreten? Was immer der Fall war, ich begann jede Nacht darum zu beten, sterben zu dürfen.

In dieser Zeit hatte ich um zwei Uhr in der Nacht herum einen schweren Herzinfarkt. Marilynn und ich waren zu diesem Zeitpunkt bereits seit mehreren Jahren getrennt. Ich war allein im Haus in Highlands und beschloss, nicht um Hilfe zu bitten. Trotz der entsetzlichen Schmerzen hieß ich die gesegnete Befreiung willkommen, die der Tod mit sich bringen würde.

Fünf Stunden lang hatte ich extreme Schmerzen und wartete auf den Tod. Dann begann ich schließlich, meinen Körper zu verlassen. Ich war enorm erleichtert. Ich war endlich frei. Ich stellte fest, dass ich von einem diffusen Licht umgeben war. Kein Tunnel mit einem Licht am Ende für mich. Stattdessen blickte ich in einen Raum, der mit weißglühendem Licht erfüllt war, das wirklich unbeschreiblich war. Ich wusste, dass ich dorthin gehen wollte. Keine Engelwesen blockierten meinen Weg, noch wiesen sie mich an, zurückzugehen. Stattdessen sah ich zu meinem Erstaunen eine liebe Freundin, die sehr lebendig schien und dort in ihrem feinstofflichen Körper auftauchte.

Wie konnte sie das wissen?, fragte ich mich. Sie überraschte mich völlig.

Bevor ich Zeit hatte zu reagieren, sagte sie: »Peter, du kannst nicht weggehen! Du musst zurückgehen. Du wirst hier auf der Erde gebraucht.«

Ohne irgendwelche Fragen oder einen Moment des Zögerns ging ich zurück in meinen Körper. Der Schock war enorm! Überwältigt von den Schmerzen kroch ich über den Fußboden zum Telefon und wählte die Notrufnummer.

EIN FLUGZEUG STÜRZT AB

Boulder, Colorado: Winter

Vier Jahre vor meinem Nahtoderlebnis, das ein schwerer Herzinfarkt mit sich gebracht hatte, wurde mir in einem Traum mitgeteilt, dass ich nicht weiterleben könne, sollte ich die Lektionen der vorangegangenen 49 Lebensjahre nicht vollständig verstanden haben. Daraus folgerte ich, dass es etwas wie einen Countdown für mein Leben gab und dass die Uhr schnell ablief. Sollte ich auch nur den geringsten Zweifel über die Bedeutung dieses luziden Traumes gehabt haben, so wurde mir die Bedeutung ganz klar, als ich ganz knapp und wie durch ein Wunder drei Mal dem sicheren Tod entkam. Rückblickend war diese Zeitspanne, in der ich am Rande eines Abgrundes stand, die gefährlichste, aber gleichzeitig auch die Zeit meines Lebens, die mich am meisten veränderte.

Ich hatte immer angenommen, dass der Sensenmann nur eine schillernde Metapher für unsere kollektiven Ängste und unsere wilden Fantasien über den Tod war. Wenn mir irgendjemand gesagt hätte, dass der Tod tatsächlich Gestalt annehmen kann, hätte ich angenommen, dass er oder sie einen Witz macht oder recht abergläubig ist. Aber diese Meinung änderte sich im Nu an einem strahlend klaren Tag in Boulder, Colorado. Was immer es war, das an jenem Tag am Fuße der Rocky Mountains wie ein Schatten über mir hing, war ganz gewiss keine Metapher. Es war ebenso real wie furchterregend.

Ich fühlte es zuerst, als ich im Garten hinter unserem Mietshaus in der Pine Street war. In einem Moment war alles normal; im nächsten schwebte ohne eine Vorwarnung irgendeine Wesenheit direkt hinter mir. Sie war undurchsichtig und geheimnisvoll, bedrohlich und unheilvoll. Ich reagierte darauf sofort mit einem flauen Gefühl, meine Knie begannen zu zittern und knickten dann ein. Ich setzte mich schnell hin, um nicht zu fallen, und versuchte, mich in den Griff zu bekommen.

Von diesem Moment an war die geheimnisvolle Wesenheit immer in meiner Nähe. Ich konnte ihr nicht ausweichen. Ich konnte ihr nicht entkommen und ich konnte mich nirgendwo verstecken. Ich konnte fühlen, wie sie jeden meiner Gedanken las und jede Bewegung vorhersah. Es war nicht der physische Tod selbst, vor dem ich Angst hatte. Ich hatte ein erfülltes Leben gelebt, hatte viele meiner vergangenen Leben und Tode gesehen und die Angst vor dem Tod hatte bereits seit langer Zeit keine Macht mehr über mich. Meine Angst galt dieser Wesenheit selbst und der seltsamen Macht, die sie über mich hatte, wie ich merkte.

Wenn ich sage, ich sei tief erschüttert gewesen, ist das eine klare Untertreibung. Ich war fast gelähmt, konnte kaum meine Angst kontrollieren und es kostete mich große Anstrengung, bedacht und umsichtig zu denken und zu handeln. Was auch immer ich tat, ich konnte diese Wesenheit nicht dazu bringen, mich zu verlassen. Sie war Tag und Nacht mein konstanter Begleiter geworden; ein beängstigender Moment folgte dem nächsten und die Tage selbst gingen sinnlos ineinander über.

Die Wesenheit schien völlig abstrakt, unpersönlich und auf sublime Art gleichgültig gegenüber meiner Existenz zu sein und dennoch kam es mir vor, als ob mein Leben auf dem Spiel stünde;

für mich fühlte sich das Ganze ungeheuer persönlich, direkt und herausfordernd an. Auf einer tiefen Ebene wusste ich, dass es unverwechselbar der Engel des Todes war, der mir nachstellte.

Der Tod hätte nicht noch realer für mich sein können, wenn der Sensenmann mit dem gespenstischen Grauen, das er verbreitet, neben mir gestanden hätte. In der gewöhnlichen Bedeutung des Wortes war diese dunkle Wesenheit in der Tat der Sensenmann selbst. Erst Jahre später hörte ich, dass die mexikanischen Brujos oder Hexer den Tod als ein wirkliches Wesen sehen, das jedes menschliche Wesen bis zum letzten Gegenübertreten verfolgt. Die Brujos sehen den Tod als einen unvergleichlichen Ratgeber und Verbündeten an, der respektiert werden muss und von dem man lernen kann.

Ich war jedoch nicht bereit, diese Welt zu verlassen. Ich liebte mein Leben und die Berufung, die ich erfahren hatte, und ich fühlte, dass ich noch viel zu geben und zu sagen hatte. Verzweifelt, und als ob es sich um einen Zauberspruch handele, der einen bösen Geist abwehren kann, begann ich, immer und immer wieder Psalm 23 aus der Bibel aufzusagen: »… Und ob ich schon wanderte im finstern Tal, fürchte ich kein Unglück; denn du bist bei mir.«

Beim Beten kam mir in den Sinn, dass ich genau wusste, wie sich der Hirte, der diesen Psalm geschrieben hatte, gefühlt haben musste. Ich stellte mir vor, wie er alleine mit seiner Herde in der Wildnis gewesen und von dem gleichen Wesen verfolgt worden war, das auch mich wie ein Schatten verfolgte. Ich stellte mir seine anfängliche Angst vor, seine Versuche, dem Engel des Todes zu entkommen, sowie seine äußerste Verzweiflung, als der Tod sich weigerte zu gehen. Schließlich erlebte ich seine Panik, als er erkannte, dass dieses Ding, das so Furcht einflößend und unergründlich war, so viel stärker war als er und dass er keine andere Wahl hatte, als sich an Gott zu wenden.

Ich wusste, dass ich nur ein Glied in einer langen Reihe von Männern und Frauen aller Zeiten war, die in Zeiten der Not

Zuflucht zum 23. Psalm genommen haben. Von diesem Zeitpunkt an hatten diese Worte immer eine besondere Bedeutung für mich, so als ob sie speziell für mich geschrieben worden seien für die Stunden der größten Gefahr. Ich klammerte mich an die Worte des Psalms, als ob mein Leben von ihrer Kraft abhängen würde.

Der Engel des Todes hatte tatsächlich lange Schatten über mich geworfen, die sich wie ein schwerer Mantel über mich legten. Vielleicht diente das Furchteinflößende meiner Situation nur dem Zweck, meine Aufmerksamkeit zu erregen. Wenn das so war, dann war es wirksam!

Schließlich, nach mehr als zwölf Tagen voller Schrecken und zwölf schlaflosen Nächten erlebte ich nach diesem spirituellen Stillstand einen Durchbruch. Er ereignete sich in der zwölften Nacht in einem luziden Traum.

Ich befinde mich unter einem funkelnden Nachthimmel und sehe Sternenbilder in Form von Drachen. Eine Stimme sagt zu mir: »Wenn du nicht die Lektionen der sieben Drachen verstehst, wirst du nicht in der Lage sein, auf deinem Weg durchs Leben weiterzugehen.« Ich fühle eine ernste Besorgnis bezüglich meiner nahen Zukunft, obwohl ich nicht weiß, warum ich mir solche Sorgen mache.

Am nächsten Morgen wachte ich auf und stand immer noch unter dem Eindruck, den die Vision von den Drachen in meinem Bewusstsein hinterlassen hatte. Ich wusste, dass dies der Schlüssel zu meinem Überleben war. Aber er war so rätselhaft! Was könnte mit ›sieben Drachen‹ gemeint sein? Ich hatte eine wichtige Rätselaufgabe bekommen, aber ich kam nicht auf die Lösung. Mein Leben schien davon abzuhängen, die richtige Antwort zu finden.

Ich stöberte verzweifelt in meiner Bibliothek und stieß zufällig auf ein Buch über Symbolik. Ich entdeckte, dass Drachen manchmal Zeitspannen von mehreren Jahren oder Zyklen in einem Leben darstellen. Gemäß der Information in meinem Buch hatte ich mit meinem 49. Geburtstag sieben Zyklen von je sieben Jahren abgeschlossen. Ich wusste, dass man in einigen Stämmen mit 49 oder 50 Jahren die Erfahrung eines ganzen Lebens gemacht hat. Man muss dieses Alter erreichen, um in einem Ratsgremium zu sitzen oder als ältere oder weise Person angesehen zu werden.

Plötzlich war mir die Bedeutung unwiderlegbar klar. Ich hatte die Seelenlektionen meiner ersten 49 Jahre nicht völlig verstanden und wenn mir das nicht gelang, würde ich nicht weiterleben dürfen.

Das traf mich wie ein Paukenschlag. Ich fühlte, dass ich am Gerichtstag vor dem Allmächtigen stand und dass mir gesagt wurde, dass ich versagt hatte. Mein Leben war in die Waagschale gelegt und für unzulänglich befunden worden! Aber was hatte ich nicht getan oder verstanden? Was hatte ich falsch verstanden? Ich leitete Gruppen von Suchenden und war – zumindest nach eigenen Maßstäben – ziemlich erfolgreich. Ich hatte mein gesamtes Erwachsenenleben dem Weg des spirituellen Verständnisses gewidmet. Und jetzt wurde mir gesagt, dass mein Verständnis fehlerhaft und nicht ausreichend war.

Da ich so dringend wie nie zuvor eine spirituelle Führung benötigte, wandte ich mich an meinen vertrauten Gefährten und spirituellen Ratgeber. Ich beruhigte meinen Verstand und rief den Geist der Weisheit an, der auf mich aufgepasst hat, seit ich meine spirituelle Reise begann. Ich bat demütig um Führung.

Aus der Stille hörte ich die Stimme des Geistes. Es wurde mir mitgeteilt, dass ich mein ganzes Leben vollständig und gründlich überdenken solle. Es wurde mir gezeigt, dass dies der einzige Weg sei, wie ich die Seelenlektionen verstehen könne, die ich noch nicht vollständig abgeschlossen hatte.

Ich begann mit dem gegenwärtigen Moment und arbeitete mich zurück bis zu meiner Geburt, wobei ich versuchte, die jeweilige Entscheidung zu verstehen, die ich an verschiedenen Kreuzungen getroffen hatte, sowie die Lektionen, die ich durch meine Entscheidung gelernt hatte, und auch die Gelegenheiten, die ich so verpasst hatte. Ich vergab mir bereitwillig meine Fehler und meine Verstöße und ich vergab all denjenigen, die meine Grenzen überschritten hatten. Ich folgte auch den Pfaden, die ich nicht gegangen war, bis zur nächsten Möglichkeit der Entscheidung. Ich schaute mir an, was ich gewonnen oder verloren haben könnte auf den Pfaden, denen ich nicht gefolgt war. Ich fühlte, dass ich alle Steine umdrehen musste, damit ich nicht etwas von lebenswichtiger Bedeutung übersah. Ich ging mit der Leidenschaft eines Fanatikers und der Verzweiflung eines Todeskandidaten, der auf einen Aufschub der Hinrichtung hofft, an die Aufgabe.

Als ich meine Rückschau abgeschlossen hatte, konnte ich die größeren Muster meines Lebens klarer erkennen. Ich sah die Auswirkung früherer Handlungen auf die darauffolgenden. Ich schaute mir meine ungelösten Probleme an und machte mich daran nachzuvollziehen, wie sie auf subtile Art meine Gefühle und Handlungen beeinflussten.

Die Rückschau war bezüglich der Gesamtergebnisse vielleicht nicht weiter bemerkenswert. Ich erlebte kein Nachlassen von Schmerz, keine unterdrückten Kindheitserinnerungen, keinen Moment der Wahrheit, keine überraschenden Enthüllungen. Meine Haltung gegenüber dem Leben veränderte sich nicht. Aber das Ergebnis der Übung war fantastisch. Zu meiner unendlichen Erleichterung verschwand diese mysteriöse Anwesenheit des Todes. In jener Nacht hatte ich einen weiteren luziden Traum.

Ich sitze in einem Linienflugzeug, das gerade dabei ist, Denver Stapleton International Airport zu verlassen und nach Boise, Idaho, zu fliegen, wo ich einen Vortrag und Beratungssitzungen halten soll. Während wir auf die Starterlaubnis warten, plaudere ich mit einer Flugbegleiterin und zwischen uns entsteht eine Verbindung.

Ganz plötzlich verändert sich meine Wahrnehmung. Obwohl sich meine Umgebung nicht verändert hat, fühle ich, dass eine schreckliche Katastrophe über uns gekommen ist. Aber welche? Ich erinnere mich, dass unser Flugzeug vor wenigen Minuten abgehoben hatte. Also warum sind wir wieder auf der Rollbahn und warten auf den Start? Warum scheint alles so fürchterlich falsch zu sein? Ich habe das Gefühl, dass es von lebenswichtiger Bedeutung ist, dass ich mich daran erinnere. Ich suche in den hintersten Winkeln meines Verstandes und versuche angestrengt, einige verlorene Fragmente meiner Erinnerung wieder in mein Bewusstsein zurückzubringen. Dann kommt schließlich, wenn auch zuerst ganz dunkel, die Realität zurück.

Unser Flugzeug beschleunigte auf der Rollbahn während eines Schneesturms, der mit Eisglätte einherging, und stürzte dann beim Abheben ab. Ich starb bei diesem Absturz zusammen mit all jenen, die ich um mich herum sehe. Wir sind alle tot! Und doch scheint seltsamerweise niemand das Gefühl zu haben, dass irgendetwas nicht stimmt.

Ein paar verzweifelte Moment lang versuche ich die letzten Minuten meines Lebens zusammenzufügen. Konzentrieren! Ich muss mich konzentrieren! Ich fürchte, dass ich wie vor einem Augenblick wieder alles vergesse, wenn ich es nicht fest in meiner Erinnerung verankern kann.

Ich schaue jetzt diejenigen um mich herum an, die geduldig darauf warten, ihre Reise fortzusetzen. Ich weiß, dass meine Mitreisenden auch tot sind, aber sie halten an der kollektiven Illusion fest, dass wir alle am Leben sind und alles so ist, wie es sein sollte. Ich weiß auch, dass sie so lange in ihrer bequemen Illusion feststecken und nicht in das Leben nach dem Tod weitergehen können, bis auch sie verstehen können und sich eingestehen, was ihnen gerade passiert ist.

Ich spreche mit dem Passagier rechts von mir, beharre darauf, dass wir gerade abgestürzt sind. Er schaut mich einen Moment lang an, blickt dann wieder nach vorne, ignoriert mich, als ob ich nicht existieren würde. Ich versuche mit einem jungen Paar hinter mir zu reden. Auch sie tun alles ab. »Warum sind Sie nicht einfach still«, sagt die Frau. »Sie werden noch alle in Angst versetzen.«

Ich bin fassungslos. Alle sind so apathisch und niemand möchte etwas vom Sterben hören. Ich habe das Gefühl, dass die Passagiere genervt sind von dem, was ich ihnen zu sagen versuche. Sicher wissen andere auch auf irgendeiner Ebene, dass sie tot sind, aber sie wollen der Wahrheit nicht ins Gesicht blicken. Ich habe das dringliche Gefühl, dass wir unbedingt alle diese Situation erkennen müssen, damit wir diese Illusion hinter uns lassen können.

Ich sehe den Kapitän, der offensichtlich von Schuld überwältigt ist und mit sich selbst redet, und den ersten Offizier, der ebenfalls bei dem Absturz gestorben sein muss. Ich kann mir vorstellen, wie verantwortlich sie sich fühlen für mögliche Fehler, die sie beim Start gemacht haben.

Meine größte Chance, bei jemandem Gehör zu finden, könnte vielleicht bei der Flugbegleiterin liegen, mit der ich vor dem Start geplaudert hatte. Ich zwänge mich durch die Passagiere, die jetzt ziellos im Flugzeug herumlaufen, bis ich sie finde. Sie muss doch ganz genau wissen, dass etwas nicht stimmt!

Ich sage ihr, dass wir abgestürzt sind und dass ich Hilfe benötige, um die Passagiere zu überzeugen. Sie ist zuerst erschrocken und dann verwirrt, so als ob sie versucht, sich an einen eigenen Traum zu erinnern. Ich gebe ihr die Einzelheiten wieder, fülle geduldig die Lücken in ihrer Erinnerung. Schließlich versteht sie. Sie bejaht, dass wir beim Start einen Absturz hatten und jetzt tot sind. Wir erkennen jetzt beide, dass unsere Umgebung lediglich eine Illusion ist, die aus kollektiven Erinnerungen und unserem Verlangen nach dem, was vertraut ist, entstand.

Wir sprechen zusammen mit den anderen Flugbegleiterinnen, die schließlich verstehen, und dann sind wir zusammen in der Lage, die übrigen Passagiere zu überzeugen. Ich fühle, dass ich etwas erreicht habe, und erkenne, dass meine Aufgabe hier erfüllt ist. Wir haben die Passagiere aus ihren bequemen Illusionen befreit, damit sie ihre Reise in das Leben nach dem Tod fortsetzen können.

Als ich aufwachte, fühlte sich der Traum immer noch so real an wie die physische Realität selbst. Ich konnte kaum das Gefühl abschütteln, dass das Flugzeug tatsächlich abgestürzt war. Es dauerte mehrere Minuten, bis ich mich in der Umgebung orientieren konnte, als ich erkannte, dass ich geträumt hatte.

Ich sollte an diesem Morgen vom Flughafen Stapleton International nach Boise, Idaho, fliegen und dann noch einmal im kommenden November. Ich sollte in Boise Vorträge und Workshops halten und private Beratungen durchführen. Ich musste eine Entscheidung fällen. Marilynn und Rick ermutigten mich, den Flug zu stornieren und mit dem Auto nach Boise zu fahren. Die beiden hatten genug erlebt, um zu wissen, dass meine Träume und Visionen oft prophetisch sind. Wie konnte ich mich anders verhalten? Ich wusste im Innern, dass mein Flugzeug in der Tat dem Untergang geweiht war und dass ich mit meinem Leben bezahlen würde, wenn ich mich für den Flug entscheiden würde.

Es war ein kalter, klarer Wintermorgen im Januar des Jahres 1987 und ein Schneesturm näherte sich aus dem Westen. Ich lud mein Gepäck in das Auto und fuhr los; eine anstrengende 14-Stunden-Fahrt auf den schneebedeckten Autobahnen nach Boise lag vor mir.

Ich hatte auf der Fahrt Zeit, über meine Handlungen nachzudenken. Hatte ich wirklich einen bequemen 2,5-Stunden-Flug storniert, um wegen eines Traumes durch einen Schneesturm zu fahren? Ich hatte den nagenden Verdacht, dass all das verrückt war und dass bei mir nicht nur einige Schräubchen locker waren, sondern dass sie vollends fehlten.

Als ich Boise erreichte, fand ich heraus, dass der Flugverkehr in Stapleton wegen des Schneesturms eingestellt worden war und es keinen Flugzeugabsturz gegeben hatte. Vielleicht war mein

Traum nur falscher Alarm gewesen und sollte nicht wirklich für bare Münze genommen werden. Ich war nicht überzeugt. Zu viele luzide Träume waren präzise gewesen. Ich hatte wegen eines luziden Traumes öffentlich den Ausbruch des Mount St. Helens vorhergesagt. Ich sagte einer Gruppe von ungefähr 50 Menschen bei einer Sommersonnenwendfeier die Wahl von und das versuchte Attentat auf Präsident Reagan voraus, noch bevor Reagan seine Kandidatur verkündet hatte.

Tage, Wochen und Monate vergingen. Der Frühling kam und ging, der Sommer ging vorüber und der Herbst hielt auf den ersten Berggipfeln der Rockies Einzug. Einen kurzen Augenblick lang explodierte die Welt in lodernde Farben und viel zu bald wurden die Bäume kahl.

Ich sollte am 15. November dieses Jahres wieder nach Boise fahren, um am Nachmittag dieses Tages eine persönliche Beratung vorzunehmen. Obwohl mir die Bilder des Sensenmannes und des Flugzeugabsturzes noch deutlich in Erinnerung waren, zögerte ich, noch einmal die anstrengende Fahrt nach Idaho auf mich zu nehmen. In den höheren Gebieten der nahegelegenen Rockies war noch kein Schnee zu sehen und die Tage waren mild. Ein größerer Schneesturm schien so früh im Jahr äußerst unwahrscheinlich und Linienflüge sind im Großen und Ganzen sicherer als eine Fahrt mit dem Auto.

Ich musste auf meine Intuition vertrauen. Widerstrebend machten meine Partnerin und ich uns am 14. November zusammen mit dem Auto auf den Weg, damit ich mich am nächsten Morgen ausruhen konnte, bevor meine Arbeit begann. Paradoxerweise setzten wir ausgerechnet bei dem Versuch, einem unwahrscheinlichen Flugzeugabsturz aus dem Weg zu gehen, unser Leben aufs Spiel und wären unterwegs fast erfroren. Beim Einbruch der Dunkelheit gerieten wir in einen unerwarteten Schneesturm auf den Nebenstraßen von Idaho. Wir hatten ein Fahrzeug mit Allradantrieb, aber der Kühler fror ein und wir saßen ein paar

Stunden fest, bevor ein Sheriff uns halb erfroren fand und in die nahegelegene Stadt abschleppte. Es war ein richtiger Albtraum. Bei meinem Versuch, einer imaginären Katastrophe zu entgehen, hatte ich uns beide beinahe umgebracht.

Am nächsten Abend erfuhren wir aus den Abendnachrichten, dass ein Kontinentalflug vom Flughafen Stapleton International während eines für die Jahreszeit ungewöhnlichen Schneesturms beim Start abgestürzt war. Noch bevor es gesagt wurde, wusste ich, dass das Flugzeug nach Boise fliegen sollte, und dass Eis irgendwie zu dem Absturz beigetragen hatte. Der Morgen des 15. war tatsächlich das Datum und die Zeit, zu der ich geflogen wäre, um rechtzeitig für das Treffen am Nachmittag anzukommen. Ich wusste ganz sicher, dass dies der Flug war, von dem ich geträumt hatte, und wenn ich nicht diesen Traum gehabt hätte, wäre ich mit dem Flugzeug abgestürzt.

Der gleiche Schneesturm, den wir in der Nacht zuvor in Idaho erlebt hatten, war weiter nach Osten gezogen und hatte Denver früh am nächsten Morgen erreicht. Das Flugzeug wurde richtig enteist, aber wartete dann weiterhin auf der Startbahn: Dort bildete sich erneut Eis auf den Tragflächen und es wurde nicht noch einmal enteist, wie die Bestimmungen es vorgesehen hatten. Nach dem Abheben wurde das Flugzeug gedrosselt, eine Tragfläche neigte sich zur Seite und das Flugzeug kippte vollends und schlug auf dem Rücken zuerst auf dem Boden auf.

Der Kapitän und der erste Offizier wurden zusammen mit 26 Passagieren getötet. Wie durch ein Wunder – bedenkt man die Schwere des Unfalls – überlebten 54 Passagiere. Wenn ich an Bord gewesen wäre, davon bin ich überzeugt, wäre ich keiner der Überlebenden gewesen.

Widersprüchliche Gedanken und Gefühle gingen mir durch den Kopf. Mein Mitgefühl galt den Familien der Opfer. Aber ich fühlte auch eine enorme Erleichterung darüber, dass die Gefahr endlich vorbei war und ich wieder wie jeder normaler Mensch fliegen konnte. Meine Erleichterung war mit nagenden Gefühlen der Schuld gemischt; ich wusste, dass ich keine Möglichkeit hatte, die Verantwortlichen am Flughafen vor einem bevorstehenden Absturz zu warnen. Selbst wenn mir jemand geglaubt hätte, wäre an diesem Morgen keine mechanische Fehlfunktion bei dem Flugzeug, das nach Idaho fliegen sollte, festgestellt worden.

Unerklärlicherweise fühlte ich, dass ich tatsächlich all diejenigen kannte, die bei dem Unglück gestorben waren. Ich konnte mich noch an einige Gesichter erinnern, besonders an die der Stewardessen. Ich kannte diese Menschen aus einer Zeitreise in die Zukunft und wir hatten die tiefste vorstellbare Erfahrung geteilt – die unseres eigenen Todes. Ich trauerte um die Freunde, die ich nie in dieser physischen Welt getroffen hatte.

Paradoxerweise dachte ich nur noch ganz selten an das Flugzeug, nachdem ich die Nachrichten von dem Unfall an diesem Abend gesehen hatte. Alles in meinem Leben war ziemlich genauso wie vor dem Flugzeugabsturz. Wenn ich zurückschaue, glaube ich zu wissen, warum. Ich hatte den Absturz bereits im Winter zuvor im Traum erlebt und er war damals genauso Teil meiner Realität wie für die anderen neun Monate später Mitte November. Der tatsächliche Unfall war in der normalen Welt lediglich die Erfüllung dessen, was für mich bereits in der Realität meiner Zeitreise in die Zukunft wahr gewesen war.

Monate später hatte ich einen weiteren archetypischen Traum, der meinem Gefühl nach mit der Gesamtheit dieser Erfahrung verbunden gewesen sein muss, insbesondere mit der Warnung in der Vision der sieben Drachen.

Ich sehe ein großes Rad vor mir, das sich langsam um vielleicht eine viertel Umdrehung zu drehen beginnt, bevor es knirschend anhält. Ich wundere mich, dass ich es tatsächlich ächzen hören und wahrnehmen kann, wie es einrastet. Es fühlt sich sehr alt an. Dann höre ich die Stimme meiner Visionen, die sagt: »Das große Rad dreht sich und es beginnt ein neuer Zyklus!« Die Stimme sagt dann, was die Lektionen des neuen Zyklus sind. Es gibt drei Hauptlektionen, die für mich alle drei erstrebenswert sind, und ich weiß, dass sie die Herausforderungen der nächsten Jahre darstellen. Ich denke so für mich: »Wie oft hat man das Privileg, genau die Lektionen zu kennen, die man lernen muss? Es ist etwa so, als ob man die Prüfungsfragen kennt, bevor man die Prüfung ablegt.«

Gelegentlich erinnere ich mich daran, dass ich angesichts der vielen Widrigkeiten nicht mehr am Leben sein sollte. Ob ich mit geborgter Zeit lebe oder ob ich diese Zeit irgendwie verdient habe oder sie mir vererbt wurde, kann ich nicht sagen. Ich hätte mir nie in meinen wildesten Träumen vorgestellt, dass das Gewebe der Realität, das wir als so unveränderlich ansehen, verändert werden kann, sodass es mir gestattet sein würde, meine Zukunft zu verändern. Auch hatte ich nicht wissen können, dass die Zukunft noch zwei Mal in den nächsten vier Jahren verändert werden würde. Ich weiß nur, dass jeder Tag, der vergeht, ein kostbares Geschenk ist, und dass es ein mystisches Eingreifen in meinen Lebensweg war, das es mir erlaubte, Ihnen diese magischen Geschichten zu erzählen.

EINE ZWEIMAL VERLORENE LIEBE

Boulder, Colorado,
Frühjahrs-Tagundnachtgleiche

Kurz vor Mitternacht am Vorabend der Frühjahrs-Tagundnachtgleiche kehrten Marilynn und ich auf der Mautstraße nach Boulder zurück. Eine dünne Schneeschicht auf den Ebenen war gerade geschmolzen, aber die Temperaturen fielen weiterhin und es gab wieder Frost. Ich freute mich auf den Frühling und hoffte, dass dies der letzte Schnee der Saison sein würde. Ich war hellwach.

Ein paar Kilometer außerhalb von Boulder verlor unser Toyota Forerunner die Haftung auf der Straße und das Heck begann, nach links wegzurutschen. Wir wussten beide sofort, dass wir auf Glatteis geraten waren, das bekanntlich so gefährlich ist, weil man es fast nicht erkennen kann – besonders nicht im Dunkeln – da es das Licht der Scheinwerfer nicht reflektiert.

Ich schlug das Lenkrad nach links ein, in die Richtung, in die wir rutschten, und es gelang mir, das schlingernde Auto wieder in den Griff zu bekommen und gerade auszurichten. Meine schnellen Reaktionen hatten uns anscheinend gerettet. Ich hatte jedoch kaum wieder die Kontrolle über das Fahrzeug gewonnen, als wir auf einen weiteren Abschnitt mit Glatteis gerieten, und ich keine Zeit mehr hatte, um zu reagieren. Das Auto rutschte nach links und einen Augenblick später wurden wir bei einer Geschwindigkeit von fast 75 Kilometern pro Stunde von der Straße geschleudert. Obwohl es dunkel war, konnte ich erkennen, dass die Böschung weit hinunter führte. Ich fühlte eine schützende Wand wie einen Mutterleib um mich herum und wusste ohne jeden Zweifel, dass ich überleben würde. Aber galt das auch für Marilynn?

In einer Mikrosekunde erkannte ich, dass wir beide nicht angeschnallt waren. Ein Sicherheitsgurt kann innerhalb weniger Sekunden angelegt werden, aber diese Sekunden waren vorbei und die Gelegenheit war in der kurzen Zeit vor dem Unfall unwiderruflich verstrichen. Wie dumm von uns, nicht diese einfache Vorsichtsmaßnahme ergriffen und die Gurte angelegt zu haben! Entgegen meiner Intuition sagte mir der Verstand, dass es keine Möglichkeit gab, diesen Sturz zu überleben.

Unser Fahrzeug überschlug sich, als es durch die Nacht flog, und schließlich landete es auf dem Dach und kippte dann auf die Fahrerseite. Wir erfuhren später, dass wir ungefähr neun Meter tief von einer Brücke herabgestürzt waren.

Ich brauchte nur einen Moment, um zu erkennen, dass ich unverletzt war, aber ich war genauso sicher, dass Marilynn getötet worden war. Sofort versuchte ich, sie zu finden und fragte sie, ob sie okay war. In der Dunkelheit konnte ich fühlen, dass sie sich überhaupt nicht bewegte.

In genau diesem Moment erinnerte ich mich an einen Traum, den ich vor ein paar Wochen gehabt hatte und in dem ich Marilynn in einem vorherigen Leben verloren hatte. Ich sah sofort die auffallenden Parallelen zu dem, war gerade passiert war. War es mein Schicksal, diese schreckliche Qual erneut zu erleiden?

Wir befinden uns vielleicht im 18. Jahrhundert in England und ich bin ein gut bekannter Komponist, 31 Jahre alt und sehr verliebt in eine viel jüngere Studentin. Ich bin verlobt mit Marilynn, die meine Klavierschülerin ist und ein Wunderkind von nur 16 Jahren.

Ich sehe mich selbst, wie ich mit ihrem Onkel spreche, und sage: »Sie ist solch ein außergewöhnliches Naturtalent. Ich gebe ihr meine schwierigsten Kompositionen und sie spielt sie einfach perfekt.«

Am Tag vor unserer Hochzeit gehen wir auf dem Land reiten, so wie wir es oft getan haben. Tragischerweise hat der Stalljunge es versäumt, Marylinns Sattel richtig festzuziehen, er verrutscht, wodurch sie das Gleichgewicht verliert und vom Pferd fällt. Der Unfall ist tödlich und die Liebe meines Lebens gibt es nicht mehr.

Ich mache mir selbst Vorwürfe. Mein Herz ist zutiefst gebrochen, sodass ich nicht mehr in der Lage bin, weiterhin zu komponieren. Ich kann mich nie mit ihrem Tod abfinden und nichts ist mehr von Bedeutung für mich. Ich gebe einfach auf. Jahre später sterbe ich mit einem Gefühl der Trostlosigkeit und Leere in meinem Herzen.

Ich habe mich an mehr als einhundert vergangene Leben erinnert, aber keines ist so schmerzlich wie dieses Leben, in dem ich diejenige verlor, die ich am meisten auf der ganzen Welt liebte, woraufhin ich dann alles andere aufgab.

Ich hatte Marilynn den Anfang des Traumes erzählt. Bevor ich ihr erzählte, wie er ausging, sagte sie, dass sie wusste, dass sie vom Pferd gestürzt und in jenem Leben gestorben war.

Durch die Dunkelheit hörte ich ein Stöhnen von der Beifahrerseite her. Ich wusste, dass sie zumindest noch am Leben war. Bald hörten wir die Rettungswagen. Hilfe war unterwegs. Weder die Polizei noch die Rettungsmannschaft konnten verstehen, wie jemand diesen Sturz überleben konnte, selbst mit angelegten Sicherheitsgurten schien dies unmöglich.

Das Krankenhauspersonal stellte bei Marilynn gebrochene Schädelknochen später eine starke Gehirnerschütterung fest. So unwahrscheinlich es auch scheint, ich hatte den Sturz ohne eine Schramme oder einen blauen Fleck überstanden.

Marilynns gebrochene Knochen heilten schnell, während ihr die Folgen der Gehirnerschütterung noch länger zu schaffen machten. Monatelang hatte sie öfters Gedächtnislücken, Anfälle von Verwirrtheit und Panikattacken. Darüber hinaus erlebte sie Zeiten, in denen sie sich abgetrennt fühlte von allem, das ihr vertraut gewesen war. Was nicht heilen wollte und nie wieder heilte, war unsere Beziehung.

Obwohl der Unfall nicht wirklich der ›Grund‹ für unsere Trennung war, hatte er zur Folge, dass er grundlegende Probleme an die Oberfläche brachte und erheblich verstärkte. Wir waren diese Probleme in jener Zeit unseres Zusammenlebens nicht angegangen, als keiner von uns stark genug für einen Umbruch gewesen war. Folglich entwickelte sich unsere Beziehung in den folgenden Monaten sehr schnell auseinander. Wenn ich zurückblicke, kann ich erkennen, dass wir einseitig darauf konzentriert waren, unsere gemeinsame Vision auszuleben. Wir hatten zu wenig Zeit damit verbracht, die persönlichen Aspekte unserer Beziehung zu fördern und einige der emotionalen Wunden zu heilen, die das Vermächtnis unserer jeweiligen Kindheit waren, in der wir einige Defizite erlebt hatten.

Die Parallelen zwischen dem vergangenen Leben, in dem ich Marilynn verloren hatte, und der gegenwärtigen Situation waren offensichtlich. Wir hatten auf jeden Fall eine professionelle und eine Liebesbeziehung und waren auch die besten Freunde. Wir erlebten in diesen beiden Leben gemeinsam ein schicksalhaftes Ereignis: Der Sattel war nicht richtig gesichert und die Sicherheitsgurte waren nicht befestigt und es gab einen tragischen Sturz, der zu einer Kopfverletzung bei Marilynn führte und zu meinem Verlust einer Liebe, die meinem Leben große Freude und Bedeutung gegeben hatte.

Ich war zutiefst dankbar dafür, dass ich die Gelegenheit erhalten hatte, eine Partnerschaft mit solch einer bemerkenswerten Frau zu erleben. Marilynn war bei mir, als ich die ersten Schritte auf meinem spirituellen Weg tat, und viele Jahre lang waren wir gemeinsam auf der Suche. Es war eine Zeit der Entdeckungen und des enormen Wachstums für uns beide. Es war auch die Gelegenheit für uns, unseren Mitmenschen zu dienen, aber ab einem gewissen Punkt konnten wir nicht mehr als Partner auf Erden leben.

Ich kann sicher nicht für meine frühere Partnerin sprechen, aber im Nachhinein erkenne ich, dass unsere Beziehung nicht ›scheiterte‹, sondern dass sie ›abgeschlossen‹ war. Auf sehr greifbare Art und Weise vollendeten wir viele der Dinge, die wir in unseren 18 gemeinsamen Jahren hatten tun wollen, einschließlich der Gründung von metaphysischen sowie Heilungszentren, einem Programm für Schüler und die Arbeit mit den Gruppen, mit denen wir auf Reisen in die heilige Wildnis gingen. Diese Unternehmungen waren an und für sich nicht so wichtig; sie waren jedoch Mittel, die es uns möglich machten, einigen Menschen Licht und Heilung zu bringen, und wie wir hoffen, auch unserer wunderbaren Erde.

ooo

WIEDERGEBURT UND ERNEUERUNG

Highlands, North Carolina

Nachdem ich mich von meinem Herzinfarkt und der Herzoperation erholt hatte, glaubte ich aus einem seltsamen Gefühl der Logik heraus, dass ich meine Schulden bezahlt hatte und dass meine Gesundheitsprobleme verschwinden würden. Ich hätte mich nicht gründlicher irren können. Kaum hatte ich die Schmerzmittel abgesetzt, kehrten meine Symptome noch akuter als je zuvor wieder zurück.

Wie hatte ich in eine derartige persönliche Hölle geraten können? Anstatt bewegungsunfähig zu sein wie ein Querschnittsgelähmter, erlebte ich ein Leben, in dem ich fast die ganze Nacht hindurch in Bewegung war. Teilweise ging es mir auch tagsüber so. Jetzt musste ich außer meinen Beinen auch noch meinen linken Arm bewegen. Wenn es nicht so höllisch gewesen wäre, hätte mein Dilemma etwas Komisches an sich haben können.

Ich entdeckte, dass die Vorstellung, zu einem Leben in andauernder Bewegung verdammt zu sein, für die Menschen unbegreiflich war – einschließlich der medizinischen Fachleute, die sich weiterhin fragten, ob ich psychische Probleme hatte. Ich fand weder Verständnis noch Unterstützung für meine besondere

Krankheit. Ich war in einem Albtraum gefangen. Als letztes Mittel versuchte ich zahlreiche verschreibungspflichtige Medikamente und Kombinationen von Arzneimitteln, um mir Erleichterung von meinen Symptomen zu verschaffen. Schlaf- und Beruhigungsmittel erwiesen sich als nutzlos. Meine Symptome überlagerten alle medikamentösen Behandlungen. Barbiturate verschafften mir teilweise Erleichterung. Leider benötigte ich jede Nacht so viele Pillen, damit sich überhaupt eine Wirkung zeigte, dass ich oft völlig neben der Spur lief, bis ich schließlich zur Ruhe gekommen war und schlafen konnte. Da ich keinen Alkohol trank und in meinem Erwachsenenleben selten verschreibungspflichtige Medikamente genommen hatte, war ich entsetzt. Nicht in einer Million Jahren hätte ich mir dieses Szenario vorstellen können, große Mengen von Medikamenten zu nehmen, um am Leben zu bleiben. Ich hatte eine Art der Hölle gegen eine andere eingetauscht und ich konnte keinen Ausweg aus dieser Zwickmühle finden.

Ich fragte mich, ob die Gaben, die mir geschenkt worden waren, einen Preis hatten. Hatte die göttliche Ordnung einen heftigen Tribut von mir gefordert, indem sie mein Leben andauernd auf eine Art und Weise beeinflusste, die ich nie bewusst gewählt hätte?

Ich fragte mich auch, ob mein Gesundheitszustand eine Art von evolutionärem Druck darstellte, damit sich mein Bewusstsein verändern konnte. Ein Diamant entsteht nur unter enormem Druck. Er beginnt ganz bescheiden als ein gewöhnliches Stück Kohlenstoff. Galt dieses Prinzip für mein Leben? Hatte ich das Schicksal eines Diamanten?

Ich hatte die Vortragsreisen eingestellt, beendete meine schamanische Beratungs- und Heilpraxis und ging auch nicht mehr auf Retreats in der Wildnis. Die folgenden fünf Jahre waren verlorene Jahre für mich; ich versuchte, einfach nur am Leben zu bleiben. Die indigenen Stammesvölker unseres Landes glauben, dass jeder Mensch eine Vision haben muss, um sich erfüllt zu fühlen. Keine Vision zu haben, sagen sie, ist das Gleiche wie der Tod. Ich konnte meiner Vision nicht mehr folgen. Für mich war das schlimmer als der Tod. Jenseits meines Wunsches nach Überleben gab es eine Verzweiflung, die mich unaufhörlich verfolgte.

Schließlich konnte ich nach sieben Jahren diesen zerstörerischen Weg in den Abgrund nicht weitergehen. Eines Morgens fühlte ich mich so überwältigt vom Leid, dass ich mit großer Intensität darum betete, dass ich geheilt werden würde. Ich hatte das viele Male zuvor getan, aber nie mit einer derartigen Leidenschaft. Mitten in meinem Gebet fühlte ich die Präsenz einer vertrauten Wesenheit. Es war niemand anderes als Mutter Erde selber, die mich zahlreiche Male in meinen Traumzeiten und zwei Mal im Wachzustand[24] besucht hatte. Mit viel Gefühl sagte ich zu ihr: »Ich freue mich, dass du wieder da bist! Wo bist du gewesen?«

»Ich freue mich, dass *du* wieder zurück bist!«, erwiderte sie, bevor ich meinen Gedanken beendet hatte. »Wo bist *du* gewesen?«

Ich war für einen Moment sprachlos. Nach dem ersten Schock erkannte ich, dass sie recht hatte. Ich war derjenige, der weg gewesen war.

»Warum konnte ich keine Heilung für meine Beschwerden finden?«, fragte ich.

Ihre Antwort entwaffnete mich völlig. »Ich habe dir so viel gegeben! Schau dir die zahllosen Wunder in deinem Leben an. Schau dir die vielen spirituellen Gaben an, die ich dir gegeben habe. Schau, wie viele meiner Kinder ich durch dich geheilt habe!«

Es entstand eine Pause, so als ob mir Zeit geben würde, all das zu begreifen. Dann sprach sie wieder. »Ist all das nicht genug? Verlangst du immer noch mehr?«

Ihre Worte durchbohrten mich wie ein Schwert. Ich war völlig erledigt. Nie hätte ich das so gesehen. Es war ein völlig ganzheitlicher Standpunkt, der meine Vorstellungskraft an ihre Grenzen brachte. Dieses erhabene Wesen, mit dem ich eine derart vertraute Beziehung entwickelt hatte, machte keinen Unterschied zwischen dem Heilen eines anderen und von mir. Das Geschenk der Heilung, das sie mir gemacht hatte, bedeutete, diejenigen zu heilen, mit denen ich für *ihre* Heilung gearbeitet hatte. Plötzlich und unerwarteterweise konnte ich nur noch weinen.

Es war eine sanfte und liebevolle Schelte. Ich fühlte mich gedemütigt durch die Wahrheit ihrer Worte. Ich hatte mein Leben des Dienens aufgegeben und damit meine Vision, genauso wie ich es in meinem Leben als Komponist getan hatte. Die göttliche Mutter sah meine nächste Frage voraus, mit der ich jahrelang gekämpft hatte: »Warum muss ich all dieses Leiden durchleben? Es wurde mir vor Jahren gesagt, dass es nicht das Ergebnis eines schlechten Karmas aus vergangenen Leben sei.«

Sie sagte, dass meine Krankheit etwas sei, das mich verlangsamen sollte. »Du bist immer in Eile. Du bist übereifrig, versuchst zu viel zu schnell zu erreichen! Du hast dich in deinem ganzen bisherigen Leben zu sehr angetrieben.« Die Erdenmutter machte eine Pause, was mir erlaubte, all das wirken zu lassen. »Es ist nicht deine Aufgabe, die Welt zu retten. Ich bat dich, mir zu dienen, nicht deine Gesundheit und dein Wohlergehen zu opfern.«

Die göttliche Mutter wies dann auf meine Collegejahre hin, als ich ein Star in der Leichtathletikmannschaft war. »Dir wurde aufgetragen, ein Diener der Göttlichen Mutter zu sein, kein Rennpferd. Durch das Leben zu rasen (selbst in heiliger Mission) wie du das tust, kann zu einem Unglück führen. Du batest darum, dass wir dich bremsen, bevor du ein noch größeres Unglück erlebst. Wie heißt es so schön: ›In der Ruhe liegt die Kraft.‹«

Ich fand diese Erkenntnis niederschmetternd. Zweifelsohne war ich den größten Teil meines Lebens in Eile gewesen. Ich hatte nie das Gefühl, dass ich genug Zeit hatte. Ich fühlte mich immer gedrängt. Ich hatte dieses Muster nicht als einen Fehler erkannt. Deshalb hatte es mit der Zeit zu einem extremen Ungleichgewicht in meinem Körper geführt.

Ich erinnerte mich an etwas, was der Shoshone-Schamane, Rolling Thunder, einmal am Rock Eagle, einer alten Megalithformation in Form eines Adlers, zu mir gesagt hatte: »Wenn deine persönliche Kraft erwacht ist, dann wird jeder Gedanke, jedes Gefühl und jede Handlung von dieser Kraft verstärkt. Wenn in dir ein Ungleichgewicht ist, ganz gleich, wie belanglos es scheinen mag, trägt es in sich die Saat des Chaos, das früher oder später dein Leben zerstören wird.«

Mein Immer-in-Eile-Sein manifestierte sich nun in einer albtraumartigen Parallele. Ich musste ununterbrochen meine Beine bewegen. Ich erinnerte mich an eine Warnung, die ich in einem alten Buch über die spirituellen Gesetze gefunden hatte: »Der Mensch in Eile wird eingeschüchtert von seinem eigenen Potenzial. Er läuft so schnell, dass er über seine eigenen Füße stolpert.«

Das konnte buchstäblich auf mein eigenes Leben angewendet werden. Meine Beine und Füße dienten mir nicht mehr und waren riesige Stolpersteine geworden. Es war so offensichtlich gewesen, dass ich es nicht erkannt hatte. Unser physischer Körper ist unser großartigster Lehrer im Leben, weil er unfehlbar den Zustand unseres inneren Wesens spiegelt. Trotz dieses Wissens hatte ich in immer dunkleren Bereichen meines Lebens und in solch einem Ausmaß gesucht, dass ich übersehen hatte, was jetzt ganz offensichtlich schien.

In dieser Nacht hatte ich einen luziden Traum, der meine Situation und die Art, wie ich mit ihr umgehen sollte, perfekt wiedergab.

Ein Lehrer gibt mir eine Flasche mit einer Gans, die darin eingeschlossen ist. Er sagt zu mir: »Die Gans ist in der Flasche. Du musst sie herausholen!« Der Lehrer geht weg.

Ich verstehe, dass dies ein Test ist, den ich bestehen muss, um eine andere Ebene des Bewusstseins zu erreichen. Sogar im Traum erinnere ich mich daran, dass dies ein altes Zen-Rätsel ist, dass der

Meister dem Schüler aufgibt, damit dieser es löst. Ich hatte nie von jemandem gehört, der die richtige Antwort kannte, obwohl ich groteske Vermutungen gehört hatte. Als ich die Flasche ansehe, hatte ich Mitgefühl für die Gans, so als ob sie eine alte Freundin wäre. Die Flasche hat einen langen, engen Hals, sodass ein wenig Fett auf der Gans nichts nützen würde. Ich scheine zu wissen, dass das Zerbrechen der Flasche nicht gestattet ist.

Aber dann taucht die Lösung auf – und ich scheine sie einfach zu wissen. Der Meister kommt zurück. »Ich bin die Gans«, sage ich zu ihm, »weil ich mir erlaubt habe, ganz in meinem Denken eingeschlossen zu sein. Ich bin ein Gefangener im Gefängnis meines Verstandes geworden. Wenn ich die Art und Weise ändere, wie ich mich wahrnehme, lösen sich die Wände des Gefängnisses auf und ich komme aus der Flasche heraus.«

Ich habe kaum geendet, als die Gans frei ist und die Flasche verschwunden.

Als ich aufwachte, wusste ich nicht, ob das die Antwort war, die von den Schülern in der Zen-Tradition verlangt wird, oder nicht. Aber ich wusste, dass es für mich die richtige Antwort war. Ich war in einem Gefängnis eingeschlossen gewesen durch die Einstellung zu meinen Gesundheitsproblemen. Meine Lösungsversuche waren linear und analytisch gewesen. Durch diese Sichtweise war ich in der Dualität von Gesundheit und Krankheit, Leben und Tod gefangen gewesen.

Der Traum zeigte mir, dass es von einem linearen Gesichtspunkt aus keine Antwort gibt. Aus meinem Gefängnis auszubrechen war physisch gesehen unmöglich und dennoch musste ich es tun, um frei zu sein. Das war das Paradox. Keiner der von mir gewählten Wege war richtig. Alle waren Sackgassen. Das war also das Rätsel. Ich konnte nicht die normalen Wege für meine Heilung gehen. Ich musste das Unmögliche erreichen. Um das Gesetz von Ursache und Wirkung zu transzendieren, musste ich sozusagen die Quadratur des Kreises vollbringen, wenn ich je frei sein wollte. Schließlich ergab ich mich in die Unmöglichkeit meiner Situation, an deren Ausgang ich nun nicht mehr beteiligt war. Irgendetwas musste geschehen, aber es war jenseits meiner Auffassungsgabe. Alles, was ich tun konnte, war zu warten. Ich erkannte zuerst nicht, dass ich schließlich den Unterschied zwischen ›aufgeben‹ und ›sich hingeben‹ gelernt hatte. Dieses Mal hatte ich mich vollständig, umfassend und unwiderruflich hingegeben.

Das Ergebnis meiner Hingabe war, dass ich spontan in ein tiefes Gefühl der Leere hineinglitt. Ich fühlte mich, als ob eine dunkle Energie mich verlassen hatte. Die Jahre, in denen ich nur noch ums Überleben gekämpft hatte, waren vorbei. Die Leere blieb während der folgenden Monate und wurde von den Wechselfällen meines Alltagslebens nicht berührt. Damals erkannte ich nicht, dass ich einen Quantensprung im Bewusstsein erlebt hatte.

Ein junger, noch lebender ostindischer Meister sagt, dass, wenn man am Rande des Erwachens steht, die Kräfte der Negativität sich hereindrängen, als ob sie die Erfüllung verhindern wollten. Wenn wir nach Freiheit, Glückseligkeit oder Erleuchtung streben, scheint etwas von dort draußen aufzutauchen, uns herauszufordern und daran zu arbeiten, um uns aufzuhalten. Wenn das geschieht, glauben wir meistens, dass wir etwas falsch machen. So oft, wenn wir ganz nahe am Ziel sind, geben wir auf. Ich war ein Bruder der wilden Kreaturen, der Pflanzengeister, des Feuers, des Windes und des Sturmes geworden. Ich war eins geworden mit dem Geist des Planeten und sogar mit der Allheit der unendlichen Schöpfung.

Die massiven Gesundheitsprobleme waren meine besondere Herausforderung.[25] Ich war in der Dualität des Leidens und Nichtleidens, des Schlafes und der Schlaflosigkeit gefangen. Ich hatte nicht verstanden, was mit mir geschah, und dass ich durch eine Art von letzter Läuterung ging. Jetzt verstand ich, dass die große Lektion meines vorangegangenen Lebenszyklus die totale

Hingabe gewesen war – die ›Lektionen der sieben Drachen‹. Leere war die Belohnung. Ich fühlte, dass der vorherige Lebenszyklus vielleicht viele Leben umfasst haben könnte, nicht nur ein einziges Leben. Der Dalai Lama hat gesagt, dass Leere ›der letzte Ausdruck der Realität‹ ist. Ironischerweise fehlt mir gar nichts, wenn ich ›leer‹ bin; wenn ich ›voll‹ bin, scheint es, als ob ich immer noch mehr möchte.

Es dämmerte mir langsam, dass mir nach Jahren des Leidens mein Leben zurückgegeben worden war. War es das alles wert gewesen? Vielleicht würde nur die Zukunft die Antwort bringen.

In den folgenden Monaten nahm ich wieder ein aktives Leben auf. Nach und nach konnte ich erkennen, dass ich jetzt ein anderer Mensch war. Ich hatte kein festes Programm mehr. Ich strebte nicht mehr nach etwas. Ich schien viel mehr im gegenwärtigen Augenblick zu leben. Wenn ich auch nicht immer die seltsamen und manchmal schwierigen Drehungen und Wendungen, die mein Leben genommen hatte, bejahte, so fühlte ich jetzt doch eine uneingeschränkte Annahme.

Aber wie konnte irgendetwas noch so wie zuvor sein nach all dem, was geschehen war? In Santa Fe war ich gerade noch einmal dem Tod entronnen. In Boulder hatte ich wundersamerweise unangeschnallt mit dem Auto einen Sturz aus neun Metern in die Tiefe überlebt. Ich sollte bei einem Flugzeugabsturz sterben und dann bei einem Sturm in der Wüste und ich war durch meine innere Vision in der Lage gewesen, in mein Schicksal einzugreifen. Und in jener Nacht in Highlands war ich tatsächlich gestorben und hatte beschlossen zurückzukehren. Einige Menschen, die mir nahestanden, machten Witze darüber, dass ich sieben Leben hätte wie eine Katze.

Was konnte mir noch geschehen? Wovor konnte ich jetzt noch Angst haben? Ich hatte bereits die Welt mit den Augen eines Toten gesehen ... und hatte die Entscheidung gefällt, mein Leben weiterzuleben.

Ich fühlte, dass noch einiges vor mir lag, weil die Reise nie endet. Ich hatte selten den Luxus gehabt, Lorbeeren für eine Leistung in der Vergangenheit zu ernten oder in Bedauern zu schwelgen.

Trotz der neu gewonnenen Freiheit, die ich fühlte, verfolgte mich jetzt der Auftrag der Göttlichen Mutter, die mir vor vielen Jahren als Artemis, die Jägerin, erschienen war[26]: »Du bist der Diener der Göttin! Du wirst helfen, viele Menschen wieder zur Mutter Erde zurückzubringen ...«

Unser Planet ist in Gefahr, deshalb ist die Erfüllung dieser Aufgabe jetzt notwendiger als je zuvor. Einige weitere meiner Visionen über die Erde waren tatsächlich wahr geworden. Es gab Dinge, die nichts Gutes verhießen für unsere Zukunft.

Jahrelang hatte ich auf Vortragsreisen und in Kursen über meine Erfahrungen und Visionen über die Erde gesprochen. Die Antwort war überwältigende Begeisterung, aber jetzt waren diese Einsichten eine Last für mich geworden. Zuerst konnte ich nicht verstehen, wie mich etwas so Kraftvolles und Transformierendes derartig beeinflussen konnte.

Schließlich erkannte ich, dass diese Erfahrungen eine zu große Last für mich geworden waren. Genauso wie ich einmal aus der organisierten Religion herausgewachsen war, war ich jetzt über meine eigenen Erkenntnisse hinausgewachsen. Ich hatte den Schamanismus angenommen, wie ich einmal das Christentum angenommen hatte, aber jetzt schien es so, als ob ich auch darüber hinausgewachsen war. Meine Visionen und Einsichten waren so verwoben mit meinem Bewusstsein, dass ich mich nicht mehr von ihnen abgrenzen konnte.

Um frei zu sein, würde ich meine Erkenntnisse loslassen müssen. Ich ging noch einmal meine zerfledderten Tagebücher durch und stellte schließlich fest, dass der Weg in die Freiheit darin bestand, die Texte als Geschichten aufzuschreiben. Es dauerte ungefähr vier Jahre, um *Seelenfeuer* fertigzustellen. Wenn ich eine

Geschichte fertig hatte, wurde meine Last in zunehmendem Maße leichter, bis ich mich schließlich frei fühlte. An diesem Punkt hatte ich eine weitere tiefe Einsicht. Ich sah Parallelen zwischen meiner eigenen Gesundheit und der Gesundheit der Erde selbst. Das Nervensystem der Erde war wie mein eigenes so unausgeglichen geworden, das physische Methoden alleine nicht mehr zur Rettung beitragen können. Es ist notwendig geworden, spirituelle Lösungen zu finden, um das Unmögliche zu erreichen.

Vor mehreren Jahrzehnten hatte ich Visionen, die mir zeigten, dass vermutlich die Kräfte des Chaos entfesselt werden würden. Ich erinnerte mich an meine Vision von der im Sterben liegenden Welt, während die neue Erde geboren wurde. Ich identifizierte mich nicht mehr mit der sterbenden Erde, sondern mit der neuen Welt, die gerade entstand – eine Welt mit all der Hoffnung, all den Versprechungen und Möglichkeiten eines neugeborenen Kindes. Ich wollte dabei sein und am Entstehen der neuen Welt mitwirken.

ZWILLINGSFLAMME

Knoxville, Tennessee:
November

Während meines langen, qualvollen Kampfes mit den Gesundheitsproblemen spazierte eine Frau, die ich seit 15 Jahren nur aus meinen Träumen kannte und auch nur im Traum geliebt hatte, ganz unerwartet in mein irdisches Leben. Ich war schockiert. Es war so, als ob sich eine Erscheinung vor meinen Augen materialisiert hatte. Die geheimnisvolle Frau aus meinen Träumen erschien plötzlich aus Fleisch und Blut vor meinen Augen. Vor 15 Jahren war sie zum ersten Mal als Traumgebilde aufgetaucht. Die Erinnerung an dieses Ereignis ist heute noch so lebhaft wie am Anfang.

Zunächst glaube ich, dass ich ein physisches Phänomen erlebe. Die Dinge scheinen ungewöhnlich klar und leuchtend zu sein. Ich kann die vor Kurzem gestrichenen Wände sowie den feinen Geruch des Haushaltsreinigers riechen, der aus einer angrenzenden Toilette hereinweht.

Ich bin in Tucson im Haus meiner guten Freundin und Erzählerin Monica. Wenn ich nicht über ihre neuesten Geschichten lache oder ihnen gebannt zuhöre, schickt sie mir Klienten für die intuitive Beratung und Seminare und sie hat für mich ein Seminar geplant, das in ein paar Tagen stattfinden soll. Während ich in der Wohnung im Untergeschoss im Bett liege und versuche, mich von einem Vormittag voller Beratungen zu erholen, erscheint ein Mann auf der Türschwelle. Ich bin überrascht und frage mich, wie er unbemerkt hereinkommen konnte. Er hat einen kurzen Bart, eine olivfarbene Haut und schwarze, durchdringende Augen.[28]

»Ich habe hier etwas für dich, was du sehen solltest«, sagt er einfach, und verschwindet schnell, bevor ich Zeit habe zu antworten. Er grinst und dabei funkeln seine Augen, so als ob er in einen geheimen Scherz eingeweiht sei, dessen Opfer ich war.

Er verschwindet sofort und an seiner Stelle steht eine wunderschöne junge Frau in der Tür. Sie ist groß, blond und wahrscheinlich nicht älter als 18 Jahre.

Ich bin überrascht, als sie mich mit meinem Namen begrüßt. Obwohl sie mir auch seltsam vertraut scheint, bin ich sicher, dass wir uns nie zuvor begegnet sind. Trotzdem kommen heftige Gefühle in mir hoch. Ich fühle mich in ihrer Gegenwart vollkommen und glücklich.

»Ich habe das Gefühl, wir kennen uns«, sage ich mit in mir unerwartet auftauchender Leidenschaft.

»Ja«, antwortet sie mit Bestimmtheit, »aber nicht auf dieser Ebene!«

»Das muss es sein«, sage ich und erkenne zum ersten Mal, dass ich mich nicht mehr in meinem physischen Körper befinde.

»Ich bin so glücklich, dich zu sehen!«, fahre ich fort und greife nach ihren beiden Händen.

»Ich auch!«, sagt sie.

Ich umarme sie und bin von ihrem Magnetismus gefangen. In dem Moment, in dem wir uns umarmen, fühle ich eine große elektrische Kraft, die durch mich hindurchströmt. Diese Kraft bewirkt, dass ich in meinen physischen Körper zurückgeworfen werde und aus dem veränderten Zustand herausfalle.

Als ich meine Augen öffnete, nahm ich zwei starke Gefühle war. Erstens war da ein Gefühl des Verlustes. Ich wollte sie nicht verlassen. Zweitens erkannte ich, dass ich im Moment unserer Umarmung einen Zustand der totalen Ausgeglichenheit und des Wohlbefindens erlebte. Ich fühlte mich vollkommen.

Diese unvergessliche außerkörperliche Begegnung war die erste von vielen darauffolgenden, die ein- oder zweimal im Jahr in den nächsten 15 Jahren stattfanden. Jedes Mal, wenn unsere Hände sich berührten oder wir uns umarmten, erlebte ich dieselbe Elektrizität, die von ihr ausging, und diese Elektrizität versetzte mich immer in einen Zustand der Vollkommenheit und der Ausgeglichenheit. Dennoch war ich immer frustriert über ihr abruptes Verschwinden. Ich begann sogar darüber nachzudenken, wie ich unsere nächste Begegnung verlängern könnte, z. B. sie nicht gleich zu umarmen oder ihr die Hände zu reichen.

Mehrere Fragen verfolgten mich: Wer war diese mysteriöse Frau, mit der ich solch einen Magnetismus erlebte, und wer würde wie Aschenbrödel so abrupt verschwinden? Aus welchem Grund wurden wir zusammengebracht? Warum fühlte ich mich so vollkommen in ihrer Gegenwart? Erlebte sie das Gleiche mit mir?

Während der Jahre, die auf unsere erste Begegnung im Traumland folgten, erlebte ich, wie sie reifer wurde. Bei unserer letzten Begegnung um das Jahr 1994 herum schien sie Anfang 30 zu sein. Diese Begegnung fand spät am Abend statt, während ich schlief.

Ich bin in einer unterirdischen Höhle und lausche einer Flötenmelodie, die durch die Gänge hallt. Die Melodie hat eine auffallende Ähnlichkeit mit Bachs ›Badinerie‹, aber ich bin mir nicht sicher, ob es die gleiche Melodie ist.

Ich fühle einen Drang, auf die Quelle der Töne zuzugehen, und entdecke, dass der Musiker sowohl eine Trauung vornimmt als auch die Flöte spielt. Er ist ein Wesen, das eine unglaubliche Kraft auszustrahlen scheint. Er trägt eine dunkle Kappe, die irgendeine

Amtsgewalt zu repräsentieren scheint.[29] *Dieses gleiche Wesen ist bereits mehrere Male bei anderen Gelegenheiten in Traumszenen aufgetaucht.*

Obwohl ich mich aufgrund der enormen Kraft des Wesens unbehaglich fühle, bin ich entschlossen herauszufinden, wer das Brautpaar ist. Als ich um die beiden herumgehe, um sie besser sehen zu können, erlebe ich eine riesige Überraschung. Die Braut ist niemand anderes als die geheimnisvolle Frau aus meinen Träumen und der Bräutigam bin ich!

Ich hatte keine Idee, was das alles bedeuten sollte, und dennoch hinterließ diese seltsame Erfahrung einen tiefen Eindruck. Kaum zwei Jahre später, Mitte November des Jahres 1996, fuhr ich mit dem Auto nach Knoxville, um einen Vortrag und einen Workshop zu halten. Ich hatte geplant, dort eine Woche lang zu bleiben und intuitive Beratungsstunden abzuhalten. Wegen meiner Gesundheitsprobleme hatte ich diese Arbeit, die ich so sehr liebte, fast sieben Jahre lang nicht mehr gemacht. In diesem Fall fühlte ich mich jedoch auf mysteriöse Weise gezwungen, die Einladung anzunehmen.

Ich hatte gerade das Gebäude betreten, in dem ich den Vortrag halten sollte, als ich abrupt meinen Kopf drehte und geradewegs eine Frau Mitte 30 ansah, die mit einem Freund sprach. Obwohl vielleicht 50 Menschen im Raum herumliefen, hatten sich meine Augen auf diese eine Person fokussiert. Ich wusste, dass ich nie zuvor eine derartig strahlende Schönheit gesehen hatte. Ich fühlte, dass sich ihr Wesen irgendwie in ihrem physischen Körper widerspiegelte.

Der Freund der Frau, August, der neben ihr saß, beugte sich zu ihr hinüber und flüsterte: »Hast du gesehen, wie er dich angesehen hat?« Die Frau, Astrid, nickte langsam. Es war ihr nicht entgangen.

Als Astrid zum ersten Mal von meinem Vortrag in Knoxville hörte, wusste sie, dass sie die dreistündige Autofahrt von ihrem Zuhause in der Mitte des Bundesstaates Tennessee aus machen würde, um ihn zu hören. Es war nicht das Thema des Vortrages, sondern mein Name, der eine Art von innerer Resonanz in ihr hervorrief. Obwohl sie noch nie von mir gehört hatte, fühlte sie sich auf mysteriöse Weise angezogen.

Während meines Vortrags hatte Astrid das seltsame Gefühl, dass sie mit mir auf irgendeine Weise zu tun haben würde. Vielleicht würde sie bei mir lernen oder vielleicht Werbung für mich machen. Während meines Vortrags erlebte Astrid etwas, was sie noch nie zuvor erlebt hatte. Immer wenn ich sprach, schien meine Stimme tief in ihrem Inneren widerzuhallen (ein Phänomen, das bis heute anhält). Sie beschloss, nach dem Vortrag Kontakt mit mir aufzunehmen.

Als Astrid nach Hause zurückkehrte, verfolgte sie die Erfahrung mit mir noch weiterhin. »Was bedeutet das?«, fragte sie sich immer wieder. Schließlich beschloss sie auf Augusts Drängen hin, mich anzurufen. Das war das erste von vielen Telefonaten, die in den nächsten Monaten folgten. Immer wenn wir zusammen sprachen, hatte ich das Gefühl, dass wir uns seit jeher kannten.

Als Astrid jedoch vorschlug, dass wir ein Paar werden sollten, scheute ich davor zurück und fand Ausreden. Schließlich hatte ich bereits einen schweren Herzinfarkt gehabt; ich dachte, dass ich nicht mehr lange zu leben hätte, da keine effektive Behandlung meines akuten neurologischen Zustandes möglich war. Ein Mensch kann einfach nicht unendlich lange ohne Schlaf auskommen. Unter diesen Bedingungen suchte ich ganz sicher keine neue Beziehung. Es wäre uns beiden gegenüber nicht fair, sagte ich mir immer wieder.

Dennoch fühlte ich eine derartige, noch nie da gewesene Nähe zu dieser geheimnisvollen Frau. Ich fühlte eine unerklärliche Anziehung zu ihr, obwohl ich keine Ahnung hatte, dass das die gleiche Frau war, bei der ich am Abend des Vortrages zwei Mal hinsehen musste. Ich erkannte langsam, dass sie eine Weisheit besaß, die für ihr Alter unüblich war.

Schließlich rief Astrid mich nicht mehr an. Da ich mich sträubte, hatte sie begonnen, ihre eigenen intuitiven Gefühle im Hinblick auf unsere Beziehung in Zweifel zu ziehen. Der Gedanke, dass ihre eigenen intuitiven Gefühle falsch seien, veranlasste sie, einen Rückzieher zu machen. Die Tage und Nächte vergingen und ich hatte immer noch nichts von ihr gehört. In dieser Zeit erkannte ich, wie abhängig ich von den häufigen, langen Telefongesprächen mit ihr geworden war.

Ich fühlte mich zutiefst verloren. Was stimmte nicht mit mir, fragte ich mich. Hatte ich mich in eine Frau verliebt, deren Gesicht ich noch nicht einmal gesehen hatte?

Astrid hatte beschlossen, dass ich jetzt den nächsten Schritt unternehmen musste oder alles würde vorbei sein. Es schien so, als ob das Schicksal von zwei Menschen auf einen einzigen Telefonanruf reduziert wurde. Ich rief an! Seit meinem Vortrag waren mehrere Monate vergangen. Astrid war gerade dabei, eine Scheidung abzuschließen, und es war eine schwierige Zeit für sie gewesen.

Als wir uns schließlich trafen, erkannte ich in ihr sofort die umwerfend schöne Frau, die mich dazu gebracht hatte, am Abend meines Vortrags am Eingang des Auditoriums zwei Mal hinzusehen. Das für uns beide überwältigendste Gefühl war jedoch, dass wir spürten, dass wir uns schon immer gekannt hatten. Trotzdem erkannten wir paradoxerweise, als wir miteinander über unsere Vergangenheit redeten, dass wir uns unmöglich bereits einmal begegnet sein konnten. Daher blieb für mich die Frage offen: »Wie konnte ich so sicher sein, dass wir uns *zuvor* begegnet waren?« Diese Frage beschäftigte mich weiterhin.

Ich beschloss, dass Astrid für mich Werbung machen sollte. Der erste Punkt auf der Liste war, dass ich für einige Tage Beratungen in Astrids Gegend anbieten sollte, und Astrid würde alles organisieren. Ich hatte das Gefühl, dass dieser Plan die Wiederaufnahme eines Lebens, das ich so sehr geliebt hatte, leicht machen würde. Andererseits wusste ich, dass ich gesundheitliche Probleme bekommen könnte, wenn ich mein Leben als moderner Schamane wieder aufnahm. Etwas geschah mit mir. Ich hatte zum ersten Mal wieder Hoffnung geschöpft. Da Astrid zwei kleine Kinder hatte, schien es mir am besten, bei ihr in Tennessee zu wohnen, damit wir zusammen arbeiten konnten. Ich mietete dort eine kleine Wohnung an und unsere Beziehung vertiefte sich schnell.

Während dieser Zeit verfolgte mich weiterhin die Frage, wer diese Frau war, die mir so äußerst vertraut vorkam. Dann schließlich erhielt ich eines Nachts die Antwort. Ich wachte auf mit der verblüffenden Erkenntnis, dass diese Frau, die jetzt Werbung für mich machte, niemand anderes war als die geheimnisvolle Frau, die mich seit Jahren in meiner Traumlandschaft besuchte.

Warum, fragte ich mich, hatte ich das nicht sofort erkannt? Es war das gleiche Gesicht! Die gleiche Schwingung! Sogar Astrids Alter und das der geheimnisvollen Frau aus meinen Träumen hatten sich in den 15 Jahren genau entsprochen. Ich war überwältigt von dieser Erkenntnis. Ich fragte mich, was die Konsequenz daraus sein würde.

Mark Twain hat in einer Geschichte über eine platonische Geliebte geschrieben, die auf seinen Begegnungen im Traum mit immer derselben unbekannten Frau basierte. Die Zeit, die Umgebung und die Begleitumstände änderten sich, aber er fühlte in seinen Träumen immer dieselbe tiefe Liebe für diese Person. Einmal träumte er davon, dass sie einen schrecklichen Tod starb und der Traum erschütterte ihn mehr als irgendeine Erfahrung im Wachzustand.

Mark Twain bekam nie die Gelegenheit, der Frau seiner Träume zu begegnen, die seiner Meinung nach seine Seelenverwandte war. In meinem Fall jedoch begegnete ich der Frau meiner Träume, nachdem ich sie jahrelang nur in meiner Traumzeit getroffen hatte.[30]

Und was für 15 Jahre waren das gewesen! So viel war während dieser Zeit geschehen. Ich wusste, dass diese geheimnisvolle Frau zum ersten Mal in dem Jahr zu mir gekommen war, in dem mich die seltsame Krankheit befallen hatte, die schließlich endgültig mein bisheriges Leben zerstört hatte. Paradoxerweise schien es, als ob ich seit unserer ersten Begegnung so zahlreiche Erfahrung wie aus mehreren Leben gemacht hatte. Und doch kam es mir so vor, als sei das erst am Tag zuvor geschehen.

Als ich über die mysteriösen Wendungen des Schicksals (oder wahrscheinlicher der Vorsehung) nachdachte, die uns zusammengeführt hatten, schien es geradezu unglaublich, dass wir uns nach all diesen Jahren gefunden hatten. Ich beschloss, dass ich diese Information eine Zeit lang vor Astrid verheimlichen würde. Ich dachte, es sei besser, wenn sich unsere Beziehung natürlich weiterentwickelte. Ich wusste auch, dass sie sich auf die Scheidung konzentrieren musste, die in wenigen Wochen stattfinden sollte, sowie auf die Umstellungen, die immer von einem verlangt werden, wenn man eine größere Veränderung im Leben erlebt.

Eines Tages rief Astrid jedoch an und fragte mich, ob ich versuchen würde, mit den Holzbienen zu kommunizieren, die sich seit fast einem Jahr in ihrem Haus angesiedelt hatten, und mit den Honigbienen, die vor mehreren Türen und Fenstern ihres Hauses Bienenstöcke gebaut hatten und jetzt begannen, sich in ihr Zuhause hineinzuarbeiten. Mein Versuch war ein phänomenaler Erfolg, da die Tiere innerhalb einer Stunde zur großen Freude von Astrid und ihrem vierjährigen Sohn verschwunden waren.

Die Ironie dessen, was geschehen war, wurde mir erst Monate später bewusst. Ich hatte Erfolg und die Bienen verließen Astrids Zuhause, stattdessen zog aber ich an ihrer Stelle in Astrids Haus.[31] Alles in allem war das die Art von Tauschgeschäft, die mir gefällt.

Fünf Jahre später wurden Astrid und ich von einem engen Freund, der ein Pfarrer einer Methodistenkirche in der Nähe unseres Zuhauses im Osten von Tennessee war, getraut. Die

Hochzeit, die ich auf den inneren Ebenen miterlebt hatte, wurde zur Realität auf der physischen Ebene.

Rückblickend scheint es wirklich wie ein Wunder, dass wir uns in der physischen Welt gefunden haben. Wie, so fragte ich mich, konnte es bekannt sein, dass wir uns nicht nur auf der physischen Ebene begegnen, sondern schließlich auch diese unwahrscheinliche Partnerschaft eingehen würden? Gab es nichts, was durch Zufall geschah? Bald nachdem wir zusammengekommen waren, hatte ich vermutet, dass Astrid meine ›Zwillingsflamme‹ war. Es wurde sehr viel mehr über die sogenannten Seelenverwandten geschrieben als über Zwillingsflammen oder Zwillingsseelen, wie sie auch manchmal genannt werden.[32]

Es wurde mir gesagt, dass Zwillingsflammen – anders als Seelenverwandte - selten zur selben Zeit inkarnieren. Offensichtlich besteht die Notwendigkeit, dass die eine auf den feinstofflichen Ebenen bleibt, während die andere inkarniert ist, um eine Art von Gleichgewicht zu halten. Es gibt jedoch Zeiten, in denen die Aufgaben der einen Zwillingsflamme so schwierig sind, dass die Anwesenheit der anderen auf der physischen Ebene nötig wird. Ich nehme an, dass dies für Astrid und mich zu diesem Zeitpunkt galt.

Als energetische Ebenbilder erfahren Astrid und ich immer eine Art von müheloser Zusammengehörigkeit. Wir finden unser Gleichgewicht, wenn wir zusammen sind, und erfahren eine derartige Vollkommenheit in der Gegenwart des jeweils anderen, dass sich dies in einem fast kontinuierlich anhaltenden Zustand der Freude äußert.

Diese außergewöhnliche Nähe bringt jedoch auch gewisse Herausforderungen mit sich. Die Tatsache, dass wir uns so perfekt widerspiegeln, hat zur Folge, dass wir manchmal das Gefühl haben, dass wir Filme unseres eigenen Verhaltens im anderen ablaufen sehen. Die Wirkung dieses Phänomens ist, dass es Zeiten gibt, in denen wir gezwungen sind, in uns diejenigen Dinge anzusehen, die wir im anderen reflektiert sehen – Dinge, die wir nicht immer mögen.

Manchmal hat dieses Phänomen auch humorvolle Momente. Ich habe zum Beispiel jahrelang immer wieder festgestellt, dass ich meine Autoschlüssel verlege, wenn ich es eilig habe, zu einem Termin zu kommen. Dies hat immer zu einer kleinen Krise geführt. Heute werde ich gezwungen, an Astrids kleinen Krisen beteiligt zu sein, wenn sie das Gleiche ein- oder zweimal pro Woche tut. Eines haben wir beide aus dem Zusammensein gelernt: Man muss sich selbst aufrichtig lieben, um auszuhalten, dass einem andauernd ein solcher Spiegel vorgehalten wird.

Wir wurden auch völlig überrascht von dem Phänomen, dass wir zusammen träumen, ohne dies bewusst gewollt zu haben. Seit Beginn unseres Zusammenlebens sind wir fast jede Nacht im Traum des anderen vertreten. Es ist zu einem täglichen Ritual für uns geworden, die Notizen über unsere Träume zu vergleichen.

Ein weiteres Phänomen, das wir erleben, ist eine verfeinerte Ebene der Telepathie, die sich spontan in unserer Beziehung ergeben hat. Obwohl ich bereits seit Jahren telepathische Fähigkeiten hatte, habe ich nie irgendetwas erlebt, das auch nur im entferntesten dem entspricht, was wir beide erleben. Den ganzen Tag über ahnen wir andauernd die Gedanken des anderen voraus und führen sie zu Ende, selbst wenn diese Gedanken dunkel und ziemlich unvorhersehbar waren, und es ist schwierig herauszufinden, wer den Gedanken zuerst hatte. Als dies begann, beklagte sich Astrid freundlich darüber, dass ich sie belauscht hatte, aber jetzt schlüpft sie genauso oft in meinen Kopf, wie ich in den ihren.

Als sich mein Gesundheitszustand so verschlechtert hatte, dass ich fast aufgegeben hätte, trat meine Zwillingsflamme in mein Leben. Auf irgendeiner Ebene muss sie gewusst haben, dass ich in Schwierigkeiten steckte. Seit damals hat Astrid einen unermesslich großen Anteil an meiner Heilung. Denn abgesehen von dieser Heilung und Astrids anhaltender Unterstützung hätte ich wahrscheinlich nie dieses Buch beendet oder die Entscheidung getroffen, meine Arbeit wieder aufzunehmen.

Es gibt Momente, in denen ich eine Pause einlege, um über die Bilderbuchgeschichte nachzudenken, wie wir zusammenkamen. Es macht mich sprachlos und ehrfürchtig, wenn ich daran denke, wie es meiner Zwillingsseele entgegen aller Widrigkeiten gelang, durch die Dimensionen und über die Entfernung hinweg nicht nur mich zu finden, sondern mir auch noch dabei zu helfen, aus einer Abwärtsspirale herauszukommen. Denn das ist vielleicht etwas, das nur ein Zwilling für den anderen tun kann.

Eines Morgens, kurz nachdem ich dem Lektor diese Geschichte vorgelegt hatte, wachte ich in der Früh auf und hörte eine Stimme, die Worte sprach, die zu einem Gedicht zu gehören schienen. Ich schrieb die Worte auf und war erstaunt darüber, was ich las, denn sie beschrieben das Wesen der Beziehung zwischen Astrid und mir als Zwillingsflammen:

Zwei Arten von Licht
Vereint in der Flamme
Dienen einander
Als ein und dasselbe

EPILOG

AUF DEM WEG ZU EINER BEWUSSTEN UND EKSTATISCHEN VEREINIGUNG MIT ALL DEM, WAS IST

Auf den vorigen Seiten habe ich über einige Erfahrungen, Erlebnisse, Erscheinungen und Offenbarungen berichtet, die Teil meiner spirituellen Reise waren. Letztendlich enthüllten sie mir sowohl mein persönliches Schicksal als auch dasjenige, das von der gesamten Menschheit vergessen wurde. Ob ich nun bei den Weltreligionen, traditionellen und esoterischen Weltanschauungen oder im Schamanismus gesucht habe, so ist mir auf meiner gesamten spirituellen Reise immer ein verstecktes Thema begegnet, das sich wie ein roter Faden durch all diese Wissenssysteme hindurchzieht. Dieser rote Faden ist das Thema der ekstatischen Vereinigung mit dem Leben. Dieser vergessene Weg der Menschheit kann versteckt hinter der Fassade aller Religionen und Wissenssysteme gefunden werden.

Immer wenn ich die Lebensgeschichten der Heiligen und Seher, der Mystiker und Medizinmänner der verschiedenen spirituellen Traditionen lese, entdecke ich, dass sie eines gemeinsam haben, auch wenn die Visionen und Botschaften unterschiedlich sind: die Erfahrung der bewussten und ekstatischen Vereinigung mit der Welt um sie herum. Erstaunlicherweise waren sie in einem ekstatischen Seinszustand, auch wenn vielen dieser Menschen das Leiden der Menschen bewusst war; diese Ekstase entwickelte sich aus einer Einheit mit der gesamten Schöpfung.

In den biblischen Erzählungen vom letzten Abendmahl und von Golgatha wird Jesus dargestellt als betrübt und sorgenvoll, wie er die Last der Welt trägt. Aber diese Gemütsverfassung ist nicht vorstellbar für jemanden, der vollständig mit dem Göttlichen vereint ist. Jesus befand sich in dieser Zeit höchstwahrscheinlich in einem Zustand der ekstatischen Freude, weil er dabei war, seine Aufgabe zu vollenden und sein Schicksal als Inkarnation des Göttlichen in jenem Zeitalter zu erfüllen.

Vielleicht war es mein unbewusstes Verlangen nach der Ekstase, die durch die Vereinigung mit etwas Größerem als mir entsteht, was mich zum Priesteramt geführt hat. Nach zehn Jahren, in denen ich in diesem Leben völlig aufgegangen war, erkannte ich, dass mich die organisierte Religion nicht dorthin bringen würde, wo ich spirituell zu Hause sein wollte. Welche Ekstase auch immer in den evangelikalen Glaubensrichtungen und in den charismatischen Bewegungen zu finden war, sie schien mir immer durch die stark getönte Brille des biblischen Buchstabenglaubens oder der Kirchendoktrin gesehen worden zu sein.

Ich hatte das Gefühl, dass dies allenfalls ein wackliges Fundament für spirituelles Wachstum bot, denn wenn man wirklich mit dem Ganzen verbunden ist, muss man die unendliche Vielfalt all dessen was ist anerkennen und ehren. Die Ausdrucksformen von Ekstase führen nicht zu elitären Haltungen oder dazu, dass man sich ›auserwählt‹ oder ›auserkoren‹ wähnt.

Ich erkannte die großartige Wahrheit über unsere wahre Bestimmung als Volk nicht dadurch, dass ich viele verstaubte alte

Bücher wälzte. Stattdessen entdeckte ich Wahrheit – so wie ich es beschrieben habe – eingeritzt in die Hieroglyphen der Welt der Natur um uns herum. Das geschah als Folge vieler Ausflüge in die östlichen und westlichen Berge sowie die abgelegenen Canyons und Wüsten des amerikanischen Südwestens. Manchmal dienten diese strapaziösen Reisen der persönlichen Suche und zu anderen Zeiten fanden sie zur Vorbereitung von Gruppenreisen in die heilige Wildnis statt.

So wie ich es in *Rückkehr in den Garten Eden* beschrieben habe, wurde ich durch die Abgeschiedenheit in der Welt der Natur und die Magie der Schöpfung um mich herum auf die tiefste, intimste Art mit der Welt verbunden, die ich mir hätte vorstellen können.

Ich wurde eins mit den zerklüfteten Canyons, den verhangenen Bergen und der leeren Wüste, eins mit den fließenden Gewässern, den kühlenden Brisen und den lodernden Versammlungsfeuern. Ich verbrüderte mich mit den Pflanzengeistern, dem stillen Wald, den Hirschen und Kojoten. Und schließlich begann ich eine ekstatische Einheit mit vielen der Menschen zu erfahren, mit denen ich mich tief eingelassen hatte. Das sind keine Metaphern, um die Realität auszudrücken – dies *ist* meine Realität!

Der Gipfel all dieser Erfahrungen war für mich das Verschmelzen mit einer großartigen weiblichen Göttin, die sich als Gaia, unsere eigene Erdenmutter, zu erkennen gab. Ich wurde in die unendliche Schöpfung mitgenommen und von dort in die unermessliche Leere, in der ich die alles durchdringende Gegenwart der Großen Mutter selber fühlte.

All diese Erfahrungen hatten eines gemeinsam: *Sie waren ekstatisch!*

Meine ursprüngliche Absicht beim Schreiben dieses Buches war es, die wertvollen Lebenslektionen in diesen Geschichten mitzuteilen. Ich wollte auch eine Sichtweise darstellen, die sich sehr von unserer auf allgemeinem Konsens beruhenden Ansicht der Realität unterscheidet – so wie es diese Geschichten wiedergeben. Die tiefere Wahrheit, die in allem steckt, entzog sich mir jedoch fast drei Jahrzehnte lang.

Dann, eines Tages, erkannte ich etwas in Form einer Offenbarung. Mir wurde klar, dass ich versucht hatte, die vielen Lektionen, die ich auf meiner spirituellen Suche gelernt hatte, zu verstehen. Dabei hatte ich aber nicht bemerkt, was mir persönlich widerfuhr: das stärker werdende Erleben des Einsseins mit der Welt um mich herum, das sowohl bewusst als auch voller ekstatischer Freude war. Ekstase kann nicht allein erfahren werden. Sie muss geteilt werden. Für mich entfaltete sich diese Ekstase erst vollständig, als ich in Beziehung zur Welt um mich herum stand.

Das Leiden unserer Zeit ist darin begründet, dass wir fast vergessen haben, dass diese Verbindungen möglich sind, und folglich haben wir keine Vorstellung davon, wer oder was wir wirklich sind. Wir können uns selbst nicht in einem Vakuum kennenlernen. Wahres Verstehen entsteht nur, wenn wir uns in Verbindung mit dem Größeren Ganzen sehen. Jenseits unserer Illusion der Getrenntheit liegt die Wahrheit, dass wir alle Teil eines einzigen Wesens sind. Unsere wunderbare Erde und alles Leben darauf sind die Manifestation eines einzigen vereinigten Bewusstseins.

Jeder von uns trägt in seiner DNA eingeschlossen eine Urerinnerung an eine Zeit in sich, in der wir nicht von der Schöpfung getrennt waren. Dieser ursprüngliche Zustand wird metaphorisch als biblischer Garten Eden bezeichnet und in anderen Schöpfungsgeschichten beschrieben.

In einer meiner frühen Visionen sah ich, dass wir alle Teil vieler Welten sind. Wir bewegen uns von Welt zu Welt auf einer großen kosmischen Reise, aber hier auf der Erde wurde unsere Reise unterbrochen. Wir sind gefangen in einer Art von Gezeitenströmung oder Strudel, in der wir die Illusion haben, uns vorwärts zu bewegen, wenn wir auch in Realität stillstehen. Wir befinden uns in einem unendlichen Zyklus der Wiederkehr, in dem wir die Tendenz haben, in einem Leben nach dem anderen immer wieder die gleichen Entscheidungen zu treffen, die gleichen Muster zu wiederholen und die gleichen Fehler zu machen.

Wie es in dem Film *Und ewig grüßt das Murmeltier* gezeigt wird, haben wir das vage Gefühl der Vertrautheit, dass wir das alles viele Male zuvor getan haben. Wir wissen einfach nicht, wie wir den Kreislauf durchbrechen können. Wir sind im Zeitstrom der physischen Existenz eingeschlafen und wissen nicht, wie wir wieder aufwachen können. Dieses Buch ist mein *Weckruf!*

Als ich einmal auf einer Visionssuche in einer abgelegenen Gegend in der Wildnis in Utah war, begegnete ich einem Wanderer, der in einem Zustand völligen Gedächtnisverlustes ziellos herumwanderte. Da es nur noch eine Stunde bis zum Einbruch der Dunkelheit war, führte ich ihn zurück zu seinem Campingplatz, blieb in der Nacht bei ihm und sorgte für ihn, bis er am nächsten Tag von einem Hubschrauber abgeholt werden konnte.

Die ganze Nacht hindurch stellte er mir immer wieder die gleichen drei Fragen: »Wie bin ich hierher gekommen? Warum bin ich hier? Wo gehe ich hin?« Sekunden, nachdem ich diese Fragen beantwortet hatte, hatte er nicht nur meine Antworten vergessen, sondern auch, dass er bereits gefragt hatte, und er begann von Neuem zu fragen. Wenn ich seine permanenten Fragen nicht beachtete, in der Hoffnung, etwas schlafen zu können, begann er wegzulaufen und ich musste ihn wieder zurückholen. Es war für mich eine frustrierende, schlaflose Nacht in der Wildnis.

Während all das geschah, beschlich mich allmählich das eigenartige Gefühl, dass die Dinge nicht das waren, was sie zu sein schienen. Erst später erkannte ich, dass das größere und zugleich subtilere Drama, das sich dort draußen in Utah abspielte, die dramatische Situation der Menschheit widerspiegelte. Wir kommen immer wieder auf diese Welt und glauben, dass wir zum ersten Mal hier sind, und wie dieser arme, verwirrte Wanderer wissen wir nicht, woher wir kommen, warum wir hier sind und wohin wir gehen. Ich erkannte, dass wir tief im Inneren die Antworten auf diese Fragen kennen; aber wir müssen den Ort in uns finden, der sich daran erinnert. Dieser Ort ist so tief verborgen, dass der gewöhnliche Verstand nicht zu ihm durchdringen kann. Wenn wir uns erinnern, sind wir in der Lage, unsere Beziehungen zu der Welt um uns herum sowie unseren Platz im größeren Plan der Dinge wiederzuentdecken.

Es ist meine Hoffnung, dass diese Geschichten Beweise dafür liefern, dass diese Verbindungen für jeden Menschen möglich sind, und sie der Schlüssel für ein wirklich ekstatisches Leben sind, das sich entfaltet, wenn wir unsere ursprüngliche Einheit mit der Schöpfung wiederentdecken. Wahre Weisheit entsteht durch persönliche Erfahrung – im Gegensatz zu bloßem Wissen, das aus Büchern, Vorträgen oder durch die Medien angesammelt wurde. Wenn etwas erfahren wird … wenn es Zeugen gibt … wenn die gleichen Dinge immer wieder ähnliche Ergebnisse mit sich bringen … ist das Wissenschaft, eine Wissenschaft der Seele und nicht etwa eine weitere Religion, die auf ›Glauben‹ basiert. Die Welt braucht keine weiteren Religionen!

Es wurden so viele Bücher über die Lehren weiser Lehrer oder Meister geschrieben. Leider wird das Gute, das diese Lehren bieten, von unserer Tendenz aufgehoben, diese Wesen als getrennt von uns und überlegen gegenüber dem Rest von uns wahrzunehmen. Wir kommen zu dem Schluss, dass es nur um diese besonderen Wesen geht, dass wir unmöglich eine derartige Weisheit oder derartige spirituelle Kräfte haben können.

Ich hoffe, dass die Geschichten in diesem Buch etwas anderes zeigen. Vor vielen Jahren habe ich mich danach gesehnt, einen ›Lehrer‹ zu haben. Es gab viele Menschen, die Lehrer für mich waren, aber ich konnte damals keinen ›Lehrer‹ an sich finden. Schließlich sagte man mir auf dem Höhepunkt meiner Frustration, dass in diesem Leben meine Aufgabe darin bestehe, mich daran zu erinnern, was ich gewesen bin und meine eigenen Fähigkeiten zu erwecken, die ich in anderen Zeiten erworben hatte. Nach und nach gelang es mir, das zu tun. Ich hoffe und bete inbrünstig dafür, dass diese Geschichten anderen den Weg zeigen werden, das Gleiche und noch mehr zu erreichen.

Es ist Zeit für uns, eines der herrschenden Denkmuster der Weltreligionen und der weltlichen Philosophie infrage zu stellen: Das Modell, das uns lehrt, dass wir schwach sind, dass wir Grenzen haben, dass wir von anderen abhängig sind und dass nur einige wenige privilegierte Menschen mit wirklicher Macht und Weisheit handeln können.

Die Versprechen aller Religionen verblassen gegenüber der realen Erfahrung der ekstatischen Vereinigung, die so erhaben ist, dass sie jenseits aller Vorstellungen liegt. Ekstatische Vereinigung ist der wahre und vergessene Weg der gesamten Menschheit.

Ich berichte von diesen Erfahrungen und schreibe diese magischen Geschichten in diesem Buch auf, um meinen Schwestern und Brüdern auf dem spirituellen Weg sowie einer großen Anzahl von Menschen, die keinen Weg haben und jetzt anfangen, nach Bedeutung zu suchen, Hoffnung zu machen. Ich weiß, wie einfach es ist aufzugeben, so wie ich es sieben Jahre lang getan habe, als ich von extremen Gesundheitsproblemen überhäuft wurde. Ich weiß auch, dass unser Weg oft äußerst schwierig werden kann, wenn wir am nächsten dran sind, unsere spirituellen Ziele zu erreichen; dann erleben wir eine Art letzter Reinigung oder Prüfung.

Jeder und jede von Ihnen, die Sie so viel von meinen eigenen spirituellen Reise miterlebt haben, ist ein magisches Wesen, das in einer magischen Welt lebt. Ich hoffe, dass diese Geschichten dabei geholfen haben, dass Sie diese Magie wiederentdeckt und erkannt haben, dass es einen anderen Weg des Lebens, Fühlens, Wissens und Seins gibt.

Schließlich hoffe ich, dass diese Geschichten dazu beigetragen haben, Ihre Erinnerung an das zu wecken, was wir einst als Gemeinschaft besaßen und im gegenwärtigen Zeitalter wieder für uns zurückgewinnen können.

- Peter Calhoun (Schneeadler)

PRAKTISCHE ANLEITUNGEN

ANHANG A

Richtlinien für die Durchführung heiliger Zeremonien zur Heilung und zum Schutz unserer Erde

1. ***Die Kraft einer heiligen Zeremonie nimmt exponentiell mit jeder weiteren Person zu, die an der Zeremonie teilnimmt.*** Deshalb ist die Kraft von zwei Menschen mehr als die doppelte und drei Menschen haben eine gemeinsame Kraft, die weitaus größer ist als das Dreifache der Summe ihrer individuellen Kräfte, und so weiter.

2. ***Wenn Zeremonien an Kraftplätzen durchgeführt werden, wird die Kraft fast über alle Vorstellungen hinaus verstärkt.*** Viele der Hauptkraftplätze sind gut bekannt; es gibt jedoch überall auf dem Planeten Tausende von kleineren magnetischen Wirbeln. Man braucht nur ein kleines bisschen Sensibilität, um einen dieser Plätze zu finden. Darüber hinaus kann man einen Kraftplatz schaffen, indem man wiederholt heilige Zeremonien und Rituale an einem speziellen Ort durchführt. Jeder Ort, wie z. B. ein Garten, der von dem Bewusstsein der Liebe und Freude erfüllt ist, wird zu einem Kraftplatz.

3. ***Sonnwendtage und Tagundnachtgleichen sind »Fenster« in den natürlichen Jahreszyklen.*** Diese Fenster stellen Kanäle für die unsichtbare Welt dar, durch die wir mehr Kraft für unsere Bitten in den Zeremonien hereinholen können. Sonnenaufgang und Sonnenuntergang sind Fenster im täglichen Zyklus. Mittags steht die Sonne im Zenit und die Energien strömen besonders stark. Die kraftvollste Zeit im

Tageszyklus ist die Dunkelheit vor der Morgendämmerung, weil zu diesem Zeitpunkt die Energien am ehesten dem Moment kurz vor der Dämmerung der Schöpfung gleichen.

4. ***Eine Verbindung zwischen der menschlichen und der Elementarwelt ist unschlagbar.*** Wenn man die Unterstützung der Naturelemente direkt erbittet, gibt das dem Ritual viel Kraft. Genauso wie wir uns von der Welt der Natur entfremdet haben, haben wir uns auch von diesen besonderen Wesen entfremdet. Es ist wichtig, dass wir unsere verlorene Verbindung zwischen den Welten wiederherstellen.

5. ***Eine Zeremonie oder ein Ritual ist ein Mittel, den bewussten Verstand zu umgehen und unsere ›zweite Aufmerksamkeit‹ anzustoßen, die unser magisches Bewusstsein ist.*** Zeremonielle Bewegungen, Gesten, rituelle Objekte, Lieder und Gesänge mögen dem gewöhnlichen Verstand albern vorkommen, aber sie beeinflussen unser Unterbewusstsein sowie die feinstofflichen Bereiche sehr stark.

6. ***Es gibt eine Sprache der Natur: Diese Sprache wird manchmal als Gaia-Code bezeichnet.*** Immer mehr Menschen machen sich heutzutage diesen Code intuitiv zunutze; das Verständnis dieses Codes könnte wesentlich sein für unser weiteres Überleben. Viele ältere Stammes-Schamanen auf allen Kontinenten erinnern sich noch an Teile dieses Codes. Wenn wir aber nicht ihr Vertrauen gewinnen, wird dieses Wissen mit ihnen sterben. Die Sprache des Gaia-Codes ist mathematisch, aber es geht um eine höhere Mathematik. Vielleicht ist der Schlüssel zum Verständnis dessen, wie dies möglich sein kann, in der Theorie der Quantenphysik über die verschränkten Protonen, Überlagerungen und Unschärferelation zu finden und nicht in der newtonschen Physik.

7. ***Es gibt ein Bewusstsein in der Natur.*** Wenn man einen Wald betritt, nimmt einen der Wald wahr. Wenn du zum Beispiel die Hand liebevoll nach einem alten Eichenbaum oder Tannenbaum ausstreckst, ist sich der Baum deiner Gegenwart bewusst. Wenn du diesen Ort das nächste Mal besuchst, wird dich der Baum wiedererkennen und energetisch die Hand nach dir ausstrecken. Heilige Berge, Flüsse, Canyons und Wälder sind individuelle Einheiten – geschaffen aus dem Gleichen wie wir. Ihr Bewusstsein setzt sich aus jeder Lebensform zusammen, die innerhalb ihres Einflussbereichs zu finden ist, genauso wie das Bewusstsein jedes Einzelnen von uns das Bewusstsein jeder Zelle und jedes Organs unseres Körpers umfasst.

8. ***Tiere, einschließlich unserer in der Wildnis lebenden Schwestern und Brüder, verstehen das meiste von dem, was wir sagen.*** Tiere lesen unsere Gedanken und nehmen die Bilder in unseren Köpfen wahr. Sie schicken uns ebenfalls Bilder und Gefühle, um ihre Bedürfnisse, Gefühle und ihr Interesse an uns mitzuteilen. Es ist eine Quelle der Frustration für sie, wenn wir nicht auf ihre Botschaften reagieren.

9. ***Eine heilige Zeremonie oder ein heiliges Ritual ist unser energetisches Geschenk an das Königreich der Elemente oder die Welt des Geistes.*** Eine heilige Zeremonie ist nicht nur eine Art, die Aufmerksamkeit des Königreichs der Elemente oder der Welt des Geistes zu erwecken, sondern wird auch als Teil eines Ausgleichs angesehen. Es gibt ein universelles Gesetz des Ausgleichs, das besagt, dass wir etwas als Gegenleistung anbieten müssen, wenn wir um etwas bitten; eine Zeremonie kann Teil eines Opfers sein.

10. ***Wir müssen lernen hinzuhören.*** Die Geister sowie die Naturelemente der zweiten Dimension werden dir sagen, was von dir verlangt wird, damit du Unterstützung erhältst. Naturelemente sind zum Beispiel bereit und gewillt, mit dir daran zu arbeiten, einen ertragreichen Garten entstehen zu lassen. Sie werden dir auch mitteilen, was benötigt wird, um das Gleichgewicht in deiner Umgebung wiederherzustellen. Ich kenne einige Menschen, die versprechen mussten, Schäden, die sie dem Land zugefügt haben, wiedergutzumachen, bevor sie Wasser für ihren Brunnen oder Heilung für ihr Zuhause oder ihr Eigentum erhielten.

11. ***Sei immer dankbar!*** Dankbarkeit auszudrücken ist eine energetische Gabe an die unsichtbare Welt. Das hat nichts zu tun mit Moral oder Würdigkeit. Denk daran, dass deine positive Energie und Liebe in diesen Bereichen soviel wie Geld bedeuten. *Sie werden sehr geschätzt!* Deine Versprechen müssen jedoch durch Handlungen unterstützt werden, andernfalls sind sie für die unsichtbare Welt bedeutungslos.

12. ***Zeige immer Achtung!*** Es ist am besten, unseren Freunden in den anderen Dimensionen demütig und respektvoll zu begegnen. Denke daran, dass sie zu oft von Menschen ›vorgeführt‹ wurden, die sich so verhielten, als ob sie ihre eigenen Gesetzgeber sind. Niemand sollte sich zum Herrn über alles andere Leben auf diesem Planeten machen. Ihr sollt Hüter sein, nicht Fürsorge von unseren Freunden in den anderen Dimensionen fordern. Ihr müsst das Bewusstsein eines guten Gärtners haben, der die Pflanzen und Tiere, die Gewässer und das Land selbst liebt und mit ihnen verbunden ist.

13. ***Es gibt ein spirituelles Gesetz, das sagt, dass jede Ebene die Ebene unmittelbar darunter steuert.*** In einer Zeremonie zapfen wir das archetypische Reich der vierten Dimension an. Durch deine Bewegungen, Gesten, Vorstellungen, Gefühle, Mantras und Kraftworte kannst du einen direkten Einfluss auf das Königreich der Menschen der dritten Dimension ausüben. Darum haben die Zeremonien, die in diesem Buch beschrieben werden, solch eine starke Auswirkung auf solche Dinge wie das Wetter.

14. ***Wenn du dich der Erde hingibst, wird sie sich dir hingeben und dir spirituelle Gaben jenseits aller Vorstellungen schenken.*** Sei demütig, offen und liebevoll und sorge dafür, dass dein Rucksack immer leer und nicht voller Selbstherrlichkeit oder egoistischer Bedürfnisse ist. Mit der Zeit wirst du im Zuge der praktischen Ausübung der Zeremonien Macht über die Elementarkräfte und ihre Entsprechungen in dir selber entwickeln.

ANHANG B

Schritte zur Durchführung einer heiligen Zeremonie für die Erde

1. ***Suche dir einen Platz.*** Ein geeigneter Platz für die Durchführung einer Zeremonie für die Erde ist ein Ort mit einem starken magnetischen Feld, das in der Natur ganz natürlich vorkommt. Diese Felder kannst du durch deine körperliche Reaktion finden; du fühlst dann eine sofortige Entspannung, Ruhe, Benommenheit und/oder ein Gefühl des Loslassens, wenn du dort bist. Vermeide Orte, die dich energetisieren, ruhelos oder nervös machen. Auch wenn Orte, die diese Gefühle hervorrufen, manchmal irrtümlich für Kraftplätze gehalten werden, so sind sie doch *keine* Kraftplätze.

   Du kannst auch deinen eigenen Kraftplatzplatz schaffen, indem du einen Ort mit deiner eigenen Energie der Liebe und deinen positiven Gefühlen auflädst. Wenn du erst einmal eine Stelle ausgesucht hast, sei es an einem natürlich vorhandenen oder einem von dir geschaffenen Kraftplatz, dann baue einen Altar aus Steinen, Holz oder irgendeiner Kombination aus natürlichen Materialien für deine Zeremonie. Dein Biogarten ist ein ausgezeichneter Ort für die Durchführung einer Zeremonie für die Erde, da er bereits mit deinem Bewusstsein und deiner Liebe erfüllt ist, und er ist ein Raum für die Naturelemente.

2. ***Baue Schutz auf.*** Schaue nach Osten und streue mit Maismehl (für das du um Segnung gebeten hast) im Uhrzeigersinn einen Kreis um deinen Altar herum. Mit dem Maismehl ziehst du

eine Grenze oder einen Schutzkreis für deine Zeremonie. Dieser heilige Kreis hat eine Doppelfunktion: Er hält zum einen die positive Kraft innerhalb des begrenzten Raumes und dient zum anderen als Schutzkreis gegen das Eindringen negativer Energien.

3. ***Reinige dich selbst und den Platz.*** Verteile im Bereich innerhalb des Kreises und auch auf dir und allen Kraftobjekten Salbei, Kopal (ein Harz aus Südamerika) oder Räuchermittel mit einem starken, schweren Geruch, wie zum Beispiel Weihrauch oder Zedernholz. Das sind die besten Methoden, dein Energiefeld zu reinigen und dich gegen Negativität zu schützen. Danach verbrenne etwas Mariengras, Sandelholz, Nag Champa-Räucherwerk oder einen anderen leichten Duft als Opfergabe, um positive Energien und Geister herbeizurufen.

   Diese Düfte und andere heilige Düfte haben mehr Kraft, als die meisten Menschen wissen. Sie durchdringen die feinen Ätherebenen und ziehen nicht nur die Naturelemente der feinstofflichen Bereiche aus der physischen Ebene der Erde an, sondern auch die höheren spirituellen Kräfte. Sie dienen auch dazu, unharmonische Energien in deinem Energiefeld aufzulösen, und tragen dazu bei, deine Aufmerksamkeit zu fokussieren.

4. ***Rufe den Heiligen Raum herbei.*** Jetzt ist es Zeit, das herbeizurufen, was als Heiliger Raum bekannt ist, indem du die Kräfte der vier Himmelsrichtungen einlädst und ehrst. Beginne mit dem Osten und bewege dich im Uhrzeigersinn zum Süden, zum Westen und dann zum Norden und bitte die Kräfte jeder Richtung bei dir zu sein. Berühre den Boden, rufe Mutter Erde an und rufe schließlich Vater Himmel und Großmutter Mond über dir an.

Jede der vier Himmelsrichtungen stellt ein fundamentales Prinzip der unendlichen Schöpfung dar (Näheres siehe Kapitel 5: *Beherrschen der Elemente*). Spezielle Göttinnen und Erzengel regieren diese Richtungen. Der Osten wird von der Regenbogengöttin und Raphael regiert. Der Süden wird von der vollbusigen Muttergöttin und Michael regiert. Der Westen wird von der Schlangengöttin und Gabriel regiert und der Norden von der schwarzen Mutter Zeit und Ariel.

Diese Göttinnen sind mehr als nur Symbole, unpersönliche Kräfte der Schöpfung oder Archetypen, wie viele glauben. Wie Mutter Erde selbst, die ein Aspekt der Göttlichen Mutter ist, sind sie spezifische Wesen. Es ist wichtig, daran zu denken, dass diese großartigen Wesen, die uns bei unserer Weiterentwicklung helfen, keine Abstraktionen sind. Wenn wir uns diese Wesen zu abstrakt vorstellen, schwächen wir die kraftvolle Verbindung mit ihnen, die möglich ist. Das ist vergleichbar mit dem Anrufen der Unterstützung des Christus-Prinzips, des Buddha-Prinzips oder des Krishna-Prinzips und dabei nicht daran zu denken, dass Christus, Buddha und Krishna große Seelen sind, die, ebenso wie wir, auf dieser Erde gelebt haben und in unserem zeitlosen Universum weiter fortleben.

Wenn du die Richtungen angerufen hast, bitte um die Segnung des Einen Unendlichen Geistes, Gottes oder des Großen Geistes, wie immer du unseren Schöpfer bezeichnest. Darüber hinaus kannst du die Naturelemente, Mitglieder des Elfenreiches sowie deine Führer, Lehrer und Verbündeten einladen, mit dir in deinem heiligen Raum zu sein. Du könntest auch spezielle Göttinnen anrufen, wenn du sie ehren möchtest, und um eine Segnung im speziellen Machtbereich einer Göttin bitten möchtest.

Indem du einen heiligen Raum schaffst, öffnest du ein Fenster zu den Kräften der unsichtbaren Welt. Innerhalb deines Schutzkreises hören die lineare Zeit und der Ort auf zu existieren. Es ist ein Platz für deine magische Arbeit, denn gewöhnliche Begrenzungen werden aufgelöst. Es ist auch ein Platz, an dem du dich aus dem Bild nimmst, es dir gestattest, ein Instrument für den Willen der höheren Welt zu sein.

5. ***Mache deine Absicht klar.*** Wenn du um etwas bittest, ist es angemessen, den Zweck deiner Bitte sowie die Art und Weise, wie du vorhast, das Gesuchte einzusetzen, zu erklären. Um das universelle Gesetz des Ausgleichs zu respektieren, solltest du bekunden, was du zurückgeben möchtest für deine Bitte. Dieser Ausgleich ist sehr wichtig, wenn du mit unseren Verbündeten aus anderen Bereichen zusammenarbeitest. Deine Zeremonie wird bestimmt erfolgreich sein, wenn du deine Aufmerksamkeit konzentrierst und reine Absichten hast, während du dich in deinem heiligen Raum befindest.

6. ***Bringe eine Opfergabe dar.*** Das Darbringen eines Opfers erfolgt naturgemäß nach der Formulierung deiner Absicht. Wie bereits erwähnt, gibt es ein universelles Gesetz des Ausgleichs: Wenn wir um etwas bitten, müssen wir etwas von gleichem oder größerem Wert zurückgeben. Der Wert dessen, was du gibst, wird nicht in Form von Geld gemessen, sondern wie du es bewertest. Das, was gegeben wird, kann sehr unterschiedlich sein. Du kannst zum Beispiel Essen für Tiere anbieten, deine Zeit opfern oder deine physische oder mentale Energie für Aktivitäten einsetzen oder wieder neu einbringen, um der Erde zu dienen. Andere Beispiele für Opfergaben sind die Verpflichtung, Land, das missbraucht wurde, wieder zu heilen. Eine weitere Möglichkeit wäre darauf hinzuarbeiten, gefährdete Arten, alte Wälder oder Regenwälder zu schützen

oder gegen Rodungen zu kämpfen; oder du bietest an, dich um ältere Menschen in deiner Gemeinschaft oder misshandelte und heimatlose Tiere zu kümmern.

Du könntest auch Opfer bringen, die aus dem Blickwinkel der unsichtbaren Welt, deren Hilfe du am meisten benötigst, bevorzugt werden. Opfergaben in Form von Mais und unbehandeltem Tabak können zum Beispiel dafür verwendet werden, die Hilfe der Naturelemente anzurufen. Blumen und Ghee (geklärte Butter) sind erfolgreich bei der Bitte um Unterstützung der Feuergeister.

Es ist unbedingt notwendig, deine Versprechen durch Taten zu bekräftigen. Und übrigens, die Naturelemente und Geister können deine Gedanken lesen – sie kennen deine wahre Absicht. Wenn du deine Absicht äußerst, kannst du wählen, ob du Chants, heilige Tänze, Lieder und Töne von Flöten, Trommeln und anderen Instrumenten mit in deine Zeremonie einschließt. Allgemein gesprochen ist die Zeremonie selbst eine energetische Opfergabe von dir an die unsichtbare Welt. *Denk daran, sie wird sehr geschätzt!*

7. **Gib den heiligen Raum frei.** Die Energie deiner Zeremonie muss in die Welt freigesetzt werden, um ihren Zweck zu erfüllen. Das kann erfolgen, indem du einfach sagst: »Ich gebe jetzt den heiligen Raum frei.« Wenn du den Kreis öffnest, kannst du zum Beispiel sagen: »Meine höchsten Energien, Gedanken und liebevollen Gefühle gehen hinaus in das Herz der Herzen, die Seele der Seelen und das Zentrum des Universums, aus dem Segnungen, Liebe und Weisheit entstehen.« Du kannst das auch mit einer Körperbewegung verbinden, indem du deine Hand über den Kopf erhebst und gegen den Uhrzeigersinn (in die entgegengesetzte Richtung als bei

der Errichtung des Schutzkreises) drehst, um den heiligen Raum freizugeben.

Denk daran, dass freigeben auch genau das bedeutet. Wenn du immer wieder den Tag über auf deine Bitten zurückkommst, ziehst du in Wirklichkeit Energie ab aus dem Kraftfeld, das du mit deiner Zeremonie geschaffen hast, anstatt dein Ritual zu verstärken. Das Gleiche gilt, wenn du Zweifel hegst; das zieht ebenfalls Energie aus dem Kraftfeld ab, das du geschaffen hast.

WEITERE WICHTIGE KOMPONENTEN BEI DER DURCHFÜHRUNG HEILIGER ZEREMONIEN

Verstärkung durch Gedanken und Gefühle

Das wichtigste Element, das die meisten Bücher und Artikel über Formen der Manifestation oder über zeremonielle Verfahren auslassen, ist das *Gefühl.* Gefühl ist Energie in Bewegung. Die Intensität des Gefühls verstärkt die Denkformen, die du durch deine Affirmationen und Visualisierungen schaffst. Deine Gedanken und Visualisierungen schaffen ein Gefährt und deine unpersönlichen Gefühle der Liebe und des Gedeihens stellen den Kraftstoff mit hoher Oktanzahl dar, der das Fahrzeug vorantreibt. Mach dir keine Sorgen darüber, ob du ›verbunden‹, bist oder nicht. Denk an die Regel: ›Energie folgt dem Gedanken!‹ Was immer oder wen immer du dir vorstellst und in deinem Bewusstsein hast, wird sicher der Empfänger deines energetischen Opfers sein. Es ist auch meist wirksamer, deine Absichten, Bitten und Angebote in heiligen Zeremonien und Ritualen laut zu äußern, als dies nur in deinen Gedanken zu tun.

Einfachheit

Denk daran, deine Zeremonie einfach zu halten und natürlich zu sein. Es ist am besten, in deinen Zeremonien eine formelle Redeweise zu vermeiden, außer das ist für dich natürlich. Deine zeremoniellen Gespräche (und alle Gespräche) mit deinen Freunden in der unsichtbaren Welt sollten so fließend sein, als ob du mit einem vertrauten Freund redest.

Danksagung

Bedanke dich immer! Es ist wichtig, in *allen* Welten deiner Wertschätzung Ausdruck zu geben! Heilige Zeremonien können als Feiern durchgeführt werden, nicht nur als Bitten, wenn etwas benötigt wird. Es gibt allen viel Kraft, wenn eine Zeremonie als eine Feier der Danksagung für Mutter Erde, die vier Himmelsrichtungen oder Großmutter Mond und am wichtigsten, für Gott, oder wie immer du den Schöpfer bezeichnest, durchgeführt wird.

DANKSAGUNGEN

Alles Wertvolle, das erreicht wird, ist nie nur das Ergebnis der Bemühungen einer Person. Es gibt immer mehrere Menschen hinter den Kulissen, deren selbstloser Dienst und großzügige Opfer dies ermöglichen. Mein ganz herzlicher Dank geht an die folgenden Menschen:

Dr. Kimberly Naujock. Worte reichen nicht aus, um meine Dankbarkeit und Wertschätzung für all deine Beiträge zu diesem Buch und dein detailliertes und fachkundiges Gegenlesen auszudrücken. Du hast auf jedem Schritt des Weges daran mitgewirkt, mich bei diesem Projekt unterstützt und geleitet. Kim, du bist wirklich eine Geistesverwandte von Astrid und mir. Bemerkenswerterweise scheinst du immer meine Absichten zu kennen, und von Anfang an warst du mit der ›Seele‹ dieses Buches verbunden. Ich kann dir nicht genug danken.

Dr. Richard Driscoll, der das Rohmaterial meiner Tagebuchnotizen übernommen hat und mir half, einige großartige Geschichten daraus zu weben und in diesem Prozess sogar ein ganz annehmbarer Schreiber zu werden. Du warst jedoch der Erste, der mir Hoffnung gab, der Erste, der das Potenzial dieses Buches sah, und der sich in das Projekt hineinvergraben hat, als wäre es sein eigenes, damit es zustande kam.

Meinen früheren irdischen und spirituellen Partnerinnen von zwei Jahrzehnten. Danke, dass ihr mit mir gemeinsam eine unglaubliche Reise und eine gemeinsame Suche erlebt und unternommen habt.

Katy Koontz, die die literarische Welt in- und auswendig kennt. Danke, Katy, dass du mir so viel deiner Zeit geopfert und unschätzbare Vorschläge gemacht hast.

Susan Ripatti. Danke für deine großzügige Unterstützung, deine Bearbeitung des Textes, deine grenzenlose Begeisterung und die Fülle von Ideen aus deinem schöpferischen Verstand, die du so bereitwillig mit mir geteilt hast.

Pat Bradley. Ohne deine großzügige Unterstützung wäre dieses Buch nie geboren worden. Danke, Pat, dass du an mich geglaubt hast und dass ich ein paar Geschichten habe, die es wert sind, mitgeteilt zu werden.

Jill Burton. Danke für dein Korrekturlesen und deine hilfreichen Vorschläge.

Christopher Driscoll. Deine redaktionellen Anmerkungen und vielen hilfreichen Vorschläge machten meine Arbeit leichter.

Chris Hargrove. Danke für dein kritisches Auge und deine Anmerkungen.

Marylyn Dobson. Danke, dass du ebenfalls den Text durchgesehen hast.

Julie Costner. Danke für deine wundervolle Gestaltung des Covers.

Tony Myers. Danke für deine fotografischen Arbeiten.

Jane. Danke, dass du mir eine Schreibmaschine geliehen hast, als ich kein Farbband mehr für meine fand.

Kim und Susan. Ich bin dankbar für eure Versuche, mich in die ›furchteinflößende‹ Welt der Computer einzuführen.

An die vielen Menschen, die Teil hatten an der Weiterentwicklung dieses Buches und die ich hier nicht aufgeführt habe – ich danke euch.

Zusätzlich zu den oben aufgeführten Menschen komme ich nicht umhin, all diejenigen zu erwähnen, die mich auf den zahlreichen Reisen in die heilige Wildnis begleitet haben, die etwas von der Magie, die ich in diesen Geschichten beschrieben habe, miterlebt haben, und von denen ich so viel über mich selbst gelernt habe.

Ich muss noch Mitglieder einer anderen Gruppe erwähnen, die Begleiter, Teilnehmer und meine Lehrer waren. Das waren die wunderbaren wild lebenden Kreaturen, die wunderbaren Pflanzen, die unglaublichen Elementargeister der Erde, des Wassers, des Feuers und der Luft. Zu diesen gehören auch die Berggeister und die Sturmgeister sowie die Mächte der großen Canyons und der Orte in der Wüste. Dann war da insbesondere unsere Mutter Erde, die solch eine unentbehrliche Rolle dabei gespielt hat, dass ich meinen ›Erden‹weg gefunden habe, und die auf meiner Reise eine Quelle des Trostes und der Führung war.

Da war auch das wunderbare Wesen Artemis, die Jägerin, die sowohl in meinen Träumen als auch in meiner realen Zeit zu mir kam und mir mein Schicksal voraussagte, dass ich »viele Menschen zurück zu Mutter Natur bringen« würde, und die viele andere Dinge genau voraussagte, die passierten.

Dank an Rolling Thunder, einen großen Lehrer, Schamanen und Heiler während seiner letzten Zeit auf der Erde, der oft bei Astrid und mir ist, wenn wir heilen und Zeremonien durchführen. In der Kraft deiner *Stille* hast du mir mehr beigebracht als irgendein anderes menschliches Wesen und mir geholfen, mich daran zu erinnern, wer ich bin.

Meiner wunderbaren Familie möchte ich meinen tiefsten Dank aussprechen, besonders:

- meiner Tochter, Rebekah, die immer noch mein Augapfel ist, für ihre Liebe und ihr Verständnis und

- meiner Enkelin, Charlotte, die solch eine Freude und solch ein wacher Geist ist.

- Rhiannon, was kann ich sagen!? Es war eine ziemlich lange Reise mit dir und es war schön zu sehen, wie du aufblühtest und dich zu einem derartig talentierten und wunderschönen Wesen entwickelt hast.

- Aidan, du wirklich strahlender Geist, danke für deine Liebe und Geduld mit mir während der Zeit, in der ich das Buch schrieb, wenn ich eigentlich draußen gewesen sein sollte, um mit dir auf dem Trampolin zu hüpfen oder Videospiele mit dir zu spielen und herumzubalgen.

- Rick, auch wenn sich unsere Wege getrennt haben, schätze ich die Erinnerungen an all die wunderbare Zeit, die wir zusammen verbracht haben. Sie sind ein wichtiger Teil meiner Vergangenheit.

- Lauren und Heather, ihr seid zwei ganz besondere Damen! Ich schätze eure Freundschaft und Liebe, die ihr mir immer entgegengebracht habt.

FUßNOTEN

1 Lutherbibel 1984, Johannes 14:12

2 Zum Beispiel beim zweiten Konzil von Konstantinopel 553 v. Chr. gehörten Reinkarnation und die vorherige Existenz der Seele zu den Lehren, die – mit einer sehr kleinen Mehrheit bei der Abstimmung – aus der Kirchendoktrin entfernt wurden, was bedeutet, dass die Reinkarnation von den Christen in den ersten fünf Jahrhunderten weithin akzeptiert wurde. Ein weiteres Beispiel ist, dass die Kaiserin Theodora den Kaiser, ihren Ehemann Justinian, unter Druck setzte, damit diese Glaubenssätze aus der Bibel entfernt wurden. Sie war nämlich eine ehemalige Prostituierte und fürchtete, dass sie in einem zukünftigen Leben wieder als solche geboren werden würde.

3 Lutherbibel 1984, 2. Mose 13:21-22

4 Lutherbibel 1984, Apostelgeschichte 2:2-3

5 Burnham, Sophy (1997). The Ecstatic Journey. New York: Ballantine Books, S. 198.

6 Lutherbibel 1984, Johannes 14:12

7 Auszug aus T.S. Eliots Aschermittwoch, Suhrkamp Verlag (1930)

8 Glücklicherweise hatten wir unseren Fotoapparat dabei und konnten diesen magischen Moment im Bild einfangen.

9 Lutherbibel 1984, 1. Mose 1:28

10 In den Traditionen der Indianer Amerikas heißt es, dass wenn Medizinmänner (Schamanen) in eine Gegend ziehen, bald darauf ihre Tierverbündeten erscheinen, selbst wenn sie zuvor noch nicht in dieser Gegend angesiedelt waren.

11 Strophe aus *Dzhan*, einem ostindischen Manuskript von unbekannter Herkunft, das angeblich mehr als 5.000 Jahre alt ist.

12 Vergleiche die Geschichte *Das Versprechen der Göttin*

13 Lutherbibel 1984, Johannes 10:7

14 William Shakespeare, *Julius Caesar* (1599)

15 Im Lauf eines Jahres hatten wir unseren westlichen Platz am Fuße der Rockies. Die Prophezeiung hatte sich vollständig erfüllt.

16 Eine vollständige Darstellung der Visionen, die ich über die mögliche Zukunft der Erde erhielt, wird in ganzem Umfang im nächsten Buch erfolgen. Eine Zusammenfassung dieser Visionen ist dem Kapitel 3 *Visionen von der Zukunft* zu entnehmen.

17 Dough Boyd, *Rolling Thunder* (1976)

18 Lutherbibel 1984, Johannes 13:34

19 In esoterischen Traditionen des Ostens und des Westens heißt es, dass Tiere sich unter dem Schutzdach der ›kollektiven‹ oder Gruppenseele befinden, bis sie ihre Individualität ausgeprägt haben.

20 Diese Geschichte wird in Kapitel 5: *Eine feurige Lektion* erzählt.

21 Der Glaube der Apostel der christlichen Kirche.

22 Lutherbibel 1984, Korinther 15:54-55

23 In den spirituellen Traditionen in der ganzen Welt heißt es, dass die Aura die elektromagnetischen Ausstrahlungen des Körpers, Verstandes und der Gefühle darstellt. Jede Farbe, jede Farbschattierung und Nuance wird zu einer energetischen Signatur einer speziellen Eigenschaft.

24 Diese Erfahrungen werden in Kapitel 3: *Der Glanz und die Lichtfäden der Welt* und *Das Versprechen der Göttin* beschrieben.

25 Neue ganzheitliche medizinische Ansätze und medizinische Erkenntnisse haben es mir möglich gemacht, meine multiplen Syndrome zu kontrollieren. Jetzt gibt es Arzneimittel ohne schädliche Nebenwirkungen für mich, die Erleichterung bei den schlimmsten der Symptome verschaffen. Ich erlebe immer noch Nächte, in denen ich nicht schlafen kann, aber das hat keine großen Auswirkungen mehr auf meine Lebensqualität.
Ich leide extrem am Restless-legs-Syndrom, Altersdiabetes, einer degenerativen Herzerkrankung, einer Pilzerkrankung und multiplen Lebensmittelallergien. Es ist immer ein Jonglieren, weil etwas, das ein Syndrom bessert, oft ein anderes verschlimmert. Irgendwie bin ich in der Lage, ein Gleichgewicht zu finden, und meine Gesundheit hat sich enorm verbessert.

26 Auszug aus Kapitel 3: *Das Versprechen der Göttin*

27 Eine vollständige Darstellung der Visionen, die ich über die mögliche Zukunft der Erde erhielt, wird in ganzem Umfang im nächsten Buch erfolgen. Eine Zusammenfassung dieser Visionen ist dem Kapitel 3 *Visionen von der Zukunft* zu entnehmen.

28 Ich erkannte noch etwas anderes. Der Mann mit der olivgrünen Haut und dem Bart war Sri Yukteswar, der Mentor und Meister des verstorbenen Paramahansa Yogananda, dem das Verdienst gebührt, die vedischen Lehren nach Amerika gebracht zu haben. Yogananda war von Sri Yukteswar beauftragt worden, dem Westen die große Ähnlichkeit zwischen den Veden und dem Christentum zu zeigen.

29 Später erinnerte er mich an Carl Jungs ›dunklen Herrn‹, der ihm in seinen Träumen erschienen und möglicherweise die Quelle der Inspiration für seine Arbeit gewesen war.

30 Später erfuhr ich von Astrid, dass sie sich nicht an unsere Begegnungen im Traum erinnern konnte. Stattdessen erinnerte sie sich durch ein Bauchgefühl beim Hören meines Namens und die Art und Weise, in der meine Stimme durch ihr gesamtes Wesen zu hallen schien. Das ist eine andere Art der Erinnerung, aber eine, die gleichermaßen kraftvoll ist.

31 Die ausführliche Erzählung dieser Erfahrung findet sich in Kapitel 2: *Holzbienen und Honigbienen*.

32 So wie ich es verstehe ist ein Seelenverwandter das energetische Gegenstück und eine Zwillingsflamme das energetische Ebenbild. Eine Beziehung mit einem Seelenverwandten

umfasst auch den Spannungsbogen zwischen den Gegensätzen, der sich entweder sehr kreativ oder stürmisch auswirken kann, denn Seelenverwandte kommen für gewöhnlich von unterschiedlichen Betrachtungsweisen. Es heißt, man könne mehr als einen Seelenverwandten haben.

ÜBER DEN AUTOR

Peter Calhoun ist ein ehemaliger Priester der Episkopalkirche, der seit fast vier Jahrzehnten den Weg des modernen Schamanismus geht. Er hat einen zertifizierten Kurs in Schamanismus an der Boulder School of Psychology sowie an einigen Colleges unterrichtet und reist derzeit quer durch die Vereinigten Staaten zu Signierstunden, Vorträgen und Workshops über die Themen Schamanismus, Heilen und Übernahme persönlicher Verantwortung.

Darüber hinaus bietet Calhoun ein Ausbildungsprogramm, in dem die Schüler den Schamanismus in seiner ganzen Tiefe erlernen können. Calhoun und seine Partnerin, Astrid, sind Mitbegründer einer internationalen Vereinigung für spirituelle Ökologie. Während der warmen Jahreszeiten führen sie Gruppen von Erwachsenen zu Visionssuchen in die Wildnis. Weitere Informationen gibt es auf der Website: www.petercalhoun.com.

Cd's mit geführten Meditationen

auf schamanischer Basis von
Kilian Bodhi Ameen

Die Verbindung zum Höheren Selbst
ISBN:978-3-937883-06-9

Das Höhere Selbst steht für den Gottesfunken in uns, die Ebene, wo wir bedingungslos von der kosmischen Liebe umhüllt sind. Diese heilige Reise führt den Zuhörer in Stille und Demut an den Ort, wo sich ihm die ewige Essenz seines Seins offenbaren kann.

Die Liebesgeschichte von
Luzifer & Michael
ISBN:978-3-937883-07-6

Diese tief ergreifende Geschichte lädt uns ein, aus dem ewigen Kampf zwischen Gut und Böse auszusteigen und mit Mut und Würde den Weg der Selbsterkenntnis zu gehen. Eine ultimative Liebesgeschichte.

Verlorene Geheimnisse des Betens

Die verborgene Kraft von Schönheit, Segen, Weisheit und Schmerz

Gregg Braden

ISBN: 978-3-937883-20-5

In diesem Buch beschreibt Gregg Braden eine uralte Art des Betens, die sich weder Worten noch sonstigen äußeren Ausdrucks bedient. Er begleitet uns als erster Autor auf eine Reise, auf der wir entdecken, was unsere intimsten Erfahrungen uns über unsere tiefsten Überzeugungen verraten.

Steine brenne nicht

Spiritueller Roman

Klaus D. Biedermann

ISBN:978-3-937883-08-3

1. Teil der Roman-Triologie. Im Jahre 2166 beginnt die Welt sich neu zu ordnen. Grund dafür sind Katastrophen wirtschaftlicher, politischer und natürlicher Art. Die Welt teilt sich und besiegelt die Trennung mit einem Ewigen Vertrag. Der eine Teil lebt weiter mit dem Fortschritt der Technik und der Wissenschaften, der andere besinnt sich auf seine natürlichen Ressourcen, alten Werte und lebt in Einklang mit der Natur. 700 Jahre später begegnen sich beide Teile.